# 国际金融中心发展报告

## 2022

《国际金融中心发展报告》编写组



中国金融出版社

责任编辑：黄海清　童祎薇
责任校对：孙　蕊
责任印制：程　颖

**图书在版编目（CIP）数据**

国际金融中心发展报告. 2022/《国际金融中心发展报告》编写组编. —北京：中国金融出版社，2023. 2
ISBN 978-7-5220-1864-5

Ⅰ.①国…　Ⅱ.①国…　Ⅲ.①国际金融中心—研究报告—上海—2022　Ⅳ.①F832.751

中国版本图书馆CIP数据核字（2022）第257465号

国际金融中心发展报告. 2022
GUOJI JINRONG ZHONGXIN FAZHAN BAOGAO. 2022

出版
发行　中国金融出版社
社址　北京市丰台区益泽路2号
市场开发部　（010）66024766，63805472，63439533（传真）
网 上 书 店　www.cfph.cn
（010）66024766，63372837（传真）
读者服务部　（010）66070833，62568380
邮编　100071
经销　新华书店
印刷　河北松源印刷有限公司
尺寸　210毫米×285毫米
印张　9
字数　186千
版次　2023年2月第1版
印次　2023年2月第1次印刷
定价　126.00元
ISBN 978-7-5220-1864-5

# 编写委员会

## COMMITTEE

**主　任：**孙　辉　中国人民银行上海总部党委委员、副主任

**副主任：**李　峰　上海交通大学上海高级金融学院副院长、教授

刘　琦　上海银保监局党委委员

钱丽萍　中国证监会上海监管局二级巡视员

陶昌盛　上海市地方金融监督管理局总经济师

（成员和执笔按姓名拼音字母排序）

**成　员：**陈　雷　中国银联执行副总裁

陈小五　中国人民银行上海总部金融消费权益保护部副主任

陈　勇　中国人民银行上海总部金融服务一部主任

崔　嵬　中国外汇交易中心副总裁

孔　燕　上海票据交易所副总裁

刘　逖　上海证券交易所副总经理

罗育全　中国人民银行上海总部外汇管理部副主任

吕进中　中国人民银行上海总部调查统计研究部主任

荣艺华　中国人民银行上海总部金融市场管理部副主任

施琍娅　中国人民银行上海总部跨境人民币业务部主任

宋丽萍　上海期货交易所党委副书记、监事长

王长元　中国人民银行上海总部调查统计研究部副主任

王振营　上海黄金交易所总经理

王维强　银行间市场清算所股份有限公司党委委员、副总经理

吴　弘　华东政法大学经济法学院教授

许再越　跨境银行间支付清算有限责任公司总裁

叶春和　中国金融期货交易所党委副书记、监事会主席

**编撰单位：** 中国人民银行上海总部　上海交通大学上海高级金融学院

**统　　稿：** 赵　莹　万阿俊

**执　　笔：** 柴　非　常鑫鑫　付　迟　龚致远　何　瑾　何雯忻
何毛毛　黄　宇　黄醉清　贾德铮　李　仲　李冀申
李旷然　李智康　陆晨希　骆子扬　上官建成
唐　烈　唐　盈　唐元蕙　陶佳敏　王靖喆　吴　婷
吴　韵　谢国晨　邢姝蓓　叶亚飞　张光源　张一愫

# 内容摘要

# EXECUTIVE SUMMARY

2021 年，全球经济步入复苏阶段，GDP 增长率达 6.1%。在俄乌冲突和全球通货膨胀影响下，2022 年全球经济增长前景显著减弱，国际货币基金组织（International Monetary Fund，IMF）7 月报告预计全球 GDP 增长率为 3.2%。

从全球金融格局来看，2021 年，全球股市市值较上一年稳步提升，主要经济体信贷增长情况受经济增速的影响有所分化，跨境权益与负债保持稳定，国际债券资产余额持续增长。从主要货币汇率走势来看，伴随美联储进入紧缩周期，主要发达经济体和发展中经济体的汇率由前期的走势不一逐步走向对美元的一致贬值。除日本和中国外，美国、英国、印度、俄罗斯、南非和巴西的通货膨胀率均超过 5%。美元、欧元仍是全球最主要的储备货币。

2021 年，上海金融业贯彻中央支持浦东新区高水平改革开放文件精神，不断强化全球资源配置功能，实现“十四五”时期上海国际金融中心建设良好开局。金融业增加值达 7 973.25 亿元，金融市场直接融资额达 18.25 万亿元，金融市场成交总额达 2 511.07 万亿元。

金融改革创新持续深化。推出原油期权、债券通“南向通”、“大宗商品清算通”、公募基础设施 REITs、MSCI 中国 A50ETF、石油沥青标准仓单等金融创新产品和业务，数字化再保险登记清结算平台全面试点，供应链票据平台正式上线。“浦江之光”行动能级进一步提升，科创板基础制度改革不断深化。金融领域数字化转型步伐加快推进，继数字人民币、金融科技创新监管等试点后，资本市场金融科技创新试点（上海）正式启动，人民银行数字货币研究所等在沪设立上海金融科技公司，上海国际金融科技创新中心成立。

金融对外开放进一步扩大。“金融 30 条”推进落实，研究临港新片区更大程度压力测试等有关举措。全国首家外商独资公募基金管理公司——贝莱德基金管理有限公司、第三家新设外资控股券商——星展证券（中国）有限公司、第二家外资控股合资理财公司——贝莱德建信理财有限责任公司正式开业，摩根大通证券（中国）有限公司成为全国首家外商独资证券公司，高盛工银理财有限公司、施罗德交银理财有限公司、富达基金管理（中国）有限公司、路博迈基金管理（中国）有限公司等机构获批筹建，中德安联人寿、汇丰人寿成为全国前两家合资转外资独资寿险公司。《关于加快推进上海全球资产管理中心建设的若干意见》发布，上海逐步成为资产管理领域要素集聚度高、国际化水平强、生态体系较为完备的综合性、开放型资产管理中心。

金融法治环境不断优化。2021 年 7 月，《中共中央　国务院关于支持浦东新区高水平改革开放打造社会主义现代化建设引领区的意见》印发。随后，上海市人民代表大会常务委员会出台《关于加强浦东新区高水平改革开放法治保障制定浦东新区法规的决定》，上海市人民政府发布《关于加强浦东新区高水平改革开放法治保障的决定》等，落实国家对浦东新区高水平改革开放的战略部署。《上海市加强改革系统集成持续深化国际一流营商环境建设行动方案》《上海市人民政府关于印发〈上海市营商环境创新试点实施方案〉的通知》《上海市人民政府办公厅关于进一步落实优化营商环境重点任务举措的通知》接连出台，打造市场化、法治化、国际化一流营商环境。新修订的《上海市优化营商环境条例》实施生效，持续优化营商环境，激发市场主体活力，着力打造全球化经济中心城市。

# 目录
# CONTENTS

专栏

# 第一章 全球经济金融格局

2021 年，全球经济步入复苏阶段，GDP 增长率达 6.1%。在俄乌冲突和全球通胀影响下，2022 年全球经济增长前景显著减弱，IMF 7 月报告预计全球 GDP 增长率为 3.2%。

从全球金融格局来看，2021 年，全球股市市值较上一年稳步提升，主要经济体信贷增长情况受经济增速的影响有所分化，跨境权益与负债保持稳定，国际债券资产余额持续增长。从主要货币汇率走势来看，伴随美联储进入紧缩周期，主要发达经济体和发展中经济体的汇率由前期的走势不一逐步走向对美元的一致贬值。除日本和中国外，美国、英国、印度、俄罗斯、南非和巴西的通货膨胀率均超过 5%。美元、欧元仍是全球最主要的储备货币。

## 一、全球经济增长格局

### （一）2021 年经济增长情况和宏观政策简要回顾

#### 1. 经济增长

相较于 2020 年的负经济增长，2021 年全球经济步入复苏阶段，GDP 增长率达 6.1%。主要经济体经济表现各不相同（见表 1–1）。第一，新兴市场和发展中经济体的经济增长率达到 6.8%，超过发达经济体的 5.2%。第二，美国、英国和欧元区实现 5% 以上的增长率，达到近年来高位。第三，中国、印度经济高速增长，增长率分别为 8.1% 和 8.7%，成为世界经济最突出亮点。

表 1–1　全球及主要经济体经济增长

单位：%

| 经济体 | IMF 预测 | | | | 世界银行预测 | | 联合国预测 | |
|---|---|---|---|---|---|---|---|---|
| | 2020 年 | 2021 年 | 2022 年 | 2023 年 | 2022 年 | 2023 年 | 2022 年 | 2023 年 |
| 全球 | –3.2 | 6.1 | 3.2 | 2.9 | 2.9 | 3.0 | 3.1 | 3.1 |
| 发达经济体 | –4.6 | 5.2 | 2.5 | 1.4 | 2.6 | 2.2 | 2.8 | 2.1 |
| 新兴市场和发展中经济体 | –2.1 | 6.8 | 3.6 | 3.9 | 3.4 | 4.2 | 4.1 | 4.5 |
| 美国 | –3.5 | 5.7 | 2.3 | 1.0 | 2.5 | 2.4 | 2.6 | 1.8 |
| 欧元区 | –6.5 | 5.4 | 2.6 | 1.2 | 2.5 | 1.9 | 2.7 | 2.3 |
| 日本 | –4.7 | 1.7 | 1.7 | 1.7 | 1.7 | 1.3 | 2.7 | 2.2 |
| 英国 | –9.8 | 7.4 | 3.2 | 0.5 | — | — | 3.2 | 1.0 |
| 中国 | 2.3 | 8.1 | 3.3 | 4.6 | 4.3 | 5.2 | 4.5 | 5.2 |
| 印度 | –7.3 | 8.7 | 7.4 | 6.1 | 7.5 | 7.1 | 6.4 | 6.0 |
| 俄罗斯 | –3.0 | 4.7 | –6.0 | –3.5 | –8.9 | –2.0 | –10.6 | 0.0 |
| 巴西 | –4.1 | 4.6 | 1.7 | 1.1 | 1.5 | 0.8 | 0.5 | 2.2 |
| 南非 | –7.0 | 4.9 | 2.3 | 1.4 | 2.1 | 1.5 | 2.4 | 2.5 |

资料来源：IMF，*The World Economic Outlook*，July 2022；World Bank，*The Global Economic Prospects*，June 2022；United Nations，*The World Economic Situation and Prospects*，mid–2022。

总体看来，2021 年全球经济具有以下特征[①]。一是全球经济复苏不及预期。全球第一季度经济增长高于预期，反映出经济活动对新冠肺炎大流行的逐步适应以及多数国家的政策支持。经济增长的动能在第二季度有所减弱，新兴市场经济体新冠肺炎病毒感染人数的增加以及供应链中断是主要原因。自 4 月以来，发达经济体在疫苗接种上取得显著进展，而新兴市场经济体则进展缓慢。发达经济体约 58% 的人口已完成疫苗接种，其他地区的接种比例约为 36%，而低收入国家不到 5%。疫苗接种率的差距将导致健康和经济结果不平等的加剧。下半年，供应链中断持续阻碍了全球制造业，尤其是欧洲和美国制造业的恢复。新冠肺炎病例的增加（尤其在欧洲地区）也阻碍了更广泛的复苏。中国方面，停电导致的工业生产中断、房地产投资下降以及公共投资以高于预期的速度下降，都是导致下半年经济放缓的原因。政策支持的差距也是影响经济复苏的关键。发达国家大多延续积极的财政政策，而新兴市场经济体由于政策空间的不断收窄而减少政策支持。尽管 11 月全球经济出现好转迹象——国际贸易回升，服务活动和工业生产数据出现上行——但这只是部分抵消了早些时候的下滑。

二是全球通货膨胀压力持续扩大。全球供应链受到影响，虽然供应链中断最终将得到缓解，但供需失衡持续的时间越长，越有可能形成未来价格上涨的预期，世界经济面临的风险也越大。此外，“奥密克戎”变异毒株的出现进一步限制港口的效率，增加航运问题，从而加剧供需失衡。2021 年下半年，全球通货膨胀持续上升。在欧洲，受多个地区因素推动，化石燃料价格几乎翻了一番，推高能源成本，导致通货膨胀上升。在撒哈拉以南非洲地区，食品价格上涨导致更高的通货膨胀。在美国，持续的供应链中断、港口堵塞、陆地限制以及对商品的高需求也导致价格压力加大。在拉丁美洲和加勒比地区，进口商品价格上涨导致通货膨胀。

三是全球劳动力市场正在逐步复苏，但呈现不均衡态势。根据国际劳工组织的数据，2020 年全球约有 8.8% 的工作时间流失，相当于损失 2.55 亿个全职工作岗位。虽然 2021 年的就业状况整体出现好转，但由于产出缺口、接触密集型职业对新冠肺炎病毒的担忧、自动化水平的提高、失业救济、求职摩擦等因素，全球就业率仍低于新冠肺炎大流行前的水平。新兴市场经济体的就业状况较发达经济体更为严峻，年轻劳动力和低技能劳动力的就业状况比年长劳动力和高技能劳动力更为严峻。女性就业者在新兴市场经济体较男性就业者受到更大负面影响，而发达经济体的性别差异已基本消除。这些结构性差异从一定程度上反映出就业群体的部门差异，例如，年轻劳动力多受雇于接触密集型部门，受疫情影响更大；低技能劳动力多受雇于易被自动化取代的部门，高度自动化的发展趋势进一步降低就业需求。

**2. 政策回顾**[②]

政策层面，面临通货膨胀压力，政策空间较新冠肺炎大流行早期有所收窄，有效的国际合作更为重要。

防疫政策：全球协作加强防疫资源部署，消除疫苗、检测、治疗和防护设备的地区不平等。疫苗不仅保障个人健康，且通过消费

① IMF，*The World Economic Outlook*，July 2022.
② IMF，*The World Economic Outlook*，April 2022；IMF，*The World Economic Outlook*，July 2022.

渠道和工作意愿对经济复苏产生正面影响。不同地区的疫苗接种率存在显著差异，高收入国家的疫苗接种率达到70%，而低收入国家仅为4%。2021年底，全球有86个国家未达到IMF提出的40%的疫苗接种率目标，疫苗缺口达到9.74亿支。为此，全球疫苗免疫联盟、世界卫生组织和流行病预防创新联盟共同提出并牵头进行一项新冠肺炎疫苗实施计划（COVAX），于2021年底前向全球提供20亿剂新冠肺炎疫苗，供应给"自费经济体"和"受资助经济体"。此外，不同地区的检测率也存在高度不平等，高收入国家的检测率约为低收入国家的80倍。消除医疗设备、检测试剂的出口限制是另一重要举措。

贸易政策：贸易和技术摩擦持续恶化，2018—2019年实施的贸易限制沿用至今，阻碍经济复苏。各国应该合作消除这些限制，解决长期争议的不满根源，并加强多边贸易体系规则，如就公司税的全球最低限额达成最终协议，避免恶性竞争。

货币政策：由于疫情引发供应链中断，多数经济体的通货膨胀压力已经显现，部分发展中经济体以及个别发达经济体已经开启加息进程。政策制定者需在通货膨胀压力和经济复苏之间寻求平衡。由于复苏前景不确定，欧元区和日本持续推进宽松政策。在美国，由于名义工资出现强劲增长，劳动力市场出现一定扩张，进而推动价格上涨，美联储出现政策转向。美联储在2021年12月表示，将以更快的速度缩减资产购买规模。新兴市场经济体的政策回应及回应时机存在不确定性，并伴随疫情发展和通货膨胀压力变得更为复杂。部分新兴市场经济体已转向非宽松立场，如巴西、智利、墨西哥和俄罗斯。

财政政策：总体而言，2021年的财政政策具有可支持性，平均财政赤字率较上年下降2%，但是依旧高于疫情前的水平。具体而言，发达国家的财政政策依旧保持宽松，政策方向从疫情救助转向通过绿色转型、数字化、长期投资实现经济复苏。相比之下，由于疫苗供给不足，低收入经济体的经济增长依旧受到较大负面影响，政府支出依旧以疫情相关事项为重点。利率的上升和政府收入的下降使低收入经济体政府提供财政支持、偿还债务的能力下降。全球政府债务依旧维持在历史高位，央行和银行部门大量购买政府债券（尤其是发达经济体）的行为有助于遏制政府的借贷成本。债务累计导致政府总融资需求的增加，许多低收入发展中经济体在债务重组上需要国际援助。

随着经济复苏取得进展，各国应大力推进经济改革，扩大公共人力资本投资和绿色/数字基础设施投资，促进资源重新配置，减轻长期创伤效应。通过建设更为包容、更数字化和更加绿色的未来，各国将能实现更快、更持久的经济增长。

## （二）2022年经济增长展望①

受俄乌冲突影响，全球经济增长前景显著减弱，能源、食品和大宗商品价格上涨，主要央行收紧货币政策。根据IMF的预测，2022年世界经济预计增长3.2%。发达经济体和新兴市场经济体的经济增速均较2021年有所下降。受俄罗斯能源供应中断影响最大的欧盟经济预计2022年将增长2.6%，美国经济预计将增长2.3%，而中国经济预计增长3.3%。

① IMF，*The World Economic Outlook*，July 2022.

发展中国家作为一个整体，预计2022年将增长4.1%，低于2021年的6.7%。全球经济增长面临的下行风险包括以下几点。

1. 俄乌冲突进一步加剧

俄乌冲突和欧美对俄罗斯的制裁扰乱了大宗商品市场，加剧了对供应链的冲击。俄乌冲突扰乱了原油、天然气、谷物、化肥和金属的出口，推高了能源、食品和商品价格。在2021年经济反弹之后，预计2022年全球贸易增长将显著放缓。

俄罗斯和乌克兰是关键农产品供应商，占全球小麦出口的25%、玉米出口的16%、葵花籽油出口的56%。粮食安全问题促使各国实施出口限制，进一步限制农产品和关键农业投入品的供应。自2022年初以来，各国对粮食（谷物、食用油、肉类等）和化肥的出口实行了47项限制，其中43项在2月俄乌冲突爆发后生效。2022年3月和4月，联合国粮食及农业组织（FAO）的复合食品价格指数分别达到159.7和158.5的创纪录水平，超过2011年131.9的高点。

大宗商品价格上涨，大幅增加了汽车、电子和其他制造业的生产成本。氖气是半导体生产的关键投入品，乌克兰氖气产量约占全球总产量的一半，俄乌冲突使乌克兰氖气生产中断，加剧半导体短缺，对汽车和电子产品的生产产生负面影响。即使在俄乌冲突爆发之前，全球供应链的混乱程度也很高，作为制造业产出增长的领先指标，制造业采购经理人指数2022年第一季度在大多数G20经济体中大幅下降。

2. 新一波疫情提升政府债务水平

新冠肺炎疫情使新兴市场经济体银行持有的政府债务达到创纪录水平，增加公共部门财政压力，给金融稳定带来影响。为帮助家庭和企业抵御疫情的影响，政府大幅增加开支，并通过发债来弥补预算赤字，导致公共债务不断增加。政府债券多被新兴市场经济体的银行购买。2021年，新兴市场经济体银行持有的政府债务在其资产中的比重创下17%的新纪录，在部分经济体中，政府债务已达到银行资产的四分之一。其结果是，新兴市场经济体政府在很大程度上依赖其银行获得融资，而这些银行也严重依赖其政府债券作为投资。

3. 发达经济体的货币紧缩超出预期

对许多国家来说，通货膨胀已经成为一种明确而现实的危险，早在俄乌冲突爆发之前，大宗商品供求失衡的状况就已引起通货膨胀的大幅上升。据IMF估计，通货膨胀水平将在长时间内保持高位，美国和欧洲部分国家在劳动力市场扩张的背景下，通货膨胀已经达到40多年来的最高水平。通胀预期偏离央行通胀目标的风险正在上升，这促使政策制定者采取更加激进的紧缩措施加以应对。美联储等多国央行已经着手收紧货币政策，与俄乌冲突有关的种种扰动加快了上述进程。

## （三）2022年经济政策展望

2022年，面临众多挑战，国家层面的政策和多边工作将发挥重要作用。各国央行必须果断调整自身政策，确保中期和长期通胀预期得到持续锚定。清晰的政策沟通和关于货币政策前景的前瞻性指引，有助于最大限度地降低破坏性风险带来的影响。部分经济体需要开展财政整顿，但这不应妨碍政府为弱势群体提供精准的定向支持，在能源和食品价格高企的情况下尤其如此。将此类工作纳入中期调整的框架内，并确定一条明确且可信的公共债务路径，有助于为政策调整创造空间。

在可持续发展方面，各国应缩小已公布

目标与政策行动之间的差距，制定一种根据各国收入水平区别调整的国际碳价下限，并构建一个协调各国工作、减轻发生灾难性气候事件风险的方法。同样重要的是，必须确保世界各国都能公平获得全套抗疫工具，以便遏制病毒传播，以及应对全球卫生领域的其他紧急事项。

政策制定者还应确保全球金融安全网的有效运作。对一些发展中经济体而言，它们需要充分的流动性支持，以便克服短期再融资困难。但对另一些国家而言，它们需要进行全面的主权债务重组。二十国集团的“债务处理共同框架”为这种债务重组提供了指引，但尚未达到预期目标，处理框架的缺失，已成为全球金融体系的一条“断层线”。

不断走高的利率以及防止弱势群体因食品和能源价格高企而受损的要求，增加了维持财政可持续的难度。反过来，财政空间缩小导致各国更难开展气候转型投资；而应对气候危机工作的种种迟延又使各经济体更易受到大宗商品价格冲击的影响，这类冲击会加剧通货膨胀并损害经济稳定。

面对诸多挑战，我们必须在国家和多边层面上相应采取协调一致的政策行动，改善经济前景。

1. 财政政策

财政方面，疫情相关支出已经导致许多国家的政策空间缩小。债务水平已经大幅攀升，超常规的财政支持措施预计将在2022年至2023年被取消。俄乌冲突以及全球利率的预期上升将进一步缩小许多国家的财政空间，特别是进口石油和食品的新兴市场和发展中经济体。由于政府在疫情期间帮助非金融企业和家庭持续获得信贷，受助对象的杠杆率已经上升。今后，随着利率和风险溢价上升，信贷市场可能出现一些脆弱性，从而对金融稳定产生影响。

2. 货币政策

自2022年初以来，大多数国家的融资环境显著收紧。为控制通货膨胀，央行不得不以比当前市场定价更快的速度和更大的幅度收紧货币政策。政策利率被提高到中性水平以上，导致全球融资环境进一步收紧。在通货膨胀持续高企的环境下，各国央行面临一种棘手的权衡取舍，而新的地缘政治形势使央行的工作变得更加复杂。央行必须让通货膨胀回到目标水平，同时还需要关注全球融资环境过度收紧对经济增长造成的损害。在这一背景下，如果俄乌冲突加剧或欧美对俄制裁升级引起风险的重新评估和再定价，则可能使疫情期间积累的房价急剧上涨和资产估值过高等脆弱性问题暴露出来，从而导致资产价格大幅下跌。明确的政策沟通对于避免金融市场出现不必要的波动至关重要，这包括就政策收紧过程提供清晰的指引，同时继续以数据为依据开展行动。

3. 解决某些领域的脆弱性问题

政策制定者应通过收紧一些宏观审慎工具来应对某些领域的脆弱性问题，如防止房价大幅上涨，同时避免融资环境普遍收紧。鉴于经济前景不确定、货币政策目前正在回归常态、疫情后财政空间有限等因素，在上述两个方面之间取得适当的平衡非常重要。

4. 审慎处理结构性问题

政策制定者还将面临结构性问题，如资本市场的碎片化——这将对美元的作用产生影响。随着各国央行寻求创建自己的、独立于现有国际网络的数字货币，支付系统也面临类似的风险。监管机构将面临压力，需要缩小监管缺口，以便在加密资产快速发展的过程中确保金融诚信，保护消费者权益。与此同时，随着针对俄罗斯的制裁给能源供给和价格带来的影响已在欧洲和世界范围内扩散，能源安全与气候工作之间的权衡取舍问题已清晰地暴露出来。近期内，气候转型可能遭遇一定的挫折，但降低对俄罗斯能源依赖的意愿可能会推动变革。政策制定者应努力履行气候承诺并加大力度实现净零排放目标，同时采取更多的适当措施解决能源安全问题。

## 二、全球金融格局

### （一）主要金融资产

#### 1. 全球股市市值稳步提升

根据世界交易所联盟（World Federation of Exchanges，WFE）统计，2021 年末全球主要证券交易所的股票市值为 124.41 万亿美元，较 2020 年上升 17.51%（见图 1–1）。

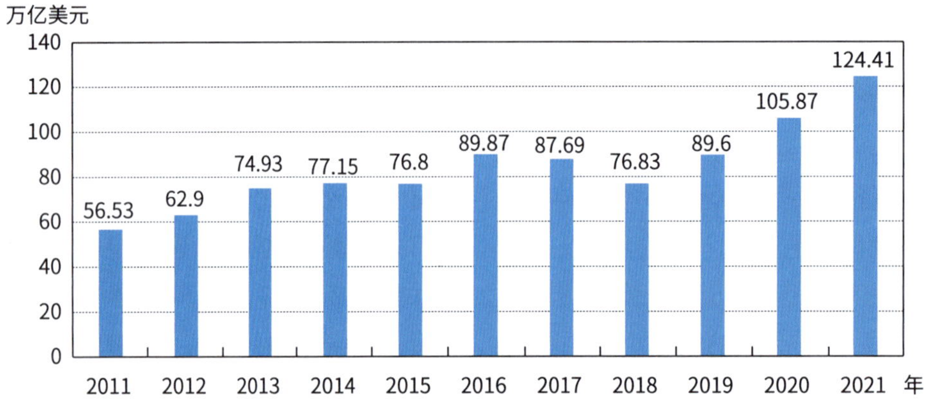


图 1–1　2011—2021 年全球股票市值

（数据来源：WFE）

#### 2. 各经济体信贷资产增长分化

近年来，主要经济体信贷情况因本国（地区）经济增长差异而产生分化。国际清算银行（Bank for International Settlements，BIS）数据显示，2021 年中国香港和日本的信贷余额占 GDP 比例均超过 400%，新加坡占比超过 300%（见表 1–2）。

表 1–2　部分经济体金融部门向非金融部门的授信余额及其占 GDP 比例

单位：10 亿美元、%

| 经济体 | 2021 年 | | 2020 年 | | 2019 年 | | 2018 年 | |
|---|---|---|---|---|---|---|---|---|
| | 余额 | 占比 | 余额 | 占比 | 余额 | 占比 | 余额 | 占比 |
| 美国 | 64 584 | 281.0 | 61 999 | 296.1 | 54 301 | 253.3 | 51 246 | 248.6 |
| 欧元区 | 38 743 | 279.4 | 40 508 | 291.8 | 34 850 | 259.7 | 34 404 | 259.1 |
| 英国 | 9 005 | 289.2 | 8 796 | 304.4 | 7 814 | 266.3 | 7 364 | 268.6 |
| 日本 | 19 771 | 419.9 | 21 873 | 418.9 | 19 512 | 378.3 | 18 764 | 370.8 |
| 新加坡 | 1 446 | 365.7 | 1 229 | 346.5 | 1 142 | 300.6 | 1 011 | 271.9 |

续表

| 经济体 | 2021 年 | | 2020 年 | | 2019 年 | | 2018 年 | |
|---|---|---|---|---|---|---|---|---|
| | 余额 | 占比 | 余额 | 占比 | 余额 | 占比 | 余额 | 占比 |
| 中国香港 | 1 649 | 448.1 | 1 467 | 423.1 | 1 371 | 375.0 | 1 298 | 358.7 |
| 中国 | 51 522 | 286.6 | 44 799 | 289.5 | 37 199 | 262.9 | 33 936 | 254.4 |
| 印度 | 5 420 | 176.4 | 4 776 | 180.8 | 4 443 | 159.2 | 4 183 | 156.1 |
| 巴西 | 2 811 | 180.5 | 2 709 | 189.0 | 3 095 | 168.0 | 2 936 | 162.7 |
| 俄罗斯 | 2 122 | 122.5 | 1 961 | 136.9 | 1 949 | 111.2 | 1 670 | 112.2 |
| 南非 | 532 | 138.0 | 518 | 153.1 | 494 | 137.2 | 442 | 131.0 |

数据来源：BIS。

### 3. 跨境权益与负债保持稳定

据 BIS 统计，2021 年末全球跨境权益总头寸为 35.57 万亿美元，负债为 32.16 万亿美元，与 2020 年持平。从币种结构来看，主要是美元，权益头寸为 16.76 万亿美元，负债头寸为 15.39 万亿美元；其次是欧元，权益头寸为 10.83 万亿美元，负债头寸为 9.80 万亿美元。从跨境头寸的工具来看，主要是贷款，权益头寸和负债头寸分别为 22.65 万亿美元和 23.95 万亿美元；其次为债券，权益头寸和负债头寸分别为 7.63 万亿美元和 4.15 万亿美元。主要经济体的跨境权益和负债余额见表 1–3。

**表 1–3　部分经济体跨境权益和负债余额**

单位：10 亿美元

| 经济体 | 权益 | | | 负债 | | |
|---|---|---|---|---|---|---|
| | 2021 年 | 2020 年 | 2019 年 | 2021 年 | 2020 年 | 2019 年 |
| 美国 | 3 370.0 | 3 392.8 | 3 122.8 | 4 278.6 | 3 861.5 | 3 469.5 |
| 英国 | 5 517.6 | 5 421.3 | 4 878.2 | 5 656.7 | 5 600.1 | 4 998.3 |
| 日本 | 4 349.2 | 4 319.7 | 3 911.3 | 1 397.5 | 1 477.1 | 1 366.2 |
| 新加坡 | 842.2 | 852.5 | 809.1 | 744.9 | 747.4 | 736.3 |
| 中国香港 | 1 742.9 | 1 711.8 | 1 590.2 | 1 375.1 | 1 360.8 | 1 229.8 |
| 中国 | 1 531.0 | 1 372.4 | 1 171.0 | 1 569.0 | 1 484.7 | 1 331.2 |
| 印度 | 64.4 | 65.9 | 53.9 | 217.3 | 204.5 | 200.7 |
| 巴西 | 65.2 | 65.6 | 91.4 | 135.2 | 143.1 | 155.8 |
| 俄罗斯 | 200.6 | 194.7 | 193.7 | 134.5 | 124.2 | 132.0 |
| 南非 | 57.4 | 65.2 | 44.5 | 34.6 | 43.0 | 40.7 |

数据来源：BIS，Table A1。

### 4. 债券资产持续增长

近年来，多数经济体所持有的境内外债券资产余额呈增长态势，如美国、中国、中国香港、新加坡等（见表 1–4）。美国持有最大的境内外债券余额。

**表 1-4 部分经济体境内外债券资产余额**

单位：10 亿美元

| 经济体 | 2021 年 | 2020 年 | 2019 年 | 2018 年 | 2017 年 | 2016 年 |
|---|---|---|---|---|---|---|
| 美国 | 49 106 | 47 237 | 41 232 | 39 454 | 37 901 | 36 724 |
| 英国 | 7 190 | 7 172 | 6 288 | 5 756 | 6 030 | 5 430 |
| 日本 | 13 371 | 14 678 | 12 825 | 12 474 | 11 930 | 11 247 |
| 新加坡 | 613 | 543 | 493 | 441 | 412 | 326 |
| 中国香港 | 582 | 556 | 532 | 510 | 473 | 404 |
| 中国 | 21 816 | 18 556 | 14 726 | 12 907 | 11 757 | 9 409 |
| 印度 | 1 243 | 1 124 | 982 | 903 | 903 | 797 |
| 巴西 | 2 098 | 2 058 | 2 286 | 2 212 | 2 309 | 2 202 |
| 俄罗斯 | 535 | 522 | 493 | 391 | 433 | 357 |
| 南非 | 360 | 305 | 312 | 269 | 283 | 235 |

资料来源：BIS，Table C1。

国际债券市场未清偿余额基本平稳。按发行人所在地划分，英国、美国两国占主要份额，合计约为 77.7%。其他国家和地区占比均较低（见表 1–5）。

**表 1-5 部分经济体发行的国际债券未清偿余额**

单位：10 亿美元、%

| 经济体 | 2021 年 | | 2020 年 | | 2019 年 | | 2018 年 | |
|---|---|---|---|---|---|---|---|---|
| | 余额 | 占比 | 余额 | 占比 | 余额 | 占比 | 余额 | 占比 |
| 美国 | 2 445 | 32.47 | 2 438 | 33.03 | 2 356 | 32.81 | 2 344 | 34.08 |
| 英国 | 3 405 | 45.23 | 3 334 | 45.17 | 3 288 | 45.79 | 3 105 | 45.15 |
| 日本 | 544 | 7.23 | 510 | 6.91 | 480 | 6.69 | 439 | 6.38 |
| 新加坡 | 206 | 2.74 | 186 | 2.52 | 185 | 2.58 | 169 | 2.46 |
| 中国香港 | 375 | 4.98 | 359 | 4.86 | 340 | 4.74 | 319 | 4.64 |
| 中国 | 238 | 3.16 | 229 | 3.10 | 217 | 3.02 | 212 | 3.08 |
| 印度 | 78 | 1.04 | 68 | 0.92 | 61 | 0.85 | 46 | 0.67 |
| 巴西 | 109 | 1.45 | 114 | 1.54 | 117 | 1.63 | 118 | 1.72 |
| 俄罗斯 | 95 | 1.26 | 106 | 1.44 | 95 | 1.32 | 88 | 1.28 |
| 南非 | 34 | 0.05 | 37 | 0.50 | 41 | 0.57 | 37 | 0.54 |
| 合计 | 7 529 | 100.00 | 7 381 | 100.00 | 7 180 | 100.00 | 6 877 | 100.00 |

资料来源：BIS。

## （二）国际主要货币

当前的国际货币体系是以美元为主导，欧元、英镑、日元等货币并存的多元化格局。人民币在国际货币体系中的地位不断提高。2021 年的数据显示，人民币已成为全球第五大储备货币。

### 1. 主要货币稳定性比较

（1）主要货币汇率比较

美元指数于 2018 年开始保持回升态势，

并持续至2020年初。新冠肺炎疫情带来的美元流动性短缺导致美元指数在2020年3月超过102；之后，疫情引发美联储大规模的量化宽松，美元指数相应回落；2021年底，为应对通货膨胀压力，美联储以更快的速度缩减资产购买规模，并开启加息周期，美元指数重拾上升趋势（见图1–2）。截至2022年6月30日，美元指数为104.7，超过疫情期间的高点。

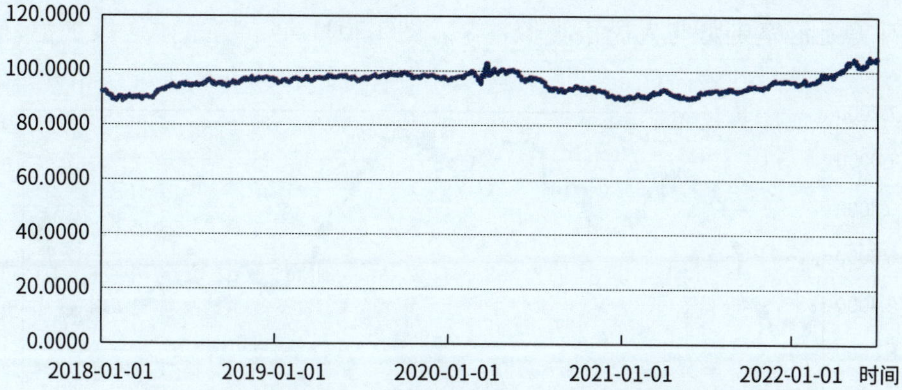


**图1–2　2018年1月至2022年6月美元指数走势**

（数据来源：Wind）

主要发达经济体的汇率由前期的走势不一逐步走向对美元的一致贬值。由于欧洲地区经济复苏不及预期，欧元和英镑从2018年起对美元持续贬值，并在2020年初由新冠肺炎疫情暴发引起的美元流动性短缺的影响下达到阶段性低点；疫情期间，欧元和英镑因美联储量化宽松带来的美元走弱而升值，该升值趋势持续至2021年年中；之后，伴随美联储进入紧缩周期以及俄乌冲突导致经济下滑，欧元、英镑持续走弱。2021年6月之前，日元对美元整体走势平稳；之后，美日货币政策分化导致美日国债利差持续拉大，国际资本流出日本，日元开始大幅贬值，同时俄乌冲突带来能源价格上涨，日本贸易条件恶化，进一步加剧日元贬值趋势（见图1–3）。

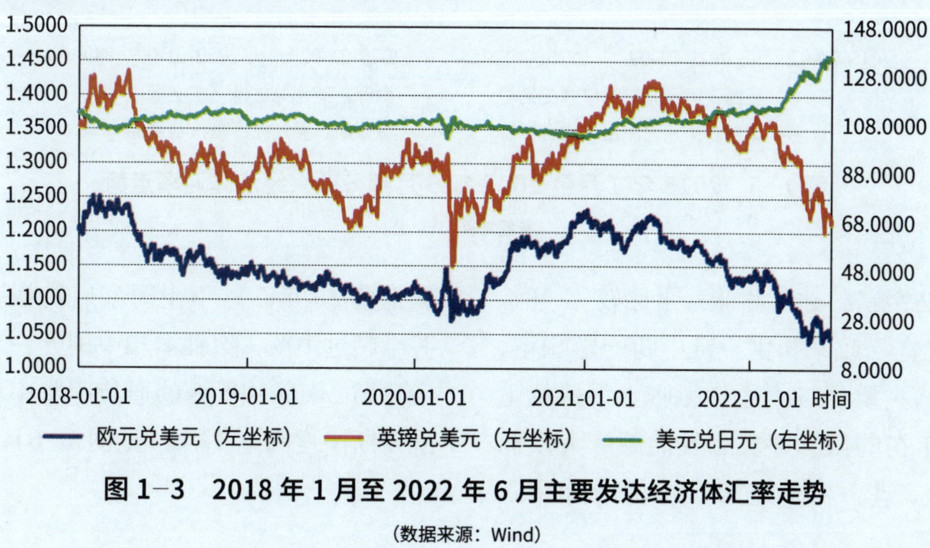


**图1–3　2018年1月至2022年6月主要发达经济体汇率走势**

（数据来源：Wind）

除俄罗斯外，多数新兴市场经济体货币的汇率走势较为一致。人民币对美元汇率从2018年开始贬值，直至2020年6月；后因美国大规模量化宽松而出现回升；2022年初伴随美联储进入加息周期，人民币对美元再次呈现贬值趋势（见图1–4）。其他新兴市场经济体货币对美元汇率走势与人民币类似，对美元先贬值后升值。俄罗斯是一个例外，由于俄乌冲突以及西方经济的制裁，卢布对美元汇率在2022年3月快速贬值。为稳定币值，俄罗斯政府采取加息、资本管制、大宗商品卢布结算、将卢布与黄金挂钩等一系列措施，推动卢布对美元汇率快速升值（见图1–5）。

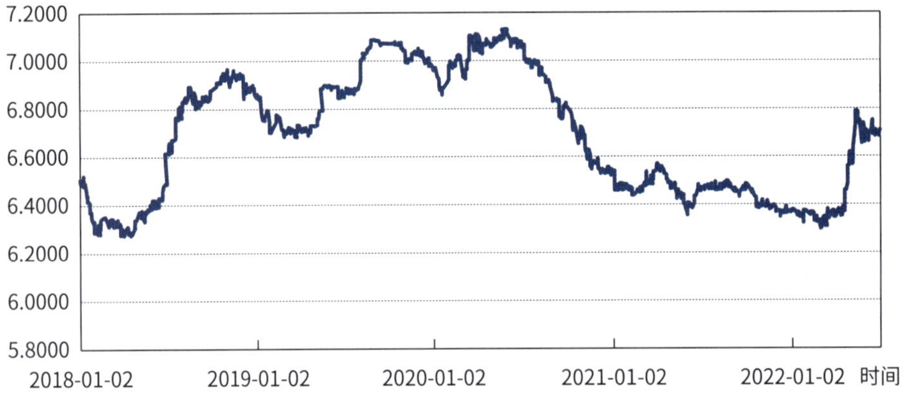


**图1–4　2018年1月至2022年6月人民币汇率走势**

（数据来源：Wind）

**图1–5　2018年1月至2022年6月部分新兴经济体汇率走势**

（数据来源：Wind）

（2）各经济体通货膨胀水平比较

在量化宽松政策和供应链中断的影响下，2021年全球主要经济体通货膨胀水平持续上升；2022年初的俄乌冲突引发能源等大宗商品价格上涨，进一步推高全球通货膨胀水平，截至2022年6月不少国家通货膨胀水平接近甚至超过10%。除日本和中国外，美国、印度、俄罗斯、南非和巴西的通货膨胀率均超过5%，俄罗斯一度高达17%（见图1–6）。

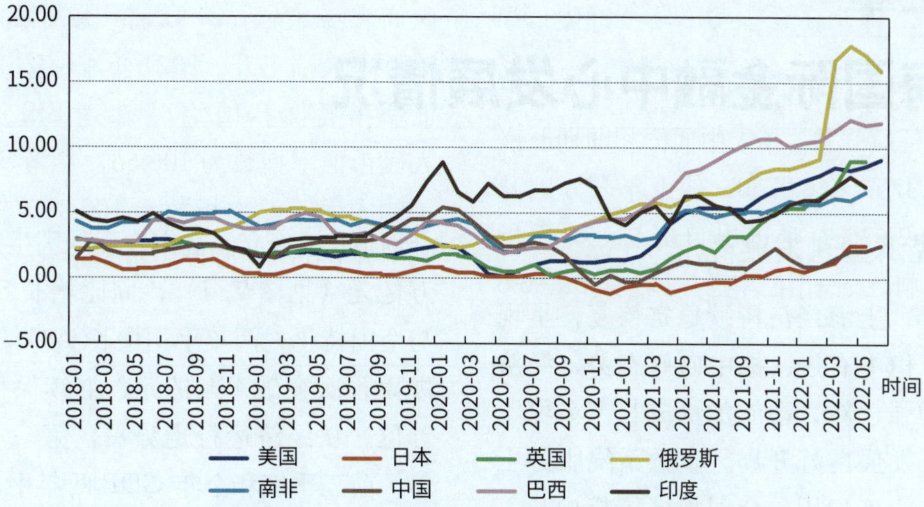


**图 1-6　2018 年 1 月至 2022 年 6 月部分经济体通货膨胀率**

（数据来源：Wind）

（注：通货膨胀率指标为 CPI 当月同比）

2. 全球外汇储备币种构成

2021 年末，全球官方外汇储备为 12.9 万亿美元，较 2020 年末略有增加，可识别货币占比为 93.3%。美元和欧元在全球主要储备货币中分别占 58.88% 和 20.06%；人民币占比为 2.88%，较 2020 年的 2.27% 有所上升。全球官方外汇储备币种构成见表 1-6。

**表 1-6　全球官方外汇储备币种构成**

单位：%

| 币种 | 2021 年 | 2020 年 | 2019 年 | 2018 年 | 2017 年 | 2016 年 | 2015 年 | 2014 年 |
|---|---|---|---|---|---|---|---|---|
| 美元 | 58.88 | 58.94 | 60.72 | 61.74 | 62.72 | 65.34 | 65.72 | 65.14 |
| 欧元 | 20.06 | 21.29 | 20.58 | 20.67 | 20.15 | 19.13 | 19.14 | 21.20 |
| 人民币 | 2.88 | 2.27 | 1.94 | 1.89 | 1.22 | 1.08 | — | — |
| 日元 | 5.36 | 6.05 | 5.89 | 5.19 | 4.89 | 3.95 | 3.75 | 3.54 |
| 英镑 | 4.97 | 4.73 | 4.64 | 4.43 | 4.54 | 4.34 | 4.71 | 3.70 |
| 澳大利亚元 | 1.93 | 1.82 | 1.70 | 1.63 | 1.80 | 1.69 | 1.77 | 1.59 |
| 加拿大元 | 2.46 | 2.08 | 1.86 | 1.84 | 2.02 | 1.94 | 1.77 | 1.75 |
| 瑞士法郎 | 0.23 | 0.17 | 0.15 | 0.14 | 0.18 | 0.16 | 0.27 | 0.24 |
| 其他货币 | 3.23 | 2.66 | 2.53 | 2.47 | 2.49 | 2.37 | 2.86 | 2.83 |

资料来源：IMF，Currency Composition of Official Foreign Exchange Reserves。

# 第二章

# 上海国际金融中心发展情况

## 一、经济金融发展概况

2021年，上海经济持续稳定恢复，呈现稳中加固、稳中有进、稳中向好态势，经济发展韧性增强，新兴动能加快成长，实现了“十四五”发展良好开局。金融系统服务上海实体经济力度稳固，合理把握信贷增长，优化信贷结构，稳健的货币政策灵活精准、合理适度。全年，全市实现地区生产总值4.32万亿元（见图2-1），同比增长8.1%，增速与全国持平，两年平均增长4.8%。全市GDP规模首次突破4万亿元，继续保持国内城市首位。从经济运行走势看，第一季度、上半年、前三季度和全年GDP两年平均增速分别为4.7%、4.8%、4.6%和4.8%，表明经济恢复稳健、韧性增强。

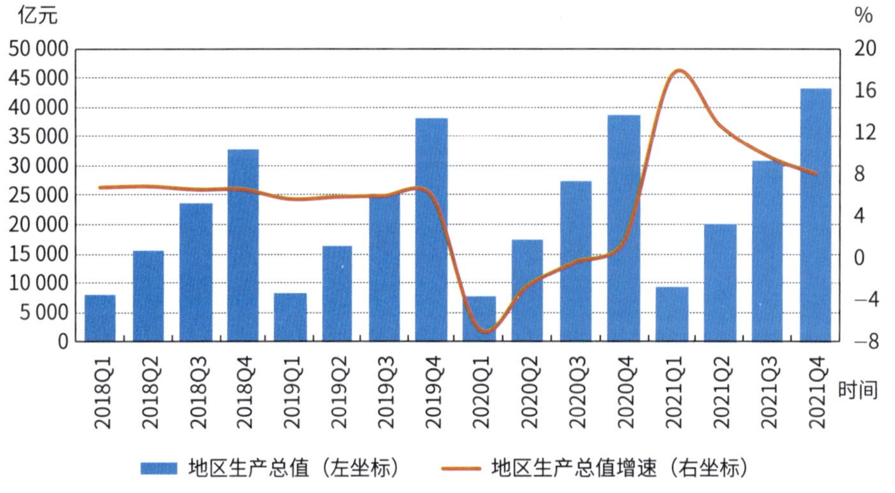


**图2-1　上海市地区生产总值及其增长率**

（数据来源：上海市统计局）

### （一）上海经济运行情况

**1. 投资和消费较快增长，进出口规模创历史新高**

固定资产投资较快增长（见图2-2）。2021年，全社会固定资产投资总额同比增长8.1%，两年平均增长9.2%，比全国高5.3个百分点。从三大投资领域看，工业投资同比增长8.2%，两年平均增长12.0%；房地产开发投资同比增长7.2%，两年平均增长9.1%；基础设施投资同比增长5.8%，两年平均增长1.0%。民间投资增势较好。2021年，民间投资同比增长10.3%，两年平均增长9.3%。

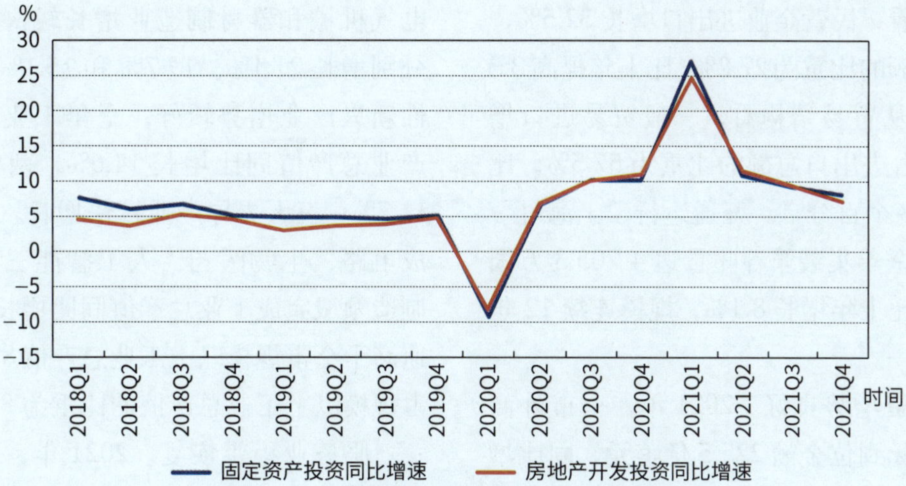


**图 2−2　上海市固定资产投资及其增长率**

（数据来源：上海市统计局）

市场主体活力激发。2021 年末，全市共有市场主体超过 318 万户，其中企业超过 267 万户，比上年增长 10.8%，相当于每千人拥有企业数超过 107 户，居全国第一。2021 年，新设企业超过 46 万户，比上年增长 13.1%，日均新设企业 2 174 户。其中，前三季度新设注册资本 3 000 万美元以上外资企业 122 户，同比增长 54.4%。

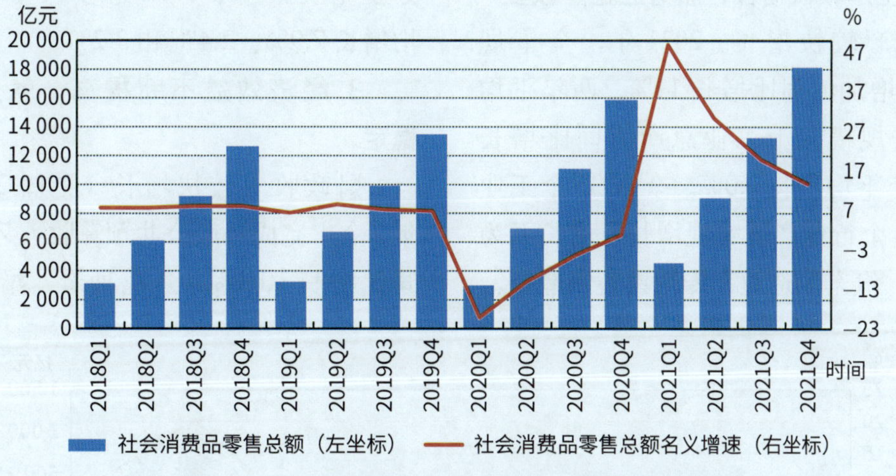


**图 2−3　上海市社会消费品零售总额及其增长率**

（数据来源：上海市统计局）

市场消费持续改善。2021 年，社会消费品零售总额 18 079.3 亿元（见图 2−3），同比增长 13.5%，两年平均增长 6.8%，比全国高 2.9 个百分点。线上线下消费同步回暖，网上商店零售额同比增长 20.8%，两年平均增长 15.4%；占社会消费品零售总额的比重为 18.6%，比上年提高 2.2 个百分点。升级类消费需求持续释放，文化办公用品类、金银珠宝类和化妆品类商品零售额分别增长 40.1%、30.3% 和 15.7%。

外贸进出口规模创历史新高。2021 年，全市货物进出口总额首次突破 4 万亿元人民币，其中进口总额、出口总额分别增长 17.7% 和 14.6%，增速均创 2016 年以来最高水平。

从企业性质看，民营企业进出口增长32.5%，占进出口总额的比重为27.2%，比上年提高3.3个百分点。从贸易结构看，一般贸易进口增长24.1%，占进出口总额的比重为57.5%，比上年提高3.8个百分点。开通运行“上海号”中欧班列。全年集装箱吞吐量达4 703.3万国际标准箱，比上年增长8.1%，规模连续12年排名世界第一。

利用外资增势良好。2021年，全市外商直接投资实际到位金额225.5亿美元，同比增长11.5%，实到外资规模创历史同期新高，反映国际资本和外资企业继续看好上海发展。其中，第三产业实到外资金额增长12.7%，占全市比重为95.5%。总部经济能级持续提升。全年上海新增跨国公司地区总部60家、外资研发中心25家，累计设立跨国公司地区总部831家、外资研发中心506家。

**2. 工业生产较快增长，服务业稳步恢复**

工业生产较快增长。2021年，全市规模以上工业增加值同比增长11%，两年平均增长6.2%；规模以上工业总产值同比增长10.3%，两年平均增长6.0%。全市35个工业行业中有28个行业产值实现增长，增长面为80%。其中，汽车制造业、专用设备制造业、电气机械和器材制造业增长较快，产值同比分别增长21.1%、19.7%和15.1%。工业战略性新兴产业增势较好。全年工业战略性新兴产业总产值同比增长14.6%，两年平均增长11.7%。三大先导产业较快增长。全年全市集成电路、生物医药、人工智能三大先导产业制造领域完成工业总产值同比增长18.3%，增速高于全市规模以上工业总产值8个百分点，占规模以上工业总产值的比重为8.2%。

服务业稳步恢复。2021年，全市第三产业增加值首次突破3万亿元，同比增长7.6%，两年平均增长4.7%，占全市生产总值比重为73.3%，对经济增长贡献率达69.6%。其中，信息服务业增长动力强劲，信息传输、软件和信息技术服务业增加值同比增长12.4%，两年平均增长13.8%，高于服务业增加值增速。金融业、批发零售业、房地产业增加值同比分别增长7.5%、8.4%和4.8%，两年分别平均增长7.9%、2.4%和3.2%。

**3. 经济效益不断提高，就业形势总体稳定**

财政收入较快增长（见图2-4）。2021年，全市完成一般公共预算收入7 771.8亿元，同比增长10.3%。分税种看，增值税、企业

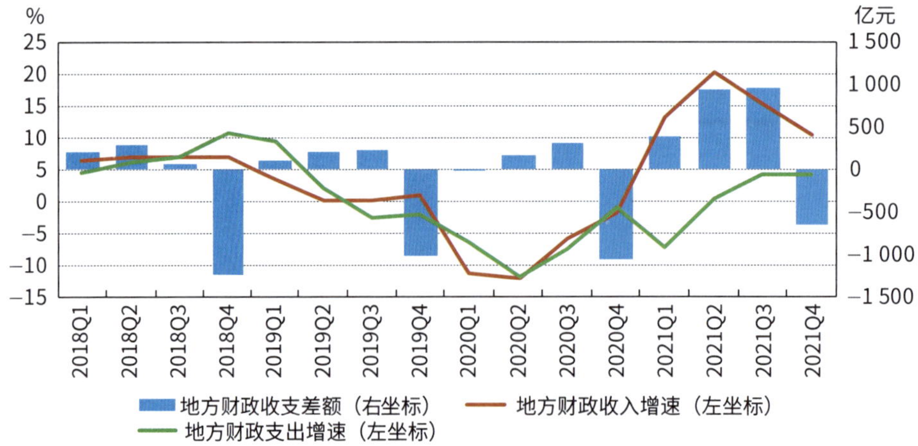


**图2−4 上海市地方财政收支状况**

（数据来源：上海市统计局）

所得税、个人所得税和契税分别增长 8.8%、21.5%、28.4% 和 8.0%。从支出看，全市一般公共预算支出 8 430.9 亿元，同比增长 4.1%，增速比上半年加快 3.7 个百分点，财政支出有所提速。

居民收入稳步增长，就业形势总体稳定。2021 年，全市居民可支配收入同比增长 8.0%，扣除价格因素，实际增长 6.7%；两年平均增长 6.0%，实际增长 4.5%。其中，城镇常住居民和农村常住居民人均可支配收入分别增长 7.8% 和 10.3%。城乡居民基本养老金标准、最低生活保障标准继续提高。全年居民人均转移净收入同比增长 9.5%，两年平均增长 9.5%，成为收入增长的稳健动力。截至 12 月末，全市新增就业岗位 63.51 万个，比上年末增加 6.47 万个。高校毕业生去向落实率为 95.6%，同比提高 3.1 个百分点。

企业盈利情况良好。2021 年 1—11 月，全市规模以上工业企业利润总额同比增长 8.7%，35 个工业行业全部实现盈利。其中，化工行业、电气机械和器材制造业、通用设备制造业利润总额分别增长 44.7%、17.2% 和 13.4%。全市规模以上服务业企业营业利润同比增长 35.2%，在 32 个规模以上服务业行业中，22 个行业实现盈利，盈利面为 68.8%。其中，交通运输业、科研服务业、软件信息服务业利润分别增长 4.2 倍、39% 和 23.2%。

**4. 居民消费价格涨势温和，工业生产者价格持续上涨**

居民消费价格涨势温和（见图 2–5）。2021 年，全市居民消费价格同比上涨 1.2%，涨幅同比回落 0.5 个百分点。其中，交通通信、教育文化娱乐、居住、其他用品及服务、生活用品及服务、食品烟酒类价格分别上涨 4.0%、2.7%、1.1%、0.9%、0.7% 和 0.5%，衣着和医疗保健类价格分别下降 0.5% 和 1.1%。

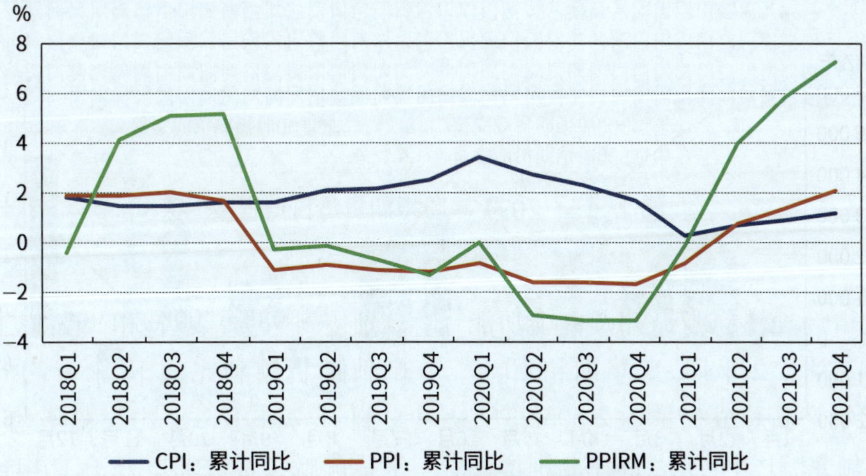


**图 2–5　上海市 CPI 和 PPI 变动趋势**

（数据来源：上海市统计局）

工业生产者价格持续上涨。2021 年，全市工业生产者出厂价格同比上涨 2.1%，当月同比涨幅自 3 月转正以来连续 10 个月上涨；工业生产者购进价格同比上涨 7.3%，涨幅同比提高 10.4 个百分点。

**5. 房地产市场成交降温，价格涨幅回落**

房地产市场成交降温。统计局数据显示，2021 年，全市住宅销售面积、存量房买卖登记面积同比分别增长 3.9% 和 21.2%，增速比上半年明显回落 19.1 个和 70.4 个百分点。房价涨幅总体回落。12 月，新建商品住宅、二手住宅价格指数同比分别上涨 4.2% 和 6.5%，涨幅分别比 6 月回落 0.4 个和 3.6 个百分点，其中二手住宅同比涨幅连续 5 个月收窄。新房库存下降。12 月末，全市商品住宅可售面积为 563 万平方米，同比下降 18.4%。

## （二）上海金融运行情况

2021 年，人民银行上海总部按照总行部署，坚持金融服务实体经济的根本要求，保持稳健的货币政策灵活准确、合理适度，强化跨周期调节，保持流动性合理充裕，信贷结构持续优化；积极推动两项直达实体经济货币政策工具（以下简称两项直达工具）和新增 3 000 亿元支小再贷款落地，着力解决融资难、融资贵问题；加快完善绿色金融体系，加强宏观审慎管理，深化 LPR 改革。具体看来，各项存款指标在上年高基数的基础上继续保持增长；贷款增长持续加速，贷款投向不断优化；融资成本小幅回升，融资贵问题得到缓解；社会融资规模同比多增，本外币贷款增长较好，直接融资占比相对下降；流动性状况较为平稳，信贷资产质量基本稳定；业务经营总体稳健，利润增速大幅提升。

**1. 各项存款指标在上年高基数的基础上继续保持增长**

2021 年 12 月末，全市金融机构本外币各项存款[①]余额为 175 831.1 亿元，同比增速为 12.8%（见图 2–6），较同期全国存款增速高 3.5 个百分点。其中，中外资金融机构人民币和外币存款余额分别为 163 819.5 亿元和 1 884.0 亿美元，同比分别增长 12.7% 和 16.7%，增速分别较上年末下降 5.1 个和 2 个百分点。月末各项存款占全国比重为 7.4%，较上年末高 0.3 个百分点。

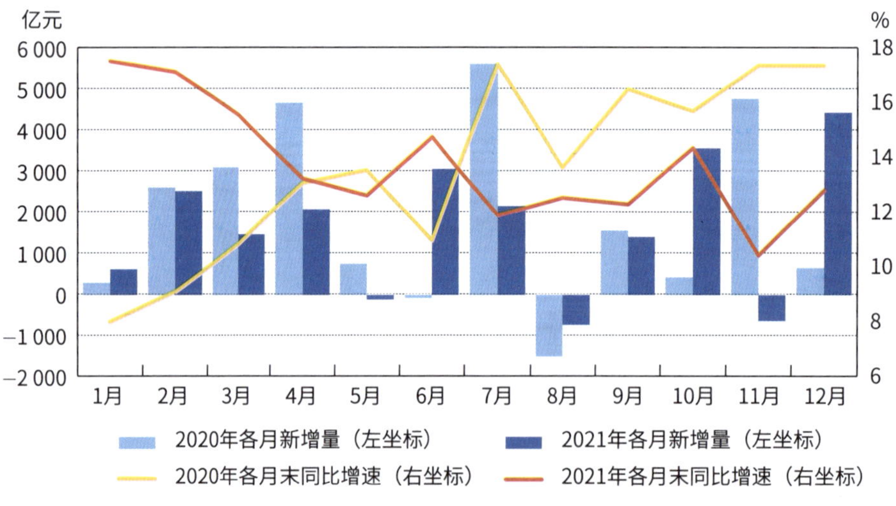


**图 2–6　上海市金融机构本外币存款增长**

（数据来源：中国人民银行上海总部）

① 未注明币种的金额均为本外币合计数，下同。

2021 年，全市本外币各项存款累计新增 19 966.5 亿元，同比少增 3 052.2 亿元。分币种看，人民币各项存款增加 18 492.3 亿元，同比少增 3 486.2 亿元；外币各项存款增加 269.0 亿美元，同比多增 15.4 亿美元。分主体看，境内存款累计增加 18 698.8 亿元，同比少增 3 105.6 亿元；境外存款累计增加 1 267.8 亿元，同比多增 53.3 亿元。

2021 年全市存款增长呈现以下特点：金融机构不断提升对总部经济和金融基础设施的金融服务水平，存款增长呈“增结算、调结构、降成本”的特点。一是企业存款增长先抑后扬，活期存款和新型存款增速回升，传统定期类存款增长放缓。全年新增企业存款 7 235.0 亿元，同比少增 1 324.1 亿元，其中第四季度增加 4 737.7 亿元，占全年增量的近 2/3，同比多增 817.8 亿元。按存款产品分，境内企业活期存款、大额存单、结构性存款分别增加 2 119.9 亿元、511.7 亿元和 214.5 亿元，同比分别多增 150.0 亿元、38.9 亿元和 1 154.5 亿元；定期存款、通知存款和协定存款共增加 3 095.9 亿元，同比少增 3 538.0 亿元；境外企业存款在跨境资金池业务发展带动下增加 1 178.9 亿元，同比多增 57.2 亿元。二是个人存款下半年增长乏力。12 月末个人存款增长 11.1%，连续三个月呈下滑走势，同比回落 3.9 个百分点。全年个人存款增加 4 394.6 亿元，同比少增 748.4 亿元，其中下半年增加 1 104.9 亿元，约为上半年增量的 1/3，同比少增 526.1 亿元。定期存款和活期存款仍是个人存款增长的主力，全年共新增 4 294.9 亿元，占新增个人贷款的 98%，同比少增 1 082.3 亿元；个人大额存单和结构性存款分别增加 496.4 亿元和减少 430.7 亿元，同比分别少增 344.4 亿元和少减 653.8 亿元。三是非银行金融机构存款结构有所调整。全年非银行金融机构存款增加 6 007.1 亿元，同比少增 1 822.0 亿元。受理财公司募集资金集中管理和期货市场交易活跃影响，银行吸收的特定目的载体公司存款和期货公司及期货交易所活期存款共增加 4 038.1 亿元，占同业存款增量的 67.2%，占比同比上升 13.7 个百分点。

**2. 贷款增长持续加速，贷款投向不断优化**

2021 年 12 月末，全市本外币各项贷款余额为 96 032.1 亿元，同比增长 13.5%①（见图 2–7），较年初增加 11 390.7 亿元，较同期全国贷款增速高 1.9 个百分点。其中，中外资金融机构人民币和外币贷款余额分别为 88 260.1 亿元和 1 219.0 亿美元，同比分别增长 13.2% 和 19.6%，增速分别较上年末上升 7.5 个②和 8.6 个百分点。③

2021 年，全市本外币贷款累计增加 11 390.7 亿元，同比多增 4 649.2 亿元。分币种看，人民币各项贷款增加 10 270.7 亿元，同比多增 4 162.2 亿元；外币各项贷款增加 199.5 亿美元，同比多增 42.8 亿美元。分主体看，境内贷款累计增加 10 674.9 亿元，同比多增 4 168.2 亿元；境外贷款累计增加 715.8 亿元，同比多增 480.9 亿元。

① 2021 年 11 月，个别银行调整票据融资数据。按可比口径计算，2021 年 12 月末上海本外币贷款余额同比增长 12.8%。

② 2021 年 11 月，个别银行调整票据融资数据。按可比口径计算，2021 年 12 月末人民币贷款余额同比增长 12.4%，增速比上月末高 0.9 个百分点，比上年同期高 3 个百分点。

③ 2021 年贷款增速较上年上升较快，是前期基数较小所致，2020 年，农业发展银行、平安银行、南京银行、天津银行分别将部分贷款业务划转至异地总行。

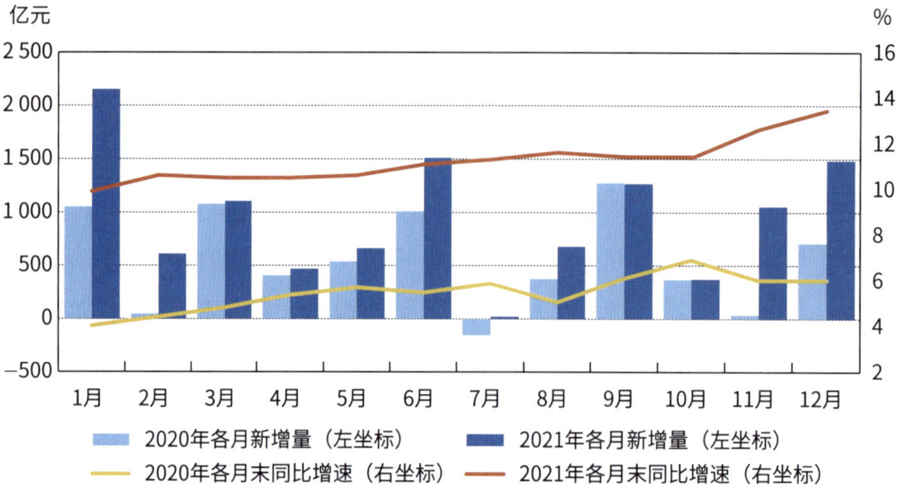


**图 2-7　上海市金融机构本外币贷款增长**

（数据来源：中国人民银行上海总部）

2021 年全市贷款增长呈现以下特点：一是企业贷款增长加速。在“稳增长”政策作用下，年末企业贷款可比增速达 13.2%，创近三年新高，同比上升 3.7 个百分点。全年企业贷款增加 7 841.8 亿元，同比多增 3 100.8 亿元。二是企业新增贷款结构不断优化。企业中长期贷款增加 5 158.5 亿元，占企业贷款增量的近 2/3，同比多增 1 343.6 亿元；票据融资增加 561 亿元，同比多增 846 亿元。受票据利率下行影响，12 月票据融资增加 520.3 亿元，较好地弥补了企业年末流动资金缺口。年末投向高新技术服务业①、制造业和基础设施业②的贷款余额增速分别为 30.4%、24.4% 和 18.7%，同比分别提升 8 个、15.3 个和 3 个百分点；房地产开发贷款年末增速为 6.1%，同比回落 0.3 个百分点；全年房地产开发贷款增加 200.7 亿元，同比少增 215.1 亿元。三是个人消费贷款新增 1 922.5 亿元，占个人贷款增量的近 2/3，个人住房贷款增速回升。全年个人住房贷款增加 1 266.3 亿元，同比多增 291.8 亿元。受住房贷款投放加速影响，12 月末个人住房贷款余额增长 8.1%，增速已连续三个月呈回升走势，同比上升 1.5 个百分点。四是普惠小微贷款③增速仍维持高位。受两项直达工具有效实施等因素影响，全年普惠小微贷款新增 1 810.5 亿元，同比多增 284.5 亿元；月末余额同比增长 34.8%，远高于全部贷款增速。其中单户授信 1 000 万元以下小微企业贷款和个体工商户及小微企业主的经营性贷款分别增加 918.1 亿元和 892.4 亿元，同比分别多增 309.5 亿元和少增 25.0 亿元。五是民营企业贷款④同比多增。全年民营企业贷款增加 3 691.2 亿元，同比多增 571.0 亿元；月末余额同比增长 12.8%，较上年同期高 2 个

① 包括信息传输、软件和信息技术服务业，科学研究和技术服务业。
② 包括电力、热力、燃气及水生产和供应业，交通运输、仓储和邮政业，水利、环境和公共设施管理业。
③ 包括单户授信 1 000 万元以下的小微企业贷款及个体工商户和小微企业主经营性贷款。
④ 自 2020 年起，上海民营企业贷款口径与人民银行公布口径保持一致，包括本外币的除国有企业之外所有企业贷款及个人经营性贷款。

百分点。分结构看，当月除国有企业以外的各类型企业贷款增加 2 697.5 亿元，个人经营性贷款增加 993.7 亿元，同比分别多增 472.6 亿元和 98.4 亿元。

**3. 融资成本小幅回升，融资贵问题得到缓解**

市场资金面总体宽松，银行间融资成本小幅上升。2021 年 12 月，银行间市场同业拆借及质押式债券回购月加权平均利率分别为 2.0193% 和 2.0435%，分别较上年 12 月上升 71.7 个和 68.6 个基点。

不同品种贷款利率同步下行。2021 年 12 月，上海人民币贷款加权平均利率为 4.26%，较上年 12 月下降 48 个基点。其中，一般贷款平均利率为 4.65%，较上年 12 月下降 38 个基点；票据融资平均利率为 2.17%，较上年 12 月下降 85 个基点。

受两项直达工具的影响，2021 年 12 月，上海普惠小微贷款发放利率较 LPR 改革前下降了 116 个基点，地方法人银行普惠小微贷款发放利率下降 125 个基点。针对上海小微企业的融资调查显示，2021 年第四季度，反映“融资难”“融资贵”的占比分别较 2020 年第二季度下降了 4.28 个和 0.25 个百分点。

**4. 社会融资规模同比多增，本外币贷款增长较好，直接融资占比相对下降**

2021 年，上海社会融资规模为 12 126.4 亿元，同比多增 1 210.9 亿元。

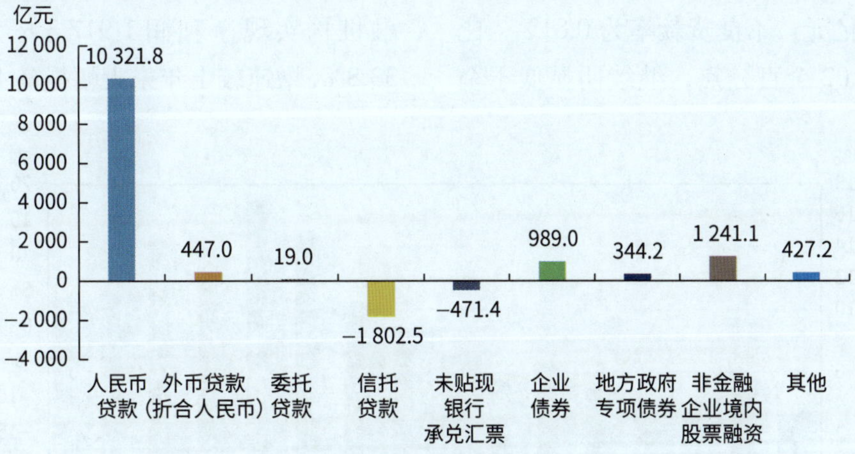


**图 2–8　上海市社会融资规模结构（2021 年）**

（数据来源：中国人民银行上海总部）

其中，人民币与外币贷款合计增加 10 768.8 亿元，同比多增 3 500.0 亿元，合计占比为 88.8%，较上年同期上升 22.2 个百分点。信托贷款减少 1 802.5 亿元，同比多减 56.4 亿元；未贴现银行承兑汇票减少 471.4 亿元，同比多减 1 149.9 亿元；委托贷款增加 19.0 亿元，同比多增 291.0 亿元（见图 2–8）。

在直接融资方面，股票融资占比维持高位。2021 年，上海非金融企业境内股票融资 1 241.1 亿元，同比少增 266.7 亿元，占社会融资规模的 10.2%，同比小幅下降 3.6 个百分点。此外，全年政府债券融资 465.9 亿元，同比少增 713.7 亿元。为应对疫情对实体经济的冲击，监管部门采取多项措施满足企业融资需求，助力企业复工复产，企业债券发行加速。但受企业债券违约事件和债券集中兑付影响，企业债券融资明显少增，2021 年企业债券融资 989.0 亿元，同比少增 614.3 亿元。

**5. 流动性状况较为平稳，信贷资产质量基本稳定**

贷存比基本持平，备付率水平微降。由于 2021 年初以来存款增速略高于贷款增速，全年贷存比小幅下降。12 月末，全市中资商业银行人民币贷存比为 50.2%，比上年同期下降 0.6 个百分点；外资金融机构人民币贷存比为 62.2%，比上年同期上升 3.3 个百分点。12 月末，全市中资商业银行人民币备付率为 1.54%，比上年同期小幅下降 0.2 个百分点。

2021 年，上海金融机构贷款不良率略微上升，信贷风险基本可控。随着更多的逾期 90 天以上贷款纳入不良贷款，上海不良贷款率和不良贷款额较上年末上升。12 月末，上海金融机构不良贷款余额 772.3 亿元，比上年末增加 110.0 亿元；不良贷款率为 0.81%，比上年末上升 0.02 个百分点，继续明显低于全国 1.73% 的水平。12 月末，在沪法人银行拨备覆盖率为 319.0%，较上年同期提高 46.7 个百分点，显著高于全国同期水平 196.9%。综合来看，目前上海商业银行的资产质量基本稳定。

**6. 业务经营总体稳健，利润增速大幅提升**

资产负债增速继续上升。根据上海银保监局数据，2021 年 12 月末，全市金融机构本外币资产和负债同比分别增长 10.9% 和 10.8%，增速较上年末分别下降 5.5 个和 6.1 个百分点（见图 2–9）。其中，中资银行资产总额为 19.7 万亿元，同比增长 6.5%；外资银行资产总额为 1.6 万亿元，同比下降 1.9%。

利润增速大幅提升。2021 年，全市金融机构实现净利润 1 917.3 亿元，同比增长 33.8%，增速较上年末大幅提高 44.1 个百分点。

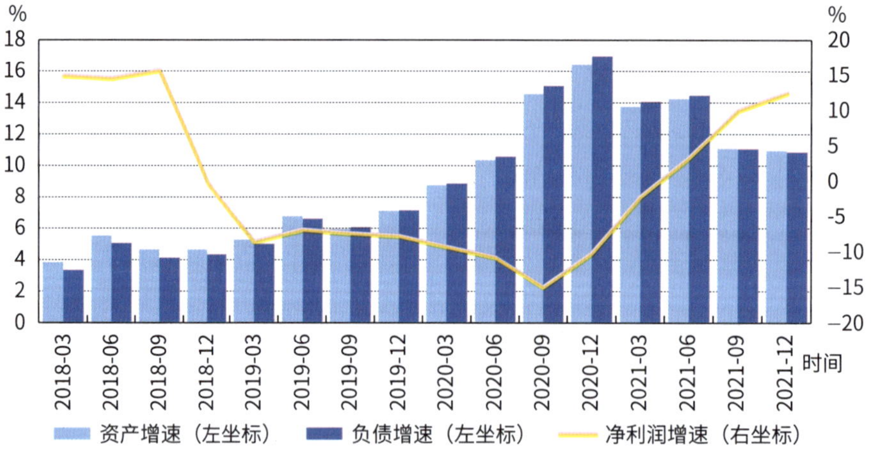


**图 2–9　上海市金融机构资产负债及净利润增速**

（数据来源：中国人民银行上海总部）

## 二、金融服务业与金融机构

### （一）银行业

截至 2021 年末，上海市各类营业性银行业金融机构数量已达 4 080 家，包括 3 家中资法人银行、18 家外资法人银行、3 家政策性银行上海分行、6 家大型银行上海市分行、12 家股份制商业银行上海分行、14 家城市商业银行上海分行、4 家资产管理公司上海分公司、34 家持牌专营机构、14 家村镇银行、53 家非银行金融机构（51 家法人非银行金融机构、2

家分公司）、78 家外资银行上海分行，3 784 个支行及以下营业网点，以及 57 家自贸试验区分支行及其他金融机构。从业人员 13.7 万人。

截至 2021 年末，上海银行业金融机构资产总额 21.31 万亿元，同比增长 10.91%，占全国的 6.31%；各项贷款余额 9.53 万亿元，同比增长 13.20%，占全国的 4.82%；各项存款余额 13.99 万亿元，同比增长 11.49%，占全国的 6.55%；不良贷款余额 772.28 亿元，比年初增加 110.09 亿元；不良率 0.81%，比年初上升 0.02 个百分点，比全国银行业 1.82% 的平均水平低 1.01 个百分点。2021 年全年上海银行业累计实现净利润 1 610.13 亿元，同比增长 12.36%，比全国银行业 10.29% 的净利润增长水平高 2.07 个百分点（见表 2–1）。

**表 2–1　2021 年上海银行业运行主要数据**

| 指标 | 2021 年 | 2020 年 | 同比增长 | 全国占比 |
|---|---|---|---|---|
| 总资产 | 21.31 万亿元 | 19.22 万亿元 | 10.91% | 6.31% |
| 各项存款 | 13.99 万亿元 | 12.55 万亿元 | 11.49% | 6.55% |
| 各项贷款 | 9.53 万亿元 | 8.42 万亿元 | 13.20% | 4.82% |
| 不良贷款 | 772.28 亿元 | 662.19 亿元 | 16.63% | 2.15% |
| 不良率 | 0.81% | 0.79% | 0.02 个百分点 | — |
| 净利润 | 1 610.13 亿元 | 1 433.02 亿元 | 12.36% | 6.51% |

数据来源：中国银行保险监督管理委员会上海监管局。

## （二）证券期货业

截至 2021 年末，上海共有证券公司 31 家（包括 11 家证券公司下属的资产管理公司），占全国 140 家的 22.14%（见表 2–2）。证券公司分公司 136 家，证券营业部 779 家。此外，上海还有证券投资咨询公司 18 家，境外证券类机构上海代表处 34 家（含 1 家境外交易所上海代表处）。上海证券公司总资产 2.28 万亿元、净资产 6 071.9 亿元、净资本 4 611.08 亿元，同比分别增长 17.33%、11.49% 和 10.42%。

**表 2–2　2021 年上海证券公司经营情况（未经审计）**

| 项目 | 2021 年 | | 2020 年 | |
|---|---|---|---|---|
| | 绝对数 | 同比增减 | 绝对数 | 同比增减 |
| 证券公司家数（家） | 31 | 1 | 30 | 3 |
| 全国占比（%） | 22.14 | — | 21.74 | — |
| 总资产 | 22 846.65 亿元 | 17.33% | 19 472.47 亿元 | 21.32% |
| 净资产 | 6 071.90 亿元 | 11.49% | 5 446.21 亿元 | 12.25% |
| 净资本 | 4 611.08 亿元 | 10.42% | 4 176.03 亿元 | 9.67% |
| 营业收入 | 1 111.61 亿元 | 11.19% | 999.77 亿元 | 22.38% |
| 净利润 | 461.24 亿元 | 22.95% | 375.13 亿元 | 18.11% |

数据来源：中国证券监督管理委员会上海监管局。

2021年末，上海共有基金管理公司61家，占全国137家的44.53%（见表2–3）；基金管理公司分支机构39家，基金管理公司专业子公司39家；基金评价机构3家，独立基金销售机构29家，基金第三方支付机构7家。此外，在中国证券投资基金业协会完成登记的上海私募基金管理人共有4 531家，占全国的18.41%。上海基金管理公司管理总资产规模（含公募基金、专户、年金、社保、养老金）约为11.2万亿元，其中，管理公募基金资产规模为9.1万亿元，专户资产规模为1.4万亿元，同比分别增长28.17%和7.69%。基金管理公司专户子公司管理资产1.01万亿元，同比减少34.84%。证券公司资产管理规模为2.83万亿元（不含资产支持证券），同比减少19.83%。期货公司资产管理规模为1 237.24亿元，同比增长111.86%。私募基金管理人管理私募基金3.53万只，占全国的28.46%；管理资产规模为5.1万亿元，占全国的25.65%，均居全国首位。

**表2–3　2021年上海基金管理公司经营情况**

| 项目 | 2021年 | | 2020年 | |
|---|---|---|---|---|
| | 绝对数 | 同比增减 | 绝对数 | 同比增减 |
| 基金公司家数（家） | 61 | 2 | 59 | 2 |
| 全国占比（%） | 44.53 | — | 44.69 | — |
| 基金公司资产管理总规模 | 112 289.99亿元 | 24.22% | 90 392.54亿元 | 35.83% |
| 公募基金数量 | 3 333只 | 22.22% | 2 727只 | 20.29% |
| 公募基金总份额 | 76 058.81亿份 | 28.38% | 59 245.17亿份 | 20.96% |
| 公募基金总净值 | 90 707.08亿元 | 28.55% | 70 564.34亿元 | 42.61% |
| 基金公司当年新发基金数 | 721只 | 31.81% | 547只 | 32.77% |

数据来源：中国证券监督管理委员会上海监管局。

2021年末，上海共有期货公司35家，占全国150家的23.33%；期货分公司92家，营业部98家；下设21家风险管理子公司（均注册在上海），3家资管子公司。上海期货公司总资产（含客户权益）4 780.47亿元、净资产435.08亿元、净资本308.73亿元，同比分别增长44.30%、22.44%和36.64%（见表2–4）。

**表2–4　2021年上海期货公司经营情况（未经审计）**

| 项目 | 2021年 | | 2020年 | |
|---|---|---|---|---|
| | 绝对数 | 同比增减 | 绝对数 | 同比增减 |
| 期货公司家数（家） | 35 | 1 | 34 | 0 |
| 全国占比（%） | 23.33 | — | 22.8 | — |
| 总资产 | 4 780.47亿元 | 44.30% | 3 312.66亿元 | 62.63% |
| 净资产 | 435.08亿元 | 22.44% | 355.57亿元 | 13.22% |
| 净资本 | 308.73亿元 | 36.64% | 226.03亿元 | 12.20% |
| 客户权益 | 4 224.60亿元 | 46.44% | 2 884.90亿元 | 71.88% |
| 净利润 | 41.83亿元 | 76.65% | 23.68亿元 | 49.59% |

数据来源：中国证券监督管理委员会上海监管局。

### （三）保险业

2021年末，保险法人机构58家，省级保险分支机构108家。保险专业中介法人机构226家，分支机构286家。58家法人保险机构，其中保险集团2家、财产险公司19家（其中自保公司1家）、人身险公司22家、再保险公司5家、资产管理公司10家；108家省级保险分支机构，其中财产险分公司53家、人身险分公司52家、再保险分公司3家；226家保险专业中介法人机构，其中保险代理机构105家、保险经纪机构83家、保险公估机构38家；286家保险专业中介分支机构，其中保险代理机构109家、保险经纪机构147家、保险公估机构30家。

2021年全年，上海保险机构资产总额8 327.67亿元（见表2–5），同比下降11.39%。保险公司原保险保费收入1 970.90亿元，同比增长10.31%。其中，财产险公司原保险保费收入632.41亿元，同比增长7.13%；人身险公司原保险保费收入1 338.49亿元，同比增长11.88%。全年保险赔付支出737.95亿元，同比增长18.50%。其中，财产险业务原保险赔款支出286.56亿元，同比增长3.54%；寿险业务原保险给付240.45亿元，同比增长9.59%；健康险业务原保险赔款给付183.21亿元，同比增长71.81%；意外险业务原保险赔款支出27.74亿元，同比增长39.13%。

**表2–5　2021年上海保险业运行主要数据**

| 项目 | 2021年 | 2020年 | 2019年 | 2018年 |
|---|---|---|---|---|
| 保险公司家数（家） | 166 | 165 | 165 | 158 |
| 保险公司总资产（亿元） | 8 327.67 | 9 517.74 | 8 831.87 | 7 868.37 |
| 原保险保费收入（亿元） | 1 970.90 | 1 864.99 | 1 720.01 | 1 405.79 |
| 其中：财产险公司（亿元） | 632.41 | 594.35 | 643.39 | 582.10 |
| 人身险公司（亿元） | 1 338.49 | 1 270.64 | 1 076.62 | 823.69 |
| 保险赔付支出（亿元） | 737.95 | 630.70 | 654.90 | 581.56 |
| 保险密度（元/人） | 7 917 | 7 499 | 7 084 | 5 813 |
| 保险深度（%） | 4.56 | 4.82 | 4.51 | 4.30 |

数据来源：中国银行保险监督管理委员会上海监管局。

## 三、金融市场运行

### （一）货币市场

2021年，货币市场规模稳中有进，市场高质量发展。银行间人民币货币市场全年发行、交易量合计1 186万亿元，日均规模为4.7万亿元，同比增长5%。其中，质押式回购全年成交1 040万亿元，在人民币货币市场中占比88%，规模较上年增长9%；信用拆借和买断式回购交易量分别为119万亿元和5万亿元，同比分别下降19%和33%；同业存单发行量为22万亿元，同比增长15%；证券公司短期融资券发行量为0.6万亿元。外币货币市场全年成交82.2万亿元，同比增长16.6%，其中外币拆借和回购全年分别成交12.4万亿美元和2 874亿美元，同比分别增长23.3%和135.7%。2021年，银行间货币市场保持了总体平稳、稳中有进的高质量发展态势。

2021年，货币市场存款类机构7天质押

式回购加权利率（DR007）均值为 2.25%，较 2020 年抬升 13 个基点；波动幅度进一步收窄（见图 2–10），DR007 日加权平均利率的极差[①]为 152 个基点，较上年减少 13 个基点；波动标准差[②]为 0.19，较上年降低 0.15。

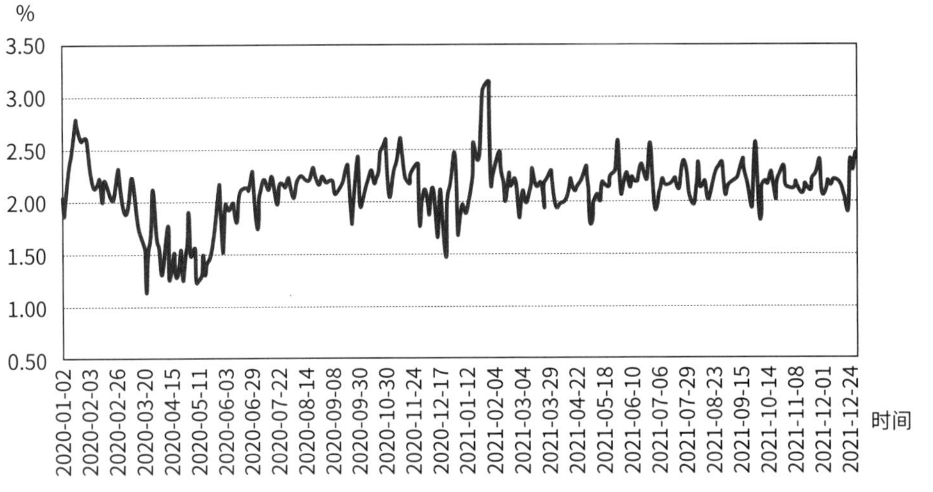


**图 2–10　2020—2021 年人民币货币市场 DR007 走势**

（数据来源：中国外汇交易中心）

2021 年，外币货币市场平稳快速增长，隔夜交易占主导。外币货币市场成交 13 万亿美元，日均成交 524 亿美元，同比增长 25%，年内最高单日成交量突破 700 亿美元。其中，外币拆借日均成交 512 亿美元，同比增长 23%，在外币利率市场中维持主导地位；外币回购日均成交 12 亿美元，同比增长 136%。从交易期限分布看，隔夜交易仍为主体，占比为 83%，较上年下降 4 个百分点；隔夜至 1 个月以内交易有所上升，占比为 15%，较上年上升 4 个百分点；1 个月以上交易相对平稳，占比约为 2%。

票据市场承兑贴现业务量同比增长，支付融资功能不断增强。2021 年，全市场承兑金额 24.15 万亿元，同比增长 9.32%。其中，银票承兑 20.35 万亿元，增长 10.19%；商票承兑 3.80 万亿元，增长 4.85%。全市场背书金额 56.56 万亿元，同比增长 19.84%。其中，银票背书 53.59 万亿元，增长 20.38%；商票背书 2.97 万亿元，增长 10.82%。全市场贴现金额 15.02 万亿元，同比增长 11.93%。其中，银票贴现 13.80 万亿元，增长 11.43%；商票贴现 1.22 万亿元，增长 17.98%。全市场贴现加权平均利率为 2.85%，同比下降 13 个基点。其中，银票贴现利率为 2.73%，下降 13 个基点；商票贴现利率为 4.20%，下降 20 个基点。

票据交易保持活跃，市场参与者数量稳步增加。2021 年，全市场转贴现交易金额 46.94 万亿元，同比增长 6.41%，增速较上年低 7.20 个百分点。其中，银票转贴现交易 42.07 万亿元，同比增长 2.70%，占转贴现交易总量的 89.63%；商票转贴现交易 4.87 万亿

① DR007 极差为 2021 年 DR007 最大值减去 DR007 最小值。
② 标准差为 DR007 日加权平均利率与年加权平均利率差值的平方和的算术平均数的平方根。

元，同比增长 54.74%，占转贴现交易总量的 10.37%，较上年高 3.24 个百分点。2021 年，票据回购交易金额 22.98 万亿元，同比增长 14.98%。其中，质押式回购 21.70 万亿元，增长 11.06%，占回购交易总量的 94.44%；买断式回购 1.28 万亿元，增长 187.53%，占回购交易总量的比重较上年上升 2.22 个百分点至 5.56%。截至 2021 年底，超过 2 000 家市场主体参与票据交易。从交易量占比看，国有商业银行、股份制商业银行、城市商业银行是最主要的市场参与者，三者交易量占比达 76.68%。

## （二）债券市场

2021 年，银行间债券市场稳步发展，成交笔数大幅提升。银行间债券市场总计成交 224 万亿元，同比降低 6.6%（见图 2–11）。其中，现券成交 214 万亿元，同比下降 8%；债券借贷成交 10 万亿元，同比增长 35.5%。从交易笔数看，现券成交 425 万笔，同比增长 35%，体现市场交易精细化程度提升。从交易期限看，5 年期以下成交最为活跃，成交金额为 129.4 万亿元。

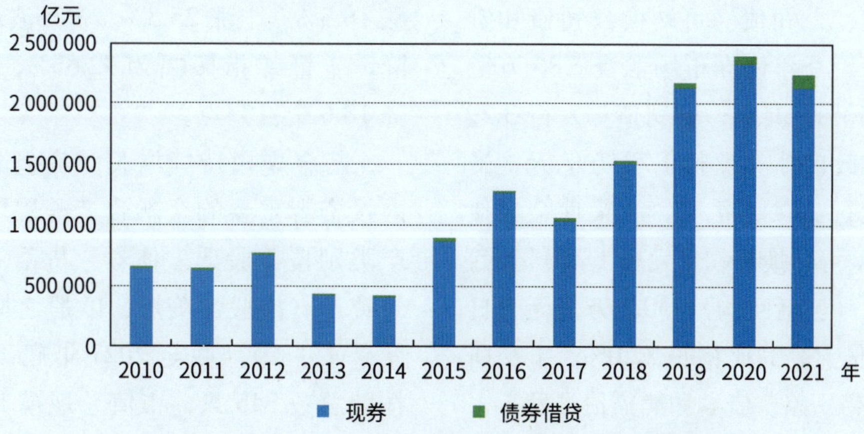


**图 2–11　2010—2021 年银行间债券市场交易量**

（数据来源：中国外汇交易中心）

2021 年，参与主体进一步增加，类型更为广泛。银行间债券市场新增法人 286 家，新增产品类账户 5 234 个，截至年末，市场成员总数突破 4.2 万家。成员类型更为广泛，涵盖商业银行、证券公司、基金公司等法人机构和基金、保险、信托等各类非法人产品。

2021 年，债券市场呈现震荡下行态势，曲线整体下移。截至年末，1 年期、10 年期国债收益率分别收于 2.24%、2.78%，较上年末分别下行约 22 个基点和约 36 个基点，曲线较 2020 年末整体下移，未出现较明显的陡峭。整体上看，市场全年走势可分为四个阶段。第一阶段为 1 月初至 2 月中旬。受国内外通货膨胀走高预期影响，债券收益率快速上行，达到全年最高点，10 年期国债收益率上行至 3.28%，1 年期国债收益率上行至 2.72%。第二阶段为 2 月中旬至 8 月中旬。受春节后需求恢复、货币政策企稳预期升温影响，债券收益率加速下行。6 月地方债供给加速，7 月央行宣布降准，宽货币预期升温，10 年期国债收益率最低降至 2.8%，较年内高点下行 48 个基点，1 年期国债收益率最低降至 2.11%，较年内高点下行 61 个基点。第三阶段为 8 月中旬至 10 月中旬，债券收益率曲线小幅震荡上行。第四阶段为10月中旬至12月末，利率重回下行。11月央行推出碳减排支持工具，中央政治局会议强调“稳字当头”“着力稳定宏观经济大盘”的基调，提振市场信心，12月降准落地、LPR降息，债市做多情绪升温，债市收益率下行，10年期国债收益率降至2.8%以下，创出年内新低。

上海证券交易所（以下简称上交所）债券市场规模稳步扩大，有效提升服务实体经济能力。2021年末，上交所债券托管量15.22万亿元，同比增长15.0%。债券挂牌2.4万只，同比增长20%，品种涵盖国债、地方债、金融债、企业债、公司债、可转换公司债和资产支持证券等。全年债券市场融资6.86万亿元，同比增长3%。其中，公司债券发行3.79万亿元，地方政府债券发行1.72万亿元，资产支持证券发行1.14万亿元，政策性金融债发行336亿元，可转换公司债发行1 729亿元。债券累计成交（包括回购）330.7万亿元，日均成交1.4万亿元，同比增长22.0%。上交所持续推进“一带一路”债券和熊猫债券发行，截至2021年底累计发行71只熊猫债券、16只“一带一路”债券，债券发行规模达1 260亿元人民币。

## （三）股票市场

2021年市场规模持续扩大，流动性水平整体上升。截至2021年底，上海市场共有上市公司2 037家，其中，主板公司1 660家、科创板公司377家。股票数2 079只，股票总市值52.0万亿元（见表2-6），同比增长14.1%，其中，主板市值46.3万亿元，科创板市值5.6万亿元。2021年沪市累计成交额为114万亿元（日均4 691亿元），同比增长36%。其中，主板累计成交额为103.5万亿元（日均4 258亿元），科创板累计成交额为10.5万亿元（日均434亿元）。

2021年融资结构继续优化。沪市股票累计筹资8 336亿元，同比减少8.9%。其中，249家IPO筹资3 654亿元，主板、科创板分别筹资1 625亿元、2 029亿元；再融资4 682亿元。

2021年市场总体运行平稳，主要股指稳中有升。2021年，上证综指开盘3 474.68点，最高3 731.69点，最低3 312.72点，年底收于3 639.78点，涨幅为4.8%。代表核心大、中、小市值股的上证50指数、上证100指数、上证150指数全年分别下跌10.1%、上涨18.5%、上涨25.3%。市场波动幅度继续下降，上证综指振幅为12.65%，较2020年下降18.6个百分点。

基金规模持续增长。基金市场已成为境内投资者重要的金融资产配置场所，基础资产类别覆盖股票、债券、货币、黄金以及境外资产（港股、美股、欧股、原油期货与美元外汇）等。截至2021年底，上交所基金挂牌总数545只，市值总规模11 810亿元，较上年底增长26.58%，占境内基金市场的77.9%。全年累计成交15.34万亿元，同比增长42.67%。

ETF市场规模稳居亚洲第二。截至2021年底，上交所共有406只ETF，市值规模1.14万亿元，分别较2020年底增长56%和26%。2021年，沪市ETF成交额约为15.26万亿元，占国内ETF市场总成交额的89.33%，稳居主导地位。其中，权益型ETF（含跨境ETF）成交额为6.57万亿元，较2020年增长37.9%。2021年，沪市ETF市场投资者516万人，较2020年增长32.80%。ETF持有账户数达545万户，交易账户数突破1 150万户，较2020年实现快速增长。

表 2-6　上海证券市场概况

| 市场概况 | 2021 年 | 2020 年 | 2019 年 |
|---|---|---|---|
| 上市证券（年末） | | | |
| 上市公司数（家） | 2 037 | 1 800 | 1 572 |
| 上市证券数（只） | 26 989 | 22 922 | 17 623 |
| 上市股票数（只） | 2 079 | 1 843 | 1 615 |
| 新上市公司数（家） | 250 | 233 | 123 |
| 发行股本（亿股） | 46 237.02 | 42 600.52 | 40 199.42 |
| 非限售股股本（亿股） | 40 422.36 | 37 501.48 | 35 170.22 |
| 市价总值（亿元） | 519 698.34 | 455 321.59 | 355 519.70 |
| 流通市值（亿元） | 435 466.31 | 380 012.99 | 301 254.52 |
| 筹资金额 | | | |
| 市场合计筹资（亿元） | 58 717.21 | 57 272.79 | 42 460.60 |
| 股票（亿元） | 8 335.93 | 8 981.73 | 5 145.33 |
| 优先股（亿元） | 0.00 | 170 | 2 550.00 |
| 公司债融资（亿元） | 37 917.49 | 36 298.79 | 25 894.42 |
| 可转债（亿元） | 1 728.64 | 1 443.81 | 1 866.65 |
| 资产支持证券融资（亿元） | 11 426.51 | 10 964.11 | 7 250.01 |
| 公募 REITs（亿元） | 199.12 | — | — |
| 交易概况 | | | |
| 交易天数（天） | 243 | 243 | 244 |
| 成交金额 | | | |
| 合计（亿元） | 4 611 280.67 | 3 667 030.14 | 2 834 818.77 |
| 股票（亿元） | 1 140 006.46 | 839 860.87 | 543 844.01 |
| 基金（亿元） | 153 405.83 | 107 526.85 | 68 589.58 |
| 债券（亿元） | 169 107.13 | 114 502.25 | 64 086.85 |
| 优先股（亿元） | 2 529.74 | 1 101.02 | 390.67 |
| 期权（亿元） | 8 233.28 | 7 167.08 | 3 388.78 |
| 回购（亿元） | 3 137 998.21 | 2 596 872.07 | 2 154 518.87 |
| 其他（亿元） | 0.00 | 0.00 | 0.00 |
| 日均成交金额（亿元） | 18 976.46 | 15 090.66 | 11 618.11 |
| 日均股票成交金额（亿元） | 4 691.38 | 3 456.22 | 2 228.87 |
| 全年股票成交数量（亿股） | 86 295.55 | 68 360.89 | 53 792.15 |
| 日均股票成交数量（亿股） | 355.13 | 281.32 | 220.46 |
| 全年股票成交笔数（万笔） | 698 436.29 | 460 367.36 | 323 495.91 |
| 日均股票成交笔数（万笔） | 2 874.22 | 1 894.52 | 1 325.80 |

数据来源：上海证券交易所。

## （四）外汇市场

2021年，人民币汇率稳中有升，人民币对美元汇率延续强势，年末中间价和即期汇率分别报收6.3757和6.3730，较上年末分别升值2.34%和2.62%。受进出口贸易、美元指数等因素影响，人民币汇率总体围绕6.3～6.6区间震荡（见图2–12）。人民币对一篮子货币汇率大幅上升。2021年末，CFETS人民币汇率指数收于102.47，参考BIS货币篮子的人民币汇率指数为106.66，参考SDR货币篮子的人民币汇率指数为100.34，较上年末分别上升8.05%、8.09%和6.48%。

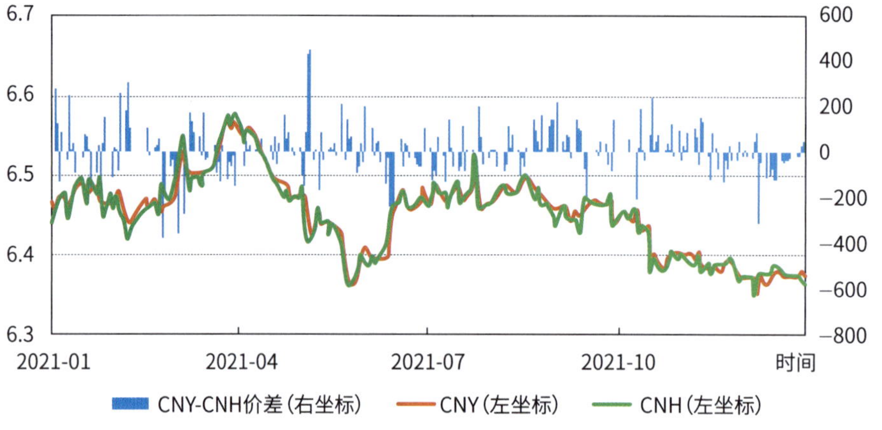


图2–12　人民币对美元汇率走势及价差

汇率政策加强流动性管理。为加强金融机构外汇流动性管理，人民银行分别于5月及12月宣布上调金融机构外汇存款准备金率，每次上调幅度均为2个百分点。为满足境内主体多样化境外资产配置需求，外汇局坚持常态化、规则化发放QDII额度，年内新增QDII额度超过400亿美元。

2021年，外汇市场各品种交易规模均实现增长。银行间外汇市场（含外币货币市场）共成交45.6万亿美元，同比增长25.3%。受益于进出口贸易持续增长，人民币外汇市场交投活跃，全年成交31.3万亿美元，同比增长23.4%。其中，人民币外汇掉期交易仍占据主导，共成交20.3万亿美元，同比增长24.4%；外汇即期成交10.0万亿美元，同比增长19.4%；外汇期权成交8 934亿美元，同比增长57.7%；外汇远期成交1 089亿美元，同比增长4.3%；货币掉期成交305亿美元，同比增长50.7%。外币货币市场交投活跃度继续提升，全年成交12.7万亿美元，同比增长24.7%，年内最高单日交易量超过700亿美元。境内外币对市场流动性进一步聚集，机制创新和市场推广的作用继续显现，全年成交1.6万亿美元，同比继续大幅增长93.1%，连续四年增速超过50%。

## （五）黄金市场

2021年，上海黄金交易所（以下简称上金所）市场整体运行稳健，总交易金额20.53万亿元。主要交易方式上，竞价业务成交金额12.02万亿元，询价业务成交金额8.01万亿元。交易品种上，黄金成交金额13.08万亿元，成交量3.48万吨；白银成交金额7.42万亿元，成交量139.65万吨；铂金成交金额283.56亿元，成交量120.60吨。上金所国际业务板块（以下简称国际板）成交金额3.07

万亿元，其中黄金成交金额 1.25 万亿元，白银成交金额 1.82 万亿元。

交易量和交易价格方面呈现如下特征。一是总交易规模有所下降。上金所总成交金额 20.53 万亿元，同比下降 52.62%，黄金、白银和铂金占比分别为 63.72%、36.14% 和 0.14%。其中，国际板成交金额 3.07 万亿元，同比下降 62.84%，市场占比为 14.96%。二是价格行情收跌，国内外价差趋于正常。2021 年末，国际现货黄金收于 1 829.24 美元 / 盎司，比 2020 年末下跌 3.60%。上金所黄金 Au99.99 合约收于 373.85 元 / 克，比 2020 年末下跌 4.14%，国内外价差平均为 1.14 元 / 克，恢复至正常水平。白银 Ag（T+D）合约收于 4 806 元 / 千克，比 2020 年末下跌 12.92%，国内外价差平均为 −6.90 元 / 千克，仍有小幅贴水。铂金 Pt99.95 合约收于 206.99 元 / 克，比 2020 年末下跌 11.00%，国内外价差平均为 9.17 元 / 克，保持平稳。

在市场交易结构方面，2021 年，竞价和询价市场交易规模下降，定价市场交易规模恢复至疫情前水平。机构业务市场"压舱石"作用进一步凸显。现货和延期等产品出现分化。交易结构呈现以下特点。一是竞价交易仍占市场主导。竞价交易成交金额 12.02 万亿元，同比下降 61.06%，市场占比为 58.53%。询价交易成交金额 8.01 万亿元，同比下降 33.46%，市场占比为 39.00%。定价交易成交金额 5 066.23 亿元，同比增长 16.28%，市场占比为 2.47%。二是黄金、白银交易规模有所下降。黄金成交金额 13.08 万亿元，同比下降 41.99%；成交量 3.48 万吨，同比下降 40.62%。白银成交金额 7.42 万亿元，同比下降 64.26%；成交量 139.65 万吨，同比下降 66.86%。铂金成交金额 283.56 亿元，同比增长 72.04%；成交量 120.60 吨，同比增长 43.03%。三是产品结构出现分化。2021 年，包括定价在内的现货成交金额 2 万亿元，同比增长 13.86%，基本恢复至疫情前实物供需水平。延期成交金额 10.52 万亿元，同比下降 64.38%。即期、远期、掉期、期权等成交金额 8.01 万亿元，同比下降 33.46%。四是 ETF 等业务运行稳健。黄金 ETF 基金在二级市场交易规模下降，成交量 1 690.04 吨，同比下降 23.70%，成交金额 6 176.79 亿元，同比下降 27.15%；年末基金规模 74.74 吨，同比增长 23.67%。五是国际会员规模持续扩大。2021 年，国际板成交金额 3.07 万亿元，同比下降 62.84%。其中，黄金成交金额 1.25 万亿元，同比下降 59.06%；白银成交金额 1.82 万亿元，同比下降 65.06%。截至 2021 年 12 月底，共发展国际会员 95 家、国际客户 82 家，会员规模持续扩大。

在清算、交割情况方面，一是资金清算量保持平稳。资金净额清算量 4.70 万亿元，日均资金净额清算量 193.29 亿元，同比增长 3.63%。二是黄金实物供求出现反弹。主板黄金出库量 1 745.70 吨，同比增 44.83%；入库量 1 553.67 吨，同比增长 21.32%。三是白银实物供求恢复常态。白银出库量 2 744.06 吨，同比增长 30.26%；入库量 997.05 吨，同比下降 64.20%。四是铂金实物供需回暖。铂金出库量 60.42 吨，同比增长 46.20%；入库量 64.56 吨，同比增长 51.55%。

## （六）期货市场

### 1. 商品期货市场

2021 年，上海商品期货市场[①]成交 24.46 亿手和 214.58 万亿元（见图 2–13），同比分别增长 14.90% 和 40.43%，占中国期货市场的比重分别为 32.55% 和 36.92%。

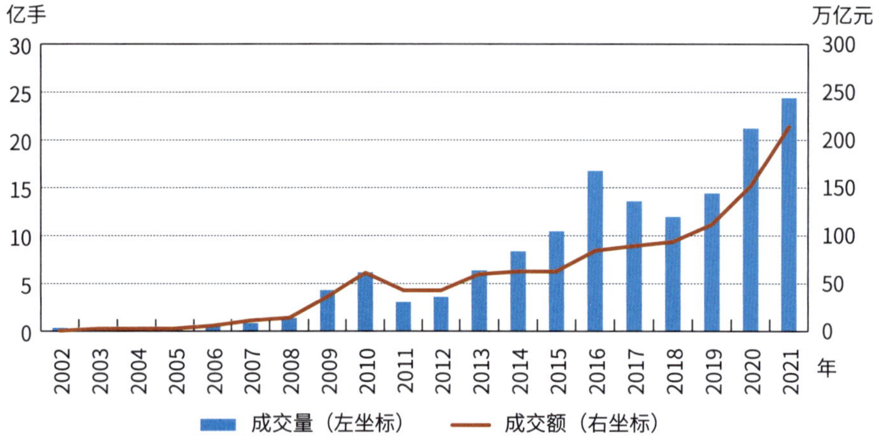


**图 2–13　2002—2021 年上海商品期货市场成交量与成交额**

（数据来源：中国期货业协会）

2021 年，上海商品期货市场继续在全球期货市场中占重要地位。根据期货业协会（Futures Industry Association，FIA）统计的全年成交量数据，上海期货交易所（以下简称上期所）排名全球第 8 名，同比上升 1 名。若仅统计 2021 年场内商品衍生品的成交手数，上期所排名全球第 2 名，与 2020 年持平。上海商品期货市场交易情况见表 2–7。

**表 2–7　2021 年上海商品期货市场交易情况**

| 分类 | 品种 | 2020 年累计成交总量（手） | 同比增减（%） | 占全国份额（%） | 2020 年累计成交总额（亿元） | 同比增减（%） | 占全国份额（%） |
|---|---|---|---|---|---|---|---|
| 有色金属 | 铜 | 64 107 155 | 12.15 | 0.85 | 219 721.75 | 55.46 | 3.78 |
| | 铜 (BC)[1] | 4 833 280 | 769.29 | 0.06 | 14 779.02 | 936.62 | 0.25 |
| | 铜期权 | 8 936 180 | 94.15 | 0.12 | 295.67 | 139.67 | 0.01 |
| | 铝 | 131 457 870 | 148.67 | 1.75 | 127 851.33 | 243.62 | 2.20 |
| | 铝期权 | 7 609 295 | 799.07 | 0.10 | 95.03 | 1 353.01 | 0.00 |
| | 锌 | 69 341 255 | 14.94 | 0.92 | 78 249.36 | 40.92 | 1.35 |
| | 锌期权 | 4 395 159 | 271.24 | 0.06 | 57.81 | 340.07 | 0.00 |
| | 铅 | 25 269 752 | 125.39 | 0.34 | 19 397.73 | 134.60 | 0.33 |
| | 锡 | 27 012 409 | 102.88 | 0.36 | 59 180.88 | 220.04 | 1.02 |
| | 镍 | 172 165 580 | –4.23 | 2.29 | 234 346.91 | 17.27 | 4.03 |

① 上海商品期货市场是指位于上海的商品类场内衍生品市场，其数据统计包括上海期货交易所及其子公司上海国际能源交易中心。

续表

| 分类 | 品种 | 2020 年累计成交总量（手） | 同比增减（%） | 占全国份额（%） | 2020 年累计成交总额（亿元） | 同比增减（%） | 占全国份额（%） |
|---|---|---|---|---|---|---|---|
| 贵金属 | 黄金 | 45 412 161 | −13.34 | 0.60 | 170 839.82 | −17.54 | 2.94 |
| | 黄金期权 | 3 136 186 | 33.60 | 0.04 | 128.46 | −17.79 | 0.00 |
| | 白银 | 231 457 606 | −35.21 | 3.08 | 184 827.68 | −33.49 | 3.18 |
| 黑色金属 | 螺纹钢 | 655 986 710 | 79.21 | 8.73 | 322 461.80 | 141.49 | 5.55 |
| | 线材 | 19 537 | 384.67 | 0.00 | 10.45 | 548.74 | 0.00 |
| | 热轧卷板 | 220 715 917 | 168.03 | 2.94 | 115 119.06 | 269.44 | 1.98 |
| | 不锈钢 | 40 468 072 | 273.62 | 0.54 | 33 994.74 | 360.44 | 0.58 |
| 能源化工 | 天然橡胶 | 121 600 877 | 20.47 | 1.62 | 174 205.47 | 33.01 | 3.00 |
| | 天胶期权 | 4 770 235 | 88.28 | 0.06 | 188.63 | 111.37 | 0.00 |
| | 纸浆 | 119 222 581 | 246.95 | 1.59 | 76 297.55 | 365.57 | 1.31 |
| | 燃料油 | 276 993 809 | −41.95 | 3.69 | 70 455.63 | −16.92 | 1.21 |
| | 石油沥青 | 140 463 222 | −31.40 | 1.87 | 43 351.81 | −12.94 | 0.75 |
| | 原油[1] | 42 645 180 | 2.55 | 0.57 | 184 959.00 | 54.63 | 3.18 |
| | 原油期权[1] | 1 562 511 | 0.00 | 0.02 | 105.21 | 0.00 | 0.00 |
| | 低硫燃料油[1] | 18 594 750 | 90.47 | 0.25 | 6 270.03 | 163.75 | 0.11 |
| | 20 号胶[1] | 7 597 424 | 71.58 | 0.10 | 8 588.35 | 93.52 | 0.15 |
| | 合计 | 2 445 774 713 | 14.90 | 32.55 | 2 145 779 | 40.43 | 36.92 |

资料来源：中国期货业协会。

注：1. 原油期货和期权以及铜（BC）、低硫燃料油、20 号胶期货在上期所子公司上海国际能源交易中心（以下简称上期能源）挂牌交易。

### 2. 金融期货市场

2021 年全年金融期货市场累计成交量为 1.22 亿手，占全国期货市场成交量的 1.62%，成交量同比增长 5.86%；全年累计成交额为 118.16 万亿元，占全国期货市场成交额的 20.33%，成交额同比增长 2.37%。

股指期货持仓创新高，成交持仓比维持低位，市场运行安全平稳。2021 年，沪深 300、上证 50、中证 500 三个股指期货产品总成交量达 6 673.93 万手，同比减少 10.42%；总成交金额为 90.40 万亿元，同比增长 1.66%；日均成交量 27.46 万手（见图 2–14），同比减少 10.42%；日均持仓量 54.90 万手，同比增长 24.86%；日均成交持仓比 0.50，持续处于较低水平。股指期货三个产品期现货价格相关性高，沪深 300、上证 50 和中证 500 股指期货主力合约收盘价和对应标的指数收盘价的价格相关系数分别为 99.54%、99.86% 和 99.05%。2021 年，期现货联动紧密，股指期货持仓量增加，机构投资者成交、持仓占比均有所提升。股指期货日均持仓量增长两成，全市场总持仓量及部分单产品持仓量屡创新高，市场总持仓量于 2021 年 7 月 28 日达到最高值 62.34 万手，中证 500 股指期货持仓量于 10 月 12 日达到最高值 29.65 万手，上证 50 股指期货持仓量于 12 月 29 日达到最高值 11.90 万手（见图 2–15）。2021 年，股指期货成交持仓比为 0.50，期现成交比为 0.37，在产品平稳运行的基础上，产品功能进一步发挥。

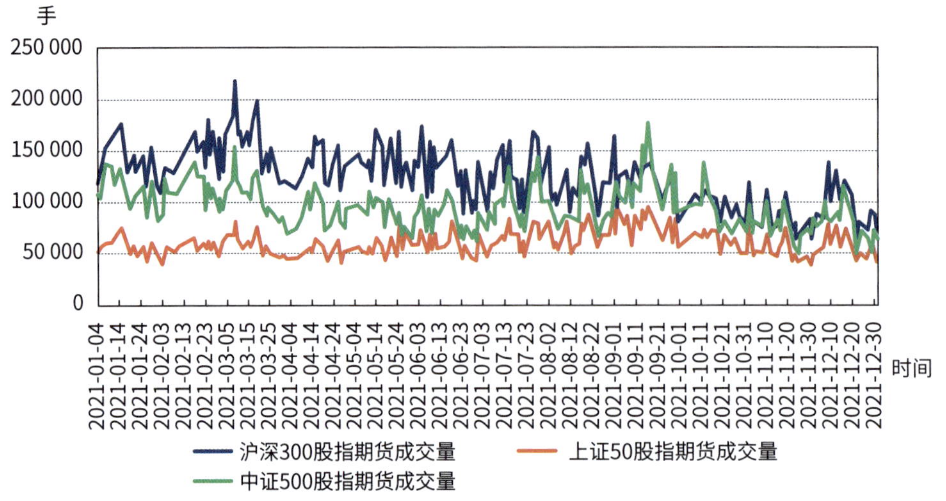


**图 2–14　2021 年股指期货每日成交量**

（数据来源：中金所）

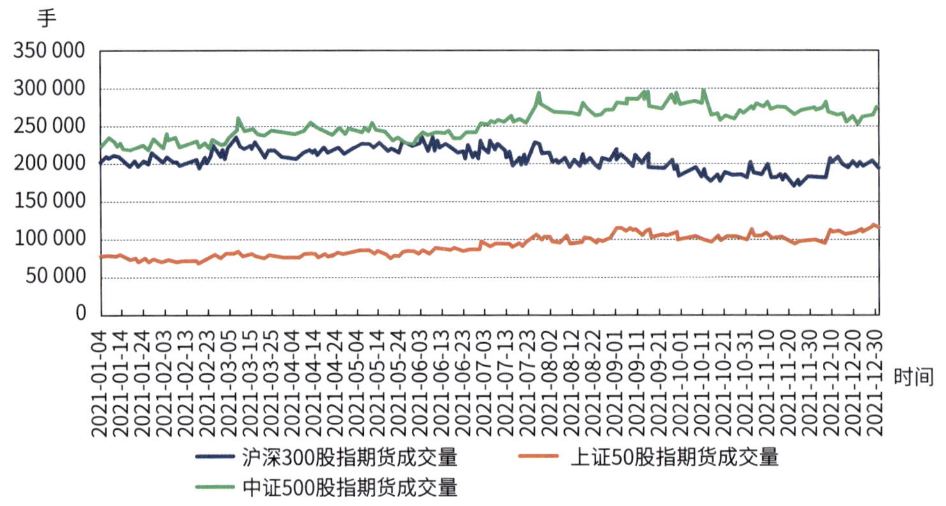


**图 2–15　2021 年股指期货每日持仓量**

（数据来源：中金所）

国债期货市场规模稳步提升，市场功能有效发挥。2021 年，2 年期、5 年期和 10 年期三个国债期货产品总成交量达 2 505.23 万手，总成交金额 27.51 万亿元，同比分别增长 4.23%、4.34%；日均成交量、日均持仓量分别为 10.31 万手（见图 2–16）、24.60 万手（见图 2–17），同比分别增长 4.23%、49.41%；日均成交持仓比为 0.42，持续处于较低水平。国债期现货价格联动紧密，2 年期、5 年期、10 年期国债期货主力合约与现货价格相关性分别达到 98%、99% 和 99% 以上。2021 年，国债期货顺利完成 12 个合约的交割，共计交割 17 714 手，平均交割率为 2.82%，交割平稳顺畅。成交量、持仓量均创新高，总成交量于 2021 年 11 月 19 日达到最高值 23.39 万手，总持仓量于 2021 年 12 月 30 日达到最高值 32.46 万手。2021 年，机构投资者参与国债期货深度稳步提升，日均持仓占比为 88.40%，较 2020 年提高 2.77 个百分点。

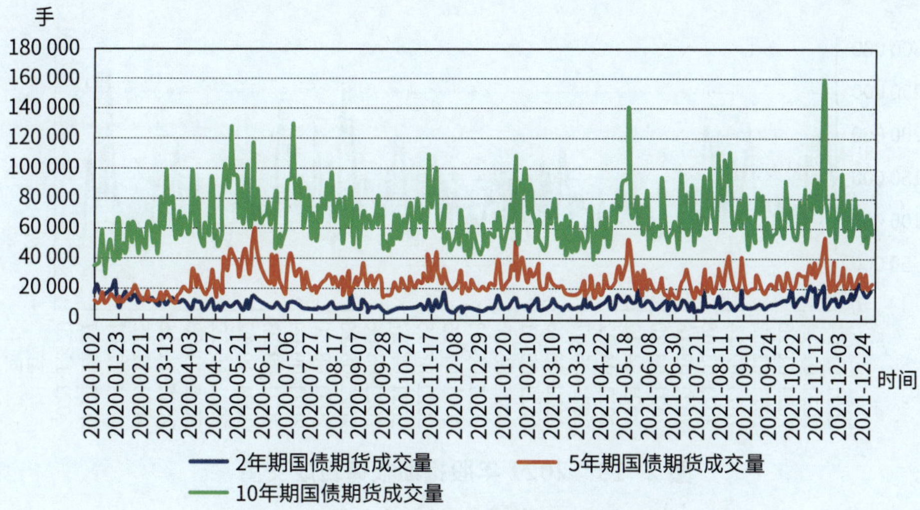


**图 2-16　2020—2021 年国债期货每日成交量**

（数据来源：中金所）

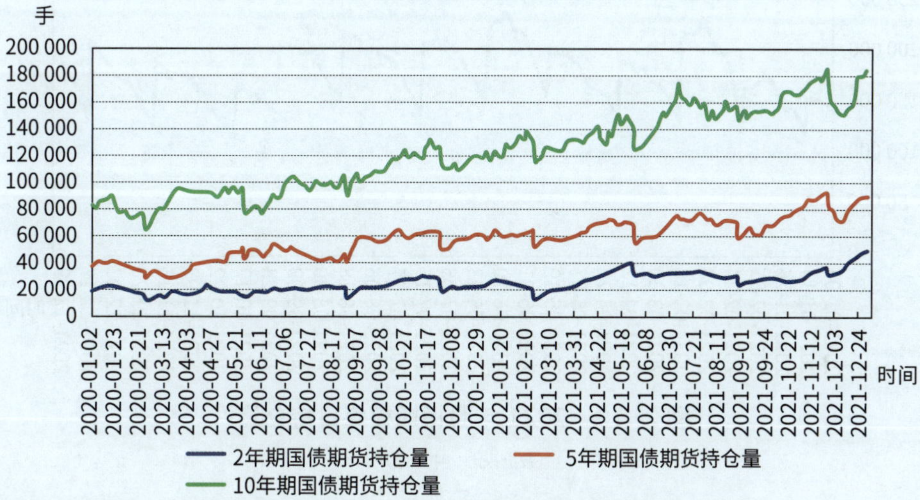


**图 2-17　2020—2021 年国债期货每日持仓量**

（数据来源：中金所）

股指期权市场运行安全平稳，机构化程度进一步提升。2021 年，沪深 300 股指期权产品总成交量为 3 024.15 万手（见图 2-18），累计成交面值 15.42 万亿元，日均成交面值 634.56 亿元，权利金总成交金额为 2 485.89 亿元；日均成交量、日均持仓量分别为 12.44 万手、17.68 万手；日均成交持仓比为 0.70，处于较低水平，持仓量最高点为 23.88 万手（见图 2-19）。股指期权产品期现货价格相关性高，沪深 300 股指期权当月平值合约合成期货价格与沪深 300 指数收盘价的价格相关系数为 99.80%，与沪深 300 股指期货当月合约收盘价的价格相关系数为 99.99%。2021 年，机构投资者参与股指期权市场成交、持仓占比分别为 63%、58%，机构化程度进一步提升。股指期权成交持仓比为 0.70、期现成交比为 0.19，市场交易热度适中。规避市场下行风险的看跌期权成交量占比为 41.72%、持仓量占比为 42.76%，期权已逐步成为投资者管理股票风险的重要工具，特别是在行情大幅波动的交易日，为投资者提供了有效的避险途径。

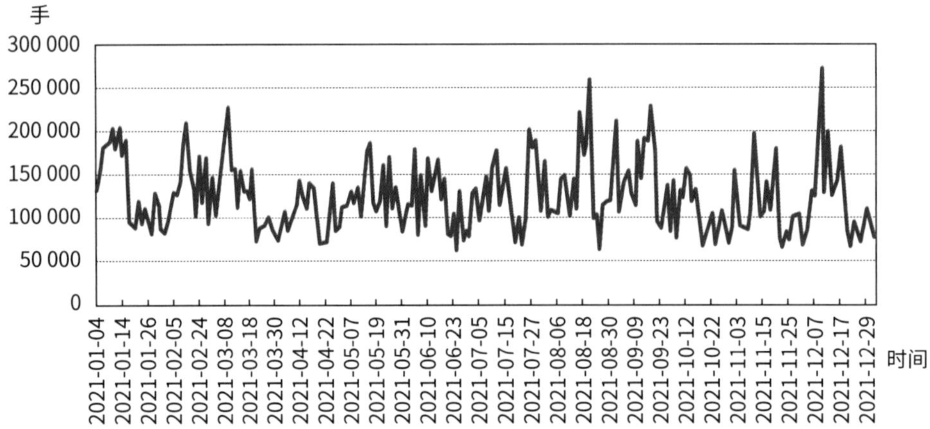


**图 2-18　2021 年股指期权每日成交量**

（数据来源：中金所）

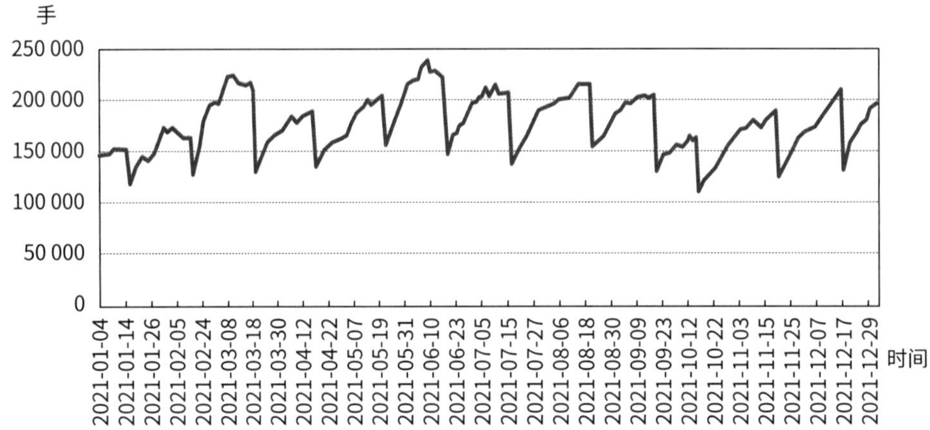


**图 2-19　2021 年股指期权每日持仓量**

（数据来源：中金所）

## （七）金融衍生品市场

2021 年，货币类衍生品市场整体运行平稳，成交量稳步上升。利率及信用衍生品市场共计成交 21.5 万亿元，其中信用衍生品各品种合计成交 95.3 亿元。利率互换 1 年期及 1 年期以下期限品种交易活跃度提高，合约价格在年初冲高后震荡下行。标准债券远期 5 年期合约品种占比进一步提高。外汇衍生品（含人民币外汇和外币对）市场成交 22.5 万亿美元，同比增长 28%。衍生品市场交易规模占比为 69%，同比提升 2 个百分点。2021 年，利率互换市场共成交 25.2 万笔，同比下降 7.9%；名义本金总额 21.1 万亿元，同比增长 8.0%。年末，全市场利率互换存量合约余额合计 25 万亿元，较 2020 年末下降 5%。债券远期市场（含标准债券远期）共成交 4 405 笔、2 614.9 亿元。利率期权市场共成交 390 笔、756.2 亿元。2021 年，人民币外汇衍生品市场平稳增长，全年累计成交 21.3 万亿美元，日均成交 878 亿美元，同比增长 25%。其中，掉期、期权、远期和货币掉期日均分别成交 836 亿美元、37 亿美元、4 亿美元和 1 亿美元，同比分别上升 24%、58%、4% 和 51%。全年人民币外汇衍生品交易规模占人民币外汇市场成交总量的 68%，同比提升 1 个百分点，与国际外汇市场产品结构接近。

衍生品市场参与主体进一步丰富。截至2021年底，共有630家机构通过交易中心系统进入利率互换市场，其中产品类参与者占比近五成。标准债券远期市场和利率期权市场分别有83家和124家入市机构，涵盖银行、证券公司和非法人产品类等主要机构类型。信用衍生品方面，截至2021年底，共有146家机构进入信用衍生品市场，主要参与者类型为证券公司、外资银行及基金公司的特定客户资产管理业务。人民币外汇远期、掉期、货币掉期和期权市场会员数分别达282家、275家、227家和167家。

外币对衍生品市场快速增长。2021年，随着我国经济对外开放度提升，外币对衍生品市场快速增长，成为银行间外汇市场重要增长源之一，并有效满足境内主体外币风险管理需求。全年外币对衍生品市场累计成交1.3万亿美元，日均成交52亿美元，同比增长1.1倍，连续第四年增幅超过90%。外币对衍生品以掉期交易为主，日均成交逾51亿美元。全年外币对衍生品交易规模占外币对市场成交总量的80%，同比提升7个百分点。

股票期权市场运行平稳，规模稳步增长。2021年，上交所ETF期权合约累计成交10.97亿张，较2020年增长11.69%，其中认购期权5.91亿张、认沽期权5.06亿张。日均成交451.60万张，同比增长11.69%。日均持仓500.42万张，同比增长7.6%。累计成交面值46.03万亿元，日均成交面值1 894.32亿元，同比增长25.00%。累计权利金成交8 233.28亿元，日均权利金成交33.88亿元，同比增长14.88%。

上证50ETF期权和沪深300ETF期权已经成为全球主要的ETF期权品种。2021年，上证50ETF期权合约全年累计成交6.29亿张，同比增长21.37%，其中认购期权3.46亿张、认沽期权2.83亿张，日均成交258.99万张。年末持仓302.07万张，日均持仓305.10万张。累计成交面值21.87万亿元，日均成交面值900.08亿元。累计权利金成交3 875.64亿元，日均权利金成交15.95亿元，同比增长21.59%。2021年，沪深300ETF期权合约累计成交4.68亿张，同比增长0.87%，其中认购期权2.45亿张、认沽期权2.23亿张，日均成交192.61万张。年末持仓182.44万张，日均持仓195.32万张。累计成交面值24.16万亿元，日均成交面值994.24亿元。累计权利金成交4 357.64亿元，日均权利金成交17.93亿元，同比增长9.50%。随着市场规模的扩大，越来越多的投资者使用期权进行保险和增强收益，期权经济功能逐步发挥。

## （八）清算市场

2021年，上海清算所清算业务总量为433.0万亿元，同比增长3.8%。服务债券发行登记4.1万只、面额32.2万亿元，同比分别增长7.0%、12.3%。2021年末债券托管3.2万只、托管余额29.0万亿元，同比分别增长12.1%、18.3%；共有发行人账户7 119个、投资者账户31 553个，同比分别增长8.7%、10.3%。

清算业务平稳增长。2021年，上海清算所中央对手清算量达到149.9万亿元，同比增长18.2%；其他集中清算量为283.1万亿元，同比下降2.5%①（见图2–20和表2–8）。

① 中央对手清算包括债券净额清算、人民币利率互换集中清算、标准债券远期集中清算、外汇中央对手清算、大宗商品衍生品中央对手清算和信用违约互换集中清算等；其他集中清算包括债券全额清算、外币回购清算、外汇交易双边清算、“大宗商品清算通”和信用衍生品逐笔清算等。

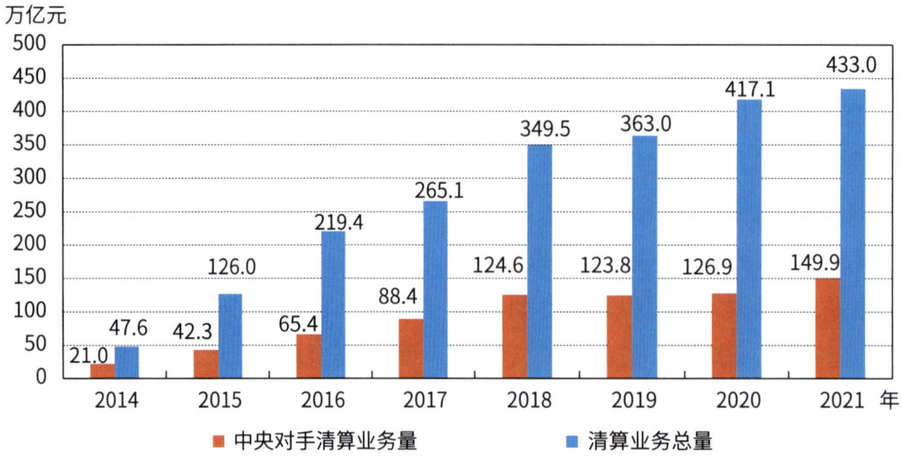


**图 2–20　2014—2021 年上海清算所清算业务发展概况**

（数据来源：上海清算所）

**表 2–8　2021 年上海清算所清算业务量**

单位：亿元、%

| 业务类别 | | 2021 年 | 2020 年 | 同比增速 |
|---|---|---|---|---|
| 债券 | 中央对手清算 | 37 638.7 | 150 706.8 | –75.0 |
| | 其他集中清算 | 2 811 256.0 | 2 896 493.8 | –3.0 |
| 利率衍生品 | 中央对手清算 | 211 448.5 | 195 029.5 | 8.4 |
| 外汇 | 中央对手清算 | 1 249 576.8 | 922 766.7 | 35.4 |
| | 其他集中清算 | 17 063.2 | 5 692.7 | 199.7 |
| 大宗商品 | 中央对手清算 | 261.9 | 84.3 | 210.6 |
| | 其他集中清算 | 2 396.0 | 0 | — |
| 信用衍生品 | 中央对手清算 | 4.2 | 0 | — |
| | 其他集中清算 | 63.8 | 31.1 | 105.1 |
| 清算业务合计 | | 4 329 709.1 | 4 170 804.9 | 3.8 |
| 其中：中央对手清算业务 | | 1 498 930.1 | 1 268 587.4 | 18.2 |
| 其中：其他集中清算业务 | | 2 830 779.0 | 2 902 217.6 | –2.5 |

发行托管业务持续增长。在债券发行业务方面，2021 年，上海清算所服务各类债券发行登记 4.1 万只、面额 32.2 万亿元（见图 2–21），同比分别增长 7.0%、12.3%。发行规模占全市场债券发行总量的 51.7%，占银行间市场发行总量的 58.5%。在债券托管业务方面，截至 2021 年末，上海清算所各类债券托管 3.2 万只、托管余额 29.0 万亿元，同比分别增长 12.1%、18.3%，托管余额占全市场债券托管总量的 22.0%，占银行间市场托管总量的 25.0%。上海清算所托管债券中，托管余额规模较大的主要是同业存单、中期票据和

非公开定向债务融资工具，托管余额分别为13.9万亿元、8.0万亿元和2.4万亿元，分别占上海清算所债券托管余额的48.0%、27.5%和8.2%。

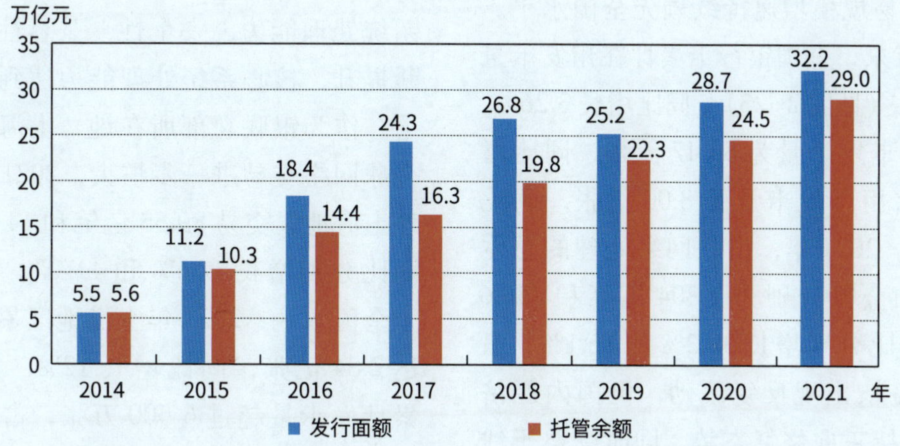


**图 2-21　2014—2021 年上海清算所发行和托管业务发展概况**

（数据来源：上海清算所）

市场参与者数量快速增长。2021年，上海清算所深化市场交流合作，持续开展高质量服务及各项业务专题调研，多措并举降低市场成本，推进落实债券、外汇集中清算业务累进优惠方案，优化清算会员制度体系，有序拓展清算参与者范围。截至2021年末，上海清算所共服务清算会员92家，其中，综合清算会员12家、普通清算会员80家。

上海清算所积极服务银行间债券市场的机构参与者，目前除了全面覆盖银行、证券、保险等各类金融机构投资者，还通过服务集合资产管理计划等非法人产品，实现了对个人投资者的间接服务。截至2021年末，上海清算所共服务债券发行人账户7 119个、债券投资者账户3.2万个，同比分别增长8.7%和10.3%（见图2–22）。债券投资者账户主要包括非法人类产品2.7万个、存款类金融机构2 135个、境外投资者（含产品户）1 251个、非银金融机构648个。

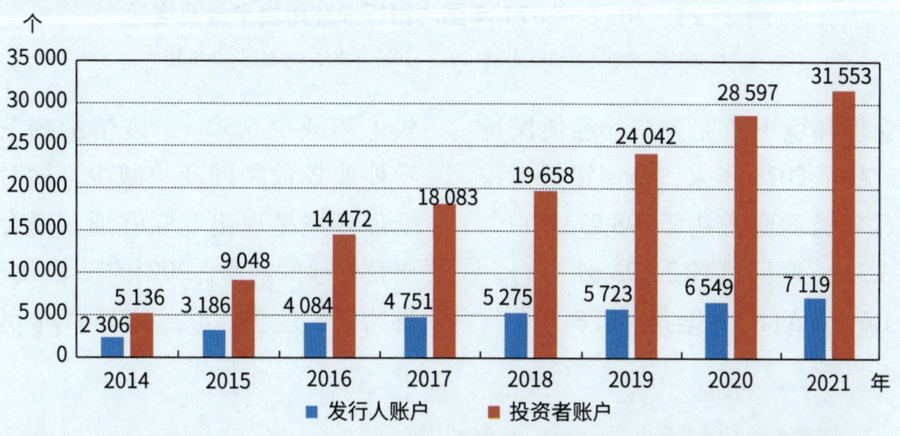


**图 2-22　2014—2021 年上海清算所发行人账户和投资者账户发展概况**

（数据来源：上海清算所）

## （九）银行卡

银行卡交易规模增速显著回升，上海地区银行卡交易规模增速持续领先全国水平。截至2021年末，全国银行卡累计在用发卡量为92.47亿张（见图2–23），同比增长3.26%。其中，借记卡发卡量为84.47亿张，同比增长3.3%；信用卡发卡量为8.00亿张，同比增长2.85%。2021年，银联网络处理的总体交易笔数和金额分别为2 304亿笔和236.6万亿元，同比分别增长38.3%和15.1%。虽然2021年疫情出现反复波动，但国内经济活动总体保持正向修复态势，同时受益于线上交易等非接触支付方式的普及渗透，银联网络交易笔数和金额较2020年增速分别为12.7%、8.8%，明显改善。此外，银联在上海的转接清算系统汇集并处理全球银联卡跨行交易，以及众多支付机构“断直连”交易，系统处理能力、安全性、兼容性、稳定性不断提升，核心系统处理能力达到全球领先水平。作为银联总部所在地，上海处理的银联全球网络交易进一步扩大，2021年银联共处理上海地区交易89.55亿笔和14.84万亿元，同比分别增长47.6%和44.4%，金额增速高于全国水平。2021年上海地区累计发卡总数达2.84亿张，同比增长12%，其中信用卡累计发卡量超过6 500万张，占全市银行卡总量的23.1%，信用卡普及率远超全国平均水平。

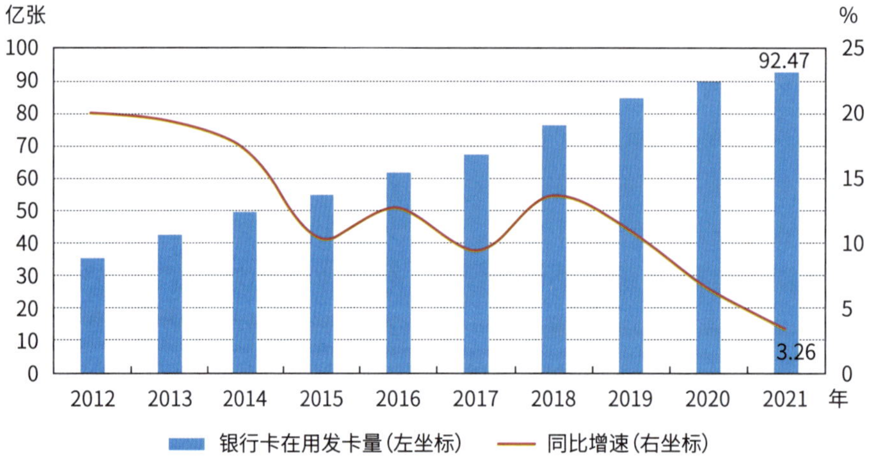


**图2–23　2012—2021年国内银行卡在用发卡量及增速**

（数据来源：中国人民银行发布的2012—2021年支付体系运行总体情况）

银行卡受理环境不断完善，普惠便民场景持续扩容。截至2021年末，全国银行卡跨行支付系统联网特约商户达2 798.27万户，较上年减少3.3%；联网机具3 893.61万台，较上年增长1.6%；ATM终端共94.78万台，较上年减少6.5%①。疫情影响下部分小微商户停业导致联网商户减少，同时国内银行卡受理环境呈现出互联互通、融合共赢并向高质量发展的趋势。2021年，银联积极践行“支付为民”理念，以云闪付App为抓手，深入

① 数据来源：中国人民银行发布的2021年支付体系运行总体情况。

推进移动支付便民工程。截至年末，云闪付累计引入超 1 800 个优质场景内容，涵盖数字政务、数字商业、数字金融、数字生活等便民场景，包括信用报告、国开行助学贷款、健康码、疫情政策查询等高价值场景内容，推广“支付 + 会员 + 积分 + 营销 + 引流”、扫码点餐、二维码预授权、“医保电子凭证 + 信用就医”等数字化解决方案，打造“红火计划”“银联优惠日”“点亮假日 · 伴你游中国”等惠民促消费主题活动。其中，便民缴费方面，银联服务已接入全国 300 多个城市主要缴费机构，涵盖全国水电燃气、有线电视宽带、物业等缴费场景；交通出行方面，银联移动支付产品广泛覆盖全国超过 1 760 个城市和县区公交、40 个城市地铁场景，长三角区域交通互联互通持续推进，上海公交受理金融 IC 卡、社保卡闪付及手机闪付等创新产品，上海地铁试点受理云闪付 App。

上海地区银行卡受理环境方面，截至 2021 年末，全市银行卡月均活动受理商户达 42.27 万户。其中非小微月均活动受理商户 22.2 万户，同比增长 9.7%。中国银联联合各商业银行、非银行支付机构、服务商等合作伙伴，积极推进上海银行卡产业创新、普惠金融和便民服务，在聚焦超市便利、百货、餐饮、旅游、出行等日常消费重点领域的基础上，推进更广泛的日常生产生活场景支付环境建设，全面展现上海便民支付场景建设成果。

## 四、金融创新和对外开放

### （一）金融业的金融创新和对外开放

#### 1. 银行业保险业

2021 年，上海银行业支持国家重大战略和实体经济重点领域。工商银行在上海地区率先推出了针对符合国家战略导向的专精特新“小巨人”企业的主动授信机制，有效提升了银行贷款对科创企业的融资效率，已为 35 家专精特新“小巨人”企业核定主动授信近 20 亿元。由农业银行上海市分行担任独家牵头行、代理行及可持续发展协调行的可持续发展挂钩银团贷款于 2022 年 3 月成功落地，该笔银团贷款实现上海人民币可持续发展挂钩国际银团贷款“零”的突破，也是上海临港自贸区重要的金融创新成果。中国银行上海市分行试点打造“跨区域政务服务一张网”模式，助力长三角智慧政务服务一体化建设。交通银行上海分行上线“航运管家”项目，为全球知名航运企业上线“航运管家”系统并办理首单业务，解决了传统航运物流业线下模式中，企业办理海运费收付款业务面临的时间长、到账慢、成本高等诸多难题。浦发银行上海分行推出产城融合贷款产品，针对张江示范区内各种产业园区开发建设，提供长期限、高融资比例、价格合理的配套融资，目前示范区内批复金额近百亿元。平安银行总行对新发放的制造业贷款提供 30 个基点的 FTP 价格补贴，并将贷款补贴权限授权至上海分行。对于制造业中长期贷款，如补贴定价超出政策标准，可申请“一事一议”加大补贴力度。同时，对于新增的制造业中长期贷款需求，给予对应的战略额度支持。兴业银行总行制定长三角一体化差异化授权政策，对符合条件的轨道交通、水务、燃气领域传统表内项目贷款，给予上海分行部分审批权限。上海辖内 8 家股份制商业银行成立了分行长三角一体化推进工作组或部门，负责牵头具体工作，发挥上海在长三角一体化发展中的带动作用，6 家股份制商业银行针对长三角一体化制定了专门的授信政策，完善了跨区域联合授信机制。瑞穗中国完成离岸人民币地方政府债券的簿记定价，获得"一带一路"沿线国家投资人普遍关注和踊跃认购。汇理中国作为承销团成员助力比亚迪汽车金融公司发行"盛世融迪2021年第二期个人汽车抵押贷款绿色资产支持证券"，该项目既是全国首单汽车金融公司行业发行的个人汽车抵押贷款绿色资产支持证券，也是目前国内银行间债券市场发行规模最大的绿色车贷资产证券化项目。

2021年，上海银行业强化金融科技赋能，持续提升金融服务可得性、便利性。各银行业机构努力克服疫情影响，不断丰富线上业务办理渠道，强化金融科技赋能，充分利用数字化工具和线上经营模式，借力数字金融精简和优化业务流程，提升线上服务效率，减少人员流动和接触，及时响应客户诉求。上海银行创新推出"云网点"客户服务模式，通过远程视频方式为客户提供便捷的"非接触"金融服务，解决自助服务模式下客户身份识别问题，2021年初以来，日均服务客户数量达平日2倍以上。上海农商银行推出"码上行动，同心抗疫"助力中小微企业战疫融资直通车专项服务，通过"线上扫码"，为有资金需要或其他金融服务需求的企业提供7×24小时申请服务（包括电子保函、鑫秒贴、银税快贷、商e贷、鑫农乐贷、纾困贷款等10项业务）。截至年末，扫码客户突破2 100家，对接率达到100%，意向总授信金额近90亿元。招商银行上海分行大力推广"远程不见面"预审批，可在线发起额度高达1 000万元的小微经营贷款申请，只需几分钟即可获知预审批结果，并远程自动匹配个性化贷款方案，锁定优惠利率。3月以来，累计向近1 500位客户提供了招贷App"远程不见面"预审批服务，为小微企业复工复产保驾护航。闵行上银村镇银行及时出台了针对抗疫、涉疫、受疫情影响贷款客户相关帮扶政策措施，并同步上线了"云即办"金融服务，有针对性地推出专项金融产品，为困难企业开启金融服务绿色通道，年末共为90家小微企业和企业主提供信贷支持。富邦华一银行结合线上数字服务，提供7×24小时不间断的金融服务，积极鼓励客户通过微信银行、手机银行、个人网银等电子渠道办理业务，同时依托"线上营业厅"，在线帮助客户办理"证件过期更新"和"解除暂停非柜面"等业务；对于企业用户，运用企业网银等渠道提供各项在线服务，以满足企业财务日常交易需求。华侨永亨中国启用远程视频签约等技术手段，帮助客户在贷款到期时顺利完成"无还本续贷"业务，保障疫情下企业的正常经营和周转。

2021年，上海银行业创新数字化金融服务，助力上海城市数字化转型。随着上海智慧城市建设不断深入，上海银行业推出的各项数字化应用已逐步渗透区域服务、政务服务等城市治理领域。其中，工商银行上海市分行对接上海国际贸易"单一窗口"平台数据，实现企业报关与贸易结算信息的数据互嵌；在同业内率先完成跨省缴税试点测试及生产验证工作，并落地了涵盖跨区域公共交通、特色商圈、生态旅游等的数字货币支付场景。农业银行上海市分行参与上海市政府"两张网"智慧政务建设，建设推广代理财政收付业务系统、统发工资业务系统和财政自助柜面业务系统，试点上线"警银通"系统并参与上海市第一中级人民法院"集资诈骗案件被害人信息核对登记平台"建设。截至2021年10月末，该系统已完成20余万条被害人信息登记，发还涉案资金35亿元。恒生中国推出"供应链融资—中企云链平台模式"，促进产业链企业提质增效。法巴中国上线"数字化跨境业务综合解决方案"，促进货物贸易外汇收支便利化。花旗中国推出装运后出口融资方案，通过线上化解决方案提高交易效率。

2021 年，上海保险业支持科技创新。一是 2021 年 10 月 27 日，中国集成电路共保体在上海正式成立（以下简称集共体）。集共体初步探索出一条保险服务中国集成电路产业发展的新路子，建立了集成电路企业生产风险量化评估模型，设立了集共体创新风险实验室，制定了集共体业务运营规则。截至 2021 年末，集共体已为首批企业合作签约意向客户提供 3 800 亿元风险保障。截至 2022 年 5 月，集共体已为 11 家集成电路重点客户提供保险保障服务，累计提供保障金额合计约为 5 900 亿元。二是支持临港新片区发展改革创新，推动申建科技保险创新引领区。2022 年 7 月银保监会和上海市政府联合印发《中国（上海）自由贸易试验区临港新片区科技保险创新引领区工作方案》。三是上海银保监局印发《关于推动上海财产保险业高质量发展的实施意见》，其中明确提出保险机构要服务国家和上海重大战略实施，加大对集成电路、生物医药、人工智能、高端装备、新一代通信设备等关键核心技术的保险支持力度，持续扩大首台（套）重大技术装备保险、新材料首批次应用保险补偿机制试点应用规模。四是上海银保监局与上海市科委联合印发《关于进一步做好科技型中小微企业贷款履约保证保险工作的意见》，面向辖内财产保险公司、各区科技主管部门提出要求。五是深化首台（套）重大技术装备保险、新材料首批次应用保险补偿机制试点，持续推进生物医药产品责任保险、临床试验责任保险试点。截至 2022 年 6 月底，首台（套）重大技术装备保险累计完成 191 个重点创新项目承保，涵盖 ARJ21 飞机、船舶制造、智能发电设备、工程设备等重点领域，累计提供风险保障 764 亿元。生物医药责任保险服务本土药企 624 家次，提供风险保障 45 亿元。

2021 年，上海保险业支持国际航运中心建设。一是推动航运保险提质增效。加强上海航运保险协会建设，加快推进“一带一路”全球保险服务网络建设、航运保险指数二期开发及上海航运保险统计指标体系建设。二是积极推动优化航运保险财税、监管等环境。三是推动加强航运保险的国际交流。经过国际海上保险联盟（IUMI）会员投票选举，上海航运保险协会新增推荐 5 名中国籍专家当选 IUMI 专业委员会委员，其中，离岸能源委员会首次有中国专家入选。

上海保险业支持长三角一体化发展。一是与示范区执委会等部门联合制定长三角生态绿色一体化发展示范区绿色保险实施方案。二是会同市税务局按照长三角一体化要求完善车船税代收代缴制度。鼓励行业推进长三角区域车险一体化，实现跨区域车险理赔代位求偿和反欺诈等工作联动。

上海保险业服务民生保障水平提升。2021 年 4 月 27 日，上海城市定制型商业补充医疗保险“沪惠保”上线。该产品以其门槛低、价格普惠、保障充分、覆盖国际先进治疗技术、家庭共济等特点，受到市民热捧，上线首日参保人数即达 150 万人。截至 6 月 30 日（销售期结束），参保人数合计 739 万人，以全市基本医保人数为基准，参保率达到 38.49%。“沪惠保”的成功上线充分体现了国际金融中心建设在普惠金融领域取得的重要成绩，践行了“人民城市人民建、人民城市为人民”的人民金融理念。

上海银行业保险业推动扩大对外开放取得新成效。配合上海市政府争取银保监会支持，2021 年以来外资控股理财公司贝莱德建信理财获批开业，施罗德交银理财、高盛工银理财获批筹建，截至年末，全国四家外资控股理财公司均落地上海。批准中德安联人寿、汇丰人寿两家人身险公司由合资转为外商独资，两家公司成为全国第二、第三家外商独资人身保险公司。

上海银行业保险业保驾护航企业“走出去、引进来”。外资银行境内外协作客户数量持续增加。从机构数量看，2021 年末，上海辖内 18 家外资法人银行中，有 17 家银行不同程度地和母行集团开展境内外协作业务。从客户数量看，2021 年末辖内外资法人银行通过境内外业务协作为 3 690 个客户提供服务，客户数量同比增长 18%。全球网络内联合授信持续攀升。截至 2021 年末，辖内外资法人银行参与跨境授信额度共计 7 661.65 亿元，较 2020 年末增长 9.16%，持续保持增长态势。互联互通境内外资本市场。2021 年，辖内共有 7 家外资法人银行协助中资企业境外发债，金额合计 4 988.35 亿元。

## 专栏 1　中国集成电路共保体在上海正式成立

2021 年 10 月 27 日，在监管部门指导下，中国集成电路共保体（以下简称集共体）成立大会在上海自贸试验区临港新片区召开。18 家财险公司代表参加会议，讨论通过集共体章程并选举成立集共体理事会。首届理事会由 7 家成员单位组成，推选人保财险作为首届理事长单位及执行机构。

集共体是满足条件的中国境内财险公司，在风险共担、合作共赢的原则下组建的合作组织，不具有独立法人资格。集共体由 18 家财险公司组建，以服务集成电路产业高质量发展为目标，围绕国家建立集成电路产业创新生态系统、维护集成电路产业链和供应链稳定、解决核心风控技术难题等关键环节，通过产品、机制和服务创新，提供高质量、差异化、全流程的集成电路产业风险解决方案，助力构建中国集成电路自主、安全、可控的产业链和供应链，持续扩大集成电路经营企业、生产环节、技术领域的保险广度与深度。

成立集共体是保险业深入贯彻新发展理念，助力科技强国战略的重要举措。会上，集共体执行机构负责人汇报了工作目标和下一阶段工作安排，7 家理事会成员单位代表出席集共体成立签约仪式。集共体成员表示，要心怀服务国家战略的使命感和责任感，提升专业技术水平，通过建立我国集成电路产业风险防控体系等创新举措，为集成电路产业提供精准化、定制化的风险保障方案，持续推进做好风险减量管理，解决保险供给和产业需求结构性错配等问题，为我国集成电路产业自立自强高质量发展贡献保险力量。

## 专栏 2　政策利好不断　上海绿色金融发展再提速

上海绿色金融发展再迎新布局。2021 年 10 月 19 日，上海市政府办公厅印发《上海加快打造国际绿色金融枢纽服务碳达峰碳中和目标的实施意见》（以下简称《实施意见》），旨在进一步发挥上海在新发展格局中的“中心节点”和“战略链接”作用，不断强化“四大功能”，积极助力国家实现碳达峰、碳中和目标。根据《实施意见》，到2025年，上海基本建成具有国际影响力的碳交易、定价、创新中心，基本确立国际绿色金融枢纽地位。

《实施意见》对上海绿色金融发展提出了更高要求，也给金融业带来了新的机遇与挑战。《中国银行保险报》从上海银保监局获悉，该局将通过“三定、三建、三多”等一系列举措指导辖内银行保险机构贯彻落实《实施意见》，持续扎实推进上海绿色金融发展。

构建绿色金融发展与监管的政策框架方面，上海银保监局围绕“定目标”“定政策”“定机制”，提出绿色金融监管目标、支持绿色金融发展的监管举措，同时建立“监管目标—统计监测—评价督导—监管举措”全面监管体系，指导辖内银行保险机构制定自身绿色金融发展战略目标、支持绿色金融发展的实质性举措、绿色金融发展机制。如上海农商银行发布《上海农商银行2021—2025年绿色金融发展战略》，将绿色金融发展理念融入该行总体发展战略；上海银行设立200亿元专项信贷额度，构建“绿色金融＋”的服务体系，将生态环境产业、基础设施绿色升级、绿色消费、绿色贸易、新能源汽车、物流运输等纳入服务范围。

提升银行保险机构的绿色金融专业水平方面，上海银保监局聚焦“建队伍”“建产品”“建风控”，指导辖内金融机构在绿色金融人才队伍建设、绿色金融产品创新、风险管理能力提升等方面积极探索。近年来，在沪金融机构陆续设立服务绿色金融发展的专业部门或专营团队，推出了一系列绿色金融创新产品。浦发银行上海分行通过国际合作与自主创新，开发了包括国际合作能效融资贷款、合同能源管理融资、碳债券、碳资产质押贷款、绿色债券、绿色基金等在内的特色创新产品；太平洋产险上海分公司在光伏、风电、核电等清洁能源领域持续提供全生命周期的风险保障以及专业化的风险预防管理服务，不断完善绿色保险保障体系。全国首单绿色可交换公司债券、首单基础设施领域的可持续发展关联贷款、首单国家核证自愿减排量（CCER）组合质押融资等“首单”产品先后在沪落地。

改善绿色金融发展的外部环境方面，上海银保监局提出“多配合”“多协调”“多披露”，支持指导辖内金融机构配合国家“双碳”目标的实施进行转型，同时要求进一步加强多方协同与信息披露。2021年9月，上海银保监局指导行业协会召开上海银行业保险业践行绿色金融助力碳达峰、碳中和行动倡议书发布会，号召辖内银行保险机构在助力中国经济社会全面绿色转型和碳中和愿景实现中发挥更大作用，切实担负起绿色发展的金融责任。

## 2. 证券期货业

上海证券公司在健全机构治理、提高内控合规管理水平的基础上，增强创新活力。2021年，4家证券公司被纳入证监会首批证券公司“白名单”，2家证券公司获得首批证券公司账户管理功能优化试点资格。上海证券公司主动对接创新驱动发展战略、上海科创中心建设、可持续发展等国家战略，为科技创新企业、中小微企业和绿色产业提供高效的金融服务。2021 年，上海证券公司共完成 20 个双创债项目，金额 109.14 亿元；完成 179 个绿色债项目，金额 687.22 亿元。上海证券公司在纾解企业流动性困难方面积极提供专业服务，截至 2021 年末，共有 7 家证券公司以自有资金出资设立 186.08 亿元纾困母基金，对外投资 69.45 亿元，占比为 37%。上海中小证券公司通过股东支持、引入优势合作方等方式，在特定行业或区域内精耕细作、发挥比较优势，努力向差异化、专业化、特色化方向发展。

上海基金管理公司积极响应国家战略，开展创新业务。2021 年，申万菱信上证 G60 战略新兴产业成分 ETF、德邦上证 G60 创新综合指数增强基金顺利发行，汇添富基金、海富通基金稳健运作长三角一体化主题 ETF，助力长三角区域一体化和科技发展。上海基金管理公司主动聚焦绿色发展和“双碳”目标，兴证全球基金发布公募基金行业首份碳中和白皮书，西部利得基金发行市场上首只名字中含有“碳中和”的公募基金。华安基金、富国基金、东吴基金参与首批公募 REITs 发行。此外，2021 年，上海共有 15 家证券基金经营机构新获得基金投顾试点资格，数量居全国首位。

上海期货公司着力提升风险管理服务水平，并通过风险管理子公司持续深化基差贸易、仓单服务及场外期权等业务，不断拓展产业客户，为实体企业提供定制个性化风险管理服务。持续完善“保险＋期货”业务模式，拓展“保险＋期货”险种类型，优化业务环节，完善业务模式，助力服务“三农”。2021 年，上海 19 家期货公司及其风险管理子公司开展 502 单“保险＋期货”业务，其中完成赔付 412 单，赔付金额 2.49 亿元，有力保障农户利益。资管业务方面，上海期货公司探索发挥衍生品专业优势，不断提升管理能力。截至 2021 年末，上海期货公司管理商品及金融衍生品类资管产品 137 只，同比增长 40.88%，占期货资管产品总数的 20.95%，远高于证券基金期货全行业此类产品占比。

对外开放方面，2021 年，摩根大通证券获准完成股权变更，成为全国首家外商独资证券公司，星展证券获批新设开业。首家外资独资基金管理公司贝莱德基金正式开业，发行 1 只公募基金产品，首募规模近 67 亿元。富达基金、路博迈基金 2 家外商独资基金管理公司获批在沪设立。截至 2021 年末，上海共有外商独资证券公司 1 家，合资证券公司 5 家（包括外资控股证券公司 3 家）；外商独资基金管理公司 1 家，合资基金管理公司 23 家；外资代表处 34 家（包括境外证券期货交易所驻沪代表处 1 家），占全国的 39.08%；外商独资私募证券投资基金管理人（WOFE PFM）30 家，占全国的 88%。

上海多家证券公司开展海外或跨境业务。截至 2021 年末，共有 5 家上海证券公司在香港设立子公司，总资产 4 761.06 亿港元，同比下降 4.26%，净资产 654.22 亿港元，同比上升 7.12%。已有 3 家证券公司——国泰君安证券、海通证券、申万宏源证券获准开展跨境业务试点。

12 家上海基金管理公司已在美国（1 家）、新加坡（1 家）、中国香港（10 家）等地获批筹建或设立子公司。其中，8 家中国香港子公司开展资管业务，管理产品 50 只，规模 274.51 亿元，其中 RQFII 产品 13 只，规模 23.69 亿元；2 家中国香港子公司开展 4 单投顾业务，规模 15.71 亿元。汇丰晋信基金有 11 单海外投顾业务，规模 42.03 亿元。多家基金管理公司积极开展基金互认业务，7 家基金管理公司16只基金产品在中国香港销售，累计保有金额12.5亿元；7家基金管理公司获得香港基金内地销售代理资格，累计代理或代销23只基金产品，在内地累计保有金额122.37亿元。

上海期货公司主动融入、积极作为，不断提升跨境服务能力和国际竞争力，多家期货公司积极赴海外开展国际化经营，包括5家期货公司在中国香港设立子公司，2家期货公司在新加坡设立子公司。同时，积极推进特定期货品种的市场开发，大力拓展境外投资者参与境内商品期货期权等特定品种的交易，提升境内期货市场的国际影响力。

### 专栏3 上海基金管理公司积极布局公募REITs

2020年4月30日，证监会、国家发展改革委联合发布《关于推进基础设施领域不动产投资信托基金（REITs）试点相关工作的通知》（证监发〔2020〕40号，以下简称《通知》），标志着我国基础设施公募REITs正式启航。

《通知》发布以来，上海基金管理公司联合资产支持证券管理人积极拓展储备项目，2021年6月21日首批上市的9只基础设施REITs试点项目产品中，上海基金管理公司管理的公募REITs产品占据3席，分别为富国基金管理的首创水务REIT、华安基金管理的张江光大园REIT、东吴基金管理的苏园产业REIT。其中，华安张江光大园REIT、东吴苏园产业REIT的底层资产为产业园区，项目现金流来源主要为租金收入、物业费收入。富国首创水务的底层资产属于污水处理行业，收入来源为污水、污泥处理服务费等。

产品上市以来，上海基金管理公司持续做好投资者适当性管理，清晰披露产品特征，揭示公募REITs与普通公募基金在投资运作和交易环节的差别及主要风险等，对于连日涨幅较大的产品及时发布风险提示公告，提醒广大投资者注意基金的投资风险，审慎决策、理性投资。

截至2021年末，年内上市的两批共计11只基础设施公募REITs产品均取得了较好的正收益。其中，富国首创水务REIT涨幅最高，居11只基础设施公募REITs产品首位，达到46.30%，华安张江光大园REIT涨幅为24.58%，东吴苏园产业REIT涨幅为17.16%，分别位列第7位和第10位。

基础设施REITs的推出，使得优质基础设施资产与REITs金融产品相结合，通过基金份额降低了投资门槛，为市场提供了除股票和债券外的可选标准化产品，扩展了个人投资者和机构投资者的投资品种。

上海基金管理公司还将继续推动与业务伙伴的合作，进一步拓宽项目储备，包括仓储资产、特许经营权和保障性租赁住房等多种类型，重点拓展位于长江经济带、长三角一体化发展、临港自贸区新片区等国家重大战略区域，符合“十四五”规划的基础设施项目。

## （二）金融市场的金融创新和对外开放

### 1. 货币市场

支持证券公司短期融资券电子化发行交易。为积极落实人民银行修订的《证券公司短期融资券管理办法》有关要求，保障货币市场平稳健康发展，中国外汇交易中心（以下简称交易中心）于2021年9月发布《银行间市场证券公司短期融资券发行交易规程》，为证券公司短期融资券（以下简称券商短融）提供发行、交易和信息披露服务。交易中心通过报价发行机制支持发行券商短融，不仅有效提升了发行市场化程度和规范性，而且在提高发行效率、促进市场化定价、实现“随行就市”发行、形成相关利率曲线等方面具有重大作用。截至年末，交易中心已成功组织31家证券公司成功发行107单，募资近2 000亿元，期限涵盖3个月至1年，市场反映良好，投资者认购踊跃；报价发行机制下，一二级市场利差从12个基点收窄至接近0，发行环节定价作用显著增强。

外币货币市场业务创新提升外币融资效率。落地与中央结算公司的外币回购业务合作。2021年7月12日，交易中心与中央结算公司合作推出以中央结算公司托管债券为抵押品的外币回购业务，采用外币回购自动选券模式支持外币回购市场进一步深化发展。交易中心与中央结算公司通力协作，首创外币回购自动选券模式，通过在外币回购市场引入中央结算公司作为独立第三方机构，为投资者提供逐日盯市、自动调整、违约处置等全流程的担保品管理服务，对进一步提升外币融资效率、防范市场信用风险、提升机构金融资产配置效率具有重要意义。拓展外币回购押品范围和应用场景。2021年5月17日，交易中心成功推出以外币同业存单为抵押品的外币回购业务，外币回购抵押品范围进一步扩展，目前业务已支持境内外多币种、多类型的抵押品，以满足不同参与机构的交易需求，提升机构外币资产负债管理效率。11月30日，拓展外币回购代收发报文业务至二级托管模式，为参与机构提供交易、交易确认、代发报文指令、代收反馈报文，提供指令状态、结算状态等一站式全流程服务，进一步降低各类机构交易参与成本，通过与多种模式下的托管机构深化合作，共同推进构建银行间市场开放交易格局。

新增LPR1Y利率互换集中清算方式。为进一步提高LPR利率互换交易效率，降低对手方信用风险，满足市场成员风险管理需求，交易中心和上海清算所于2021年11月联合推出LPR1Y利率互换集中清算方式，同时支持存量的LPR1Y利率互换清算方式从双边清算变更为集中清算。截至12月末，集中清算的LPR1Y利率互换成交125.8亿元。

助力外币基准利率转换和衔接。在货币掉期交易中引入回购定盘利率FDR007和FDR001，丰富外汇衍生品浮动利率基准指标，同时进一步扩大DR应用范围，提高其市场认可度和影响力；落地外币浮动利率拆借交易，支持交易双方以基准浮动利率为价格标的进行外币融资，对冲对客贷款等业务的利率风险，提高流动性管理水平；推出挂钩LIBOR的货币掉期等外汇衍生品存续交易转换服务，以及息差调整、交易冲销和估值等配套支持，支持会员线上化完成存续交易管理，助力银行间外汇衍生品的平稳衔接。

票据市场创新产品不断推出。一是票据信息披露制度落地实施。2021年8月1日，商业承兑汇票信息披露制度正式实施，为建设票据市场信用体系、优化市场生态迈出了重要一步。商业承兑汇票信息披露增加了承兑人违约成本，提高了信用状况良好企业票据的接受度和流动性，在提升企业信用意识、改善风险信息透明度、增强商票流通性等方面的作用逐步显现。截至2021年底，信息披露平台累计注册用户已达4.7万家，披露金额约为2.5万亿元，披露率为94%。二是供应链票据平台优化升级。2021年1月，上海票据交易所发布《供应链票据平台接入规则（试行）》，明确了供应链票据平台的接入条件、办理流程、监测评估等内容，进一步规范了供应链平台的接入工作。8月，供应链票据平台完成新一轮系统功能建设和优化升级，促进了供应链票据业务办理的便利化、规范化，投产上线的供应链平台稳步增加。截至年底，供应链票据平台共登记企业超过3 000家，小微、涉农、绿色企业占比超过60%，各项业务金额合计671.63亿元，供应链票据贴现金额和承兑金额的比值为65.96%，单笔贴现金额在1 000万元以下的笔数占比为47.96%，小额票据贴现融资效率有所提高，有力服务了实体经济发展。三是“贴现通”业务服务效能持续提升。2021年，“贴现通”业务稳步发展，在促进贴现融资供需匹配、提升贴现融资效率、降低企业融资成本等方面发挥了积极作用。截至年末，“贴现通”累计服务企业1.40万家，同比增长79.03%，其中民营小微企业占比为92.13%；促成5.38万张票据达成贴现意向，票面金额合计1 178.18亿元，同比增长195.95%，其中100万元以下的小额票据3.52万张，占比为65.40%。全年通过“贴现通”业务办理票据贴现的平均利率为2.89%，同比下降14个基点，较企业贷款利率低172个基点，有效支持实体经济降低融资成本，实现精准扶持民营小微企业，切实缓解票据融资难题。四是“票付通”普惠金融服务优势凸显。2021年，上海票据交易所推动“票付通”业务深入应用，打造了“票据+工业制造”“票据+电力”等场景样本，并在部分行业复制推广，助力行业平台实现票据支付互联网化，提升企业票据服务可得性。截至年底，累计11家合作金融机构、164家企业电票开户银行、44家B2B平台以及3 025家平台企业参与“票付通”，支付金额610.90亿元，较年初增长近3倍，业务量实现跨越式增长。其中，服务中小微和“三农”企业2 361户，占比达到近80%。企业通过“票付通”签收的电票贴现率达到54.22%，较上年提升超过11个百分点，其中10家活跃平台的贴现率达到87.55%，以支付促融资，增强票据服务实体经济能力。五是再贴现票款对付（DVP）结算功能投产上线。根据《中国人民银行办公厅关于做好再贴现业务票款对付结算工作的通知》（银办发〔2021〕110号）要求，上海票据交易所发布了《再贴现业务系统操作指引》和《关于再贴现业务票款对付结算等功能投产上线工作的通知》，明确票款对付结算业务办理规则和操作步骤。2021年11月22日，再贴现票款对付结算功能正式投产上线运行，实现了再贴现业务审批流程和资金结算流程一体化运行，提高了业务办理效率，降低了操作风险。

## 专栏 4　落实商票信息披露制度　构建票据市场信用体系

2021 年 8 月 1 日，商业承兑汇票信息披露制度正式施行，标志着商票信息披露由试点阶段转向了全面落地实施，票据市场信用体系建设迈出了关键一步。截至 2021 年底，平台累计注册用户 4.7 万家，已披露金额约为 2.5 万亿元，制度正式实施以来披露率达到 94%。

一、强基础、广宣传，积极推动信息披露制度落地实施

为推动信息披露制度落地实施，人民银行广泛进行宣介推广，上海票据交易所建设运营票据信息披露平台，制定配套制度细则，组织承兑企业开展披露，全力保障制度落地实施效果。

一是加强平台建设，夯实制度实施基础。上海票据交易所建设运营的信息披露平台是人民银行唯一指定的票据信息披露平台。平台保持运行稳定高效的同时，注重根据用户需求和体验不断完善和优化各项功能，用户体验、披露效率不断提升，为信息披露制度落地夯实了基础。

二是出台配套制度细则，提升制度落地实操性。2020 年 12 月 30 日，上海票据交易所出台《商业承兑汇票信息披露操作细则》，为信息披露制度实施提供了具体的操作指引，实现了制度与流程的有机衔接，为信息披露规范化施行提供了有力的实操依据。

三是多渠道宣传推广，推动企业注册和披露。上海票据交易所通过组织召开政策宣传会、建立联系人制度、建立微信问答群、开通平台热线等多种渠道推动信息披露工作，积极推动承兑企业注册信息披露平台并及时披露相关信息，承兑企业、财务公司对信息披露的关注度和参与度不断提高，注册率、披露率不断上升。

四是精细化运营和服务，支持披露业务开展。上海票据交易所持续监测承兑企业披露情况，明确和规范信息披露平台业务操作规程，做好热线电话、微信群等渠道的业务咨询答疑工作，开展信息披露平台业务运行检查、技术支持和用户服务等精细化运营和服务工作，保障平台平稳运行，支持披露工作顺利开展。

二、重信用、优环境，市场化约束成效初显

商业承兑汇票信息披露制度正式落地实施以来，在提升企业信用意识、改善风险识别效果、增强商票流通性等方面的作用逐步显现。

一是企业票据行为趋向规范，珍视信用意识提升。对存在未注册、伪假账户、延迟披露、持续逾期以及其他异常情况的承兑人进行市场公开提示，增加了承兑人的违约成本。信息披露及时、准确，信用状况良好的企业更有可能优先获得银行承兑、贴现服务，达到了优化企业自身信用、提高信用意识、规范票据业务行为的效果。平台注册用户更加珍视企业信用，规范兑付行为，商票逾期未付比例显著下降。

二是风险识别效果有所改善，金融服务精准性提升。上海票据交易所通过商票信息披露平台的日常监测机制，成功发现并及时处置多起伪假票据事件，提早在相关伪假票据流通前对票据进行锁定，避免了市场成员遭受损失；金融机构遵照信息披露制度要求，

履行相关查询义务，了解企业承兑票据信息及信用情况，增强了识别企业信用状况的能力，引导资金合理流向信用状况良好的企业，提高了金融服务实体经济的精准性。

三是商票流通性逐步增强，支持实体经济能力提升。商票信息披露平台为企业提供了展示信用的渠道，提升了商票的透明度，随着越来越多的商票承兑主体开展注册和披露，信用环境持续优化，有效提高了商票流通效率和融资便利度。在此基础上，信用良好企业的商票承兑和披露意愿也不断提升，从而形成了商业信用发展的良性循环，进一步强化了商票支持实体经济的作用。

## 专栏 5　优化升级供应链票据平台　科技助力票据服务实体经济

供应链金融创新发展是金融供给侧结构性改革和支持中小微企业融资的重要路径，供应链票据是人民银行推动供应链金融规范创新的重点工作之一。2021 年，在人民银行指导下，上海票据交易所积极运用科技赋能，持续优化升级供应链票据平台，供应链票据服务实体经济效果显著。

一、供应链票据平台持续优化升级

为更好地发挥票据在供应链金融中的积极作用，落实《关于规范发展供应链金融支持供应链产业链稳定循环和优化升级的意见》（银发〔2020〕226 号，以下简称 226 号文），2021 年供应链票据平台在完成系统升级优化、实现支持票据全生命周期功能的同时，建立健全了平台风险防控机制，供应链金融票据市场配套基础设施建设进一步加强。

一是不断完善系统功能建设，促进业务办理便利化规范化。为落实 226 号文关于加强供应链票据平台的票据签发、流转、融资相关系统功能建设的要求，2021 年 8 月，结合新一代票据业务系统建设总体规划，供应链票据平台实现优化升级：新增供应链票据银行承兑、跨平台背书流转、交易关系信息上传绑定和到期扣款确认等功能；完善了企业信息校验功能，加强对企业身份真实性的验证；支持贴现行查询合同、发票等交易关系信息。新版本上线后，企业既可在供应链场景下签发商业承兑汇票，也可签发银行承兑汇票，丰富了企业选择。同时，新版本支持企业通过供应链平台向其他平台上的企业发起背书转让申请，实现供应链票据跨平台流转，有助于维护产业生态良性循环。

二是引入更多符合条件的供应链平台，积极拓展参与主体。2021 年 1 月，上海票据交易所发布了《供应链票据平台接入规则（试行）》，明确了供应链平台需要具备的接入条件和流程，至此，参与供应链票据业务有据可依。上海票据交易所全面衡量申请机构的主体条件、客群资源、持续运营能力、风险管理能力、信息集成能力等，全年陆续引入了 15 家供应链平台，其中 12 家平台完成接入。

三是建立健全风险防控机制，严把供应链票据风险关。为进一步加强票据市场风险防控中心建设，探索完善供应链票据风险防控机制，落实 226 号文关于完善供应链信息与票据信息匹配、探索建立交易真实性甄别和监测预警机制的要求，上海票据交易所推动落实信息披露制度实施，积极推进供应链票据信息披露，推动平台企业承兑信息、承兑信用信息的公开化，降低供应链票据伪假风险，助力市场主体评估核心企业信用风险。

二、供应链票据服务实体经济效果初步显现

随着供应链票据平台核心功能升级完善，参与主体不断拓展，业务规模连续攀升。截至2021年底，平台登记企业超过3 000家，小微、涉农、绿色企业占比超过60%，供应链票据累计业务规模671.63亿元，有力地服务了实体经济发展。

一是提升票据支付的场景化和便利化功能，促进应收账款票据化。平台企业直接通过供应链平台完成供应链票据的签发、流转和融资，从而进一步推进票据的供应链场景化使用，提升了企业办理票据业务的便利性和用票意愿，从源头上促进了应收账款票据化。

二是提升交易背景信息透明度，便利中小微企业融资服务。供应链票据通过引入供应链平台作为信息中介，运用技术手段整合链上商流、物流、信息流、资金流等信息，形成“四流合一”的全产业链生态服务闭环，有效弱化了信息不对称，更为直观、透明地反映企业间的真实交易关系，提升企业票据融资的便利性和可得性。

三是促进优质信用传递，提高中小微企业融资效率。供应链票据平台促进了链上优质企业的信用传递，链上小微企业可以通过分享核心企业的优质信用，获得金融机构更为优惠的融资服务。同时，基于供应链票据信息透明优势，金融机构在为供应链票据办理贴现时，基于承兑人信用信息，可以提高中小微企业贴现审核效率，促进小额票据贴现融资。

2. 债券市场

创新推出买断式回购多券功能。为进一步提升买断式回购业务竞争力和交易便利度，在人民银行指导下，交易中心探索优化买断式回购交易机制，2021年7月起正式推出单笔交易支持多只回购债券买断式回购报价交易功能。自推出以来，买断式回购多券业务运行稳定，多家市场成员积极参与。买断式回购多券业务为市场成员提供了更丰富的流动性管理工具，可有力提升回购交易结算效率。

新增债券承分销全流程服务。交易中心于2021年6月制定并发布《全国银行间同业拆借中心本币市场承分销交易操作规程（试行）》，支持承销商为多类型债券提供承分销服务，并提供标准化分销凭证。交易中心债券承分销全流程服务通过集中化管理和标准化电子凭证，降低了操作风险和人力成本，且全流程留痕可查，支持开展事中事后监测，全面提高了承分销业务的效率和透明度。截至2021年底，承分销业务参与机构共计143家，承销商发布利率债信息3 627条、信用债信息3.3万条，完成债券认购、分销共2 145笔。

探索碳中和债券指数互换。碳中和债券指数互换是指，交易一方支付固定利率，对手方支付碳中和指数在合约存续期内的总价值变化。2021年7月26日，国泰君安证券与中金公司在本币交易平台利率互换模块下完成了银行间首笔挂钩CFETS碳中和债券指数的互换交易。碳中和债券指数互换可成为市场成员管理碳中和债券风险的新工具，助力机构参与碳中和金融工具交易，优化碳中和债券二级市场定价，发挥金融资源配置作用。

推出标准债券远期实物交割机制。为增强现货和远期市场联动，提升标准债券远期市场的套期保值效率和有效性，交易中心和上海清算所于2021年11月推出标准债券远期实物交割机制。交易中心为实物交割机制提供申报功能，并提供丰富的信息查询功能，包括申报信息、匹配信息、交割信息和全流程交割申报单等。首批实物交割合约品种为2年期国开绿债标准债券远期实物交割合约、2年期农发债标准债券远期实物交割合约和7年期农发债标准债券远期实物交割合约。

积极创新绿色债券产品，推动企业发行绿色债券融资。2021年2月，上交所推出专项用于碳中和的绿色债券，助力实现“双碳”目标。8月，试点推出绿色债券创新子品种“蓝色债券”，专门服务海洋资源可持续利用。全年，共发行绿色债券690.9亿元，其中包括碳中和绿色债券377.0亿元；发行绿色资产支持证券504.3亿元。绿色债券和绿色资产支持证券合计发行1 195.2亿元，同比增长75.7%。

在双创债框架下，聚焦国家重点支持行业，推出科技创新债发行试点，2021年发行创新创业公司债券245.6亿元，其中科技创新债95.3亿元。

推动首批基础设施公募REITs产品于2021年6月正式上市，全年共有6只基础设施公募REITs产品上市，合计融资199亿元，上市后市场流动性水平良好。

在金融市场对外开放上，2021年，我国银行间市场双向开放持续推进。对外开放渠道持续丰富和畅通，进一步提升了境外投资者参与便利度，推动境外投资者更大力度、更宽领域投资银行间市场。

债券通“南向通”业务上线。2021年9月24日，债券通“南向通”适时启动，债券通正式“双向通车”。交易中心与境外第三方基础设施平台相互连接，为境内机构通过“南向通”渠道投资交易全球债券提供多币种、多机制、一站式的高效便捷服务。截至年末，共有50余家境内投资者通过交易中心系统达成“南向通”交易，交易标的涵盖以人民币、港元、美元及欧元等币种计价的主要债券类型。

境外机构参与市场的便利度进一步提升。2021年10月，富时罗素把中国国债纳入富时世界国债指数（WGBI），交易中心支持富时罗素纳指稳步落地；系统实现连接3个境外平台（Bloomberg，Tradeweb，MarketAxess）、40余家境内报价商。此外，债券通下国际付费模式、收盘价交易服务、债券通外汇风险管理信息服务以及银行间市场为境外机构提供外币三方回购服务等相继推出，进一步提升境外投资者参与银行间市场的便利度。

## 专栏6　债券通机制创新与进展

2017年7月正式开通的债券通机制迄今已运行多年，随着中国债券市场进一步深化改革和对外开放，债券通也不断发展和完善。在境外机构扩大增持银行间市场债券规模的大背景下，债券通以其便捷的入市、交易、托管和结算等方面互联互通的机制安排，获得了国际市场和境外机构投资者的持续关注和高度认可。自开通以来，通过债券通模式进入中国银行间债券市场的境外机构投资者数量日益增加，总交易量稳步攀升且日均交易量屡创新高，债券通已成为境外机构投资中国债券市场的重要渠道之一。

2021 年，在人民银行和交易中心的指导下，债券通继续完善运行机制，优化产品和服务，推动银行间债券市场的国际参与度提升和高质量对外开放，各方反响良好。

一、上线国际付费模式及新增境外交易平台

自 2021 年 4 月 20 日起，债券通境外机构投资者可通过获认可的第三方平台向交易中心申请开通国际付费模式（Dealer Pay Model），即投资者可直接通过债券通做市商获取已加上交易费用的债券报价。在债券通机制下，Tradeweb 首先上线该功能。

2021 年 9 月 27 日，债券通新增 MarketAxess 为“北向通”第三家境外交易平台，支持境外机构投资者通过 MarketAxess 一点接入，直接与境内做市机构在交易中心系统达成交易，同时自首日起便支持债券通渠道下的国际付费模式。MarketAxess 成为接入债券通的又一电子交易平台，将显著提升境外机构交易便利性，进一步促进良性竞争并增强流动性。

与此同时，经与 Bloomberg 密切沟通协作，Bloomberg 于 2021 年 9 月 30 日正式上线国际付费模式。至此，债券通“北向通”下的三大电子交易平台全部支持国际付费模式。

二、优化入市备案流程及配套服务

2021 年，债券通全力配合人民银行和交易中心工作并积极响应投资者反馈，不断优化境外机构入市备案流程及相关配套服务，进一步便利外资参与中国债券市场。按照“境外机构不再以产品名义提交申请，无需逐只产品入市”的最新要求，债券通于 2021 年 3 月上线了法人实体入市备案并持续完善 E-Filing 电子入市系统，以简化相应流程，提升用户体验，迄今为止已有超过 400 家境外机构使用。

三、市场机制完善与政策发展

2021 年，有关债券通的市场机制完善与政策发展主要包括：（1）自 2021 年 2 月 18 日起，香港金融管理局债务工具中央结算系统（CMU）将提交债券结算指令及通过香港即时支付结算系统（RTGS）存入资金指令的截止时间由下午 2 点延迟到 3 点；（2）自 2021 年 9 月 24 日起，内地与香港债券市场互联互通南向合作（债券通“南向通”）正式上线运行，为内地机构投资者投资香港及全球债券市场提供便捷通道，推动中国债券市场改革开放高质量发展；（3）财政部和国家税务总局于 2021 年 11 月宣布对境外机构投资境内债券市场取得的债券利息收入暂免征收企业所得税和增值税的日期延续至 2025 年 12 月 31 日。

四、持续拓展一级市场业务

自债券通上线“新债易”（ePrime）境外债券发行系统以来，2021 年全年成功支持多家政策性银行和商业银行共完成 8 笔境外债券发行，涵盖当下市场热门主题（如粤港澳大湾区、绿色债券、碳中和）及不同币种的债券。ePrime 系统有效地提高了境外债券发行认购的便捷性、透明度及合规性，截至 2021 年底已累计引入 27 家境外承销商使用该系统。同时，为支持 ePrime 系统推广以服务更广泛的客户群体，债券通决定延长

ePrime 系统服务免费期至 2022 年 12 月 31 日。

一级市场信息发布方面，自 2019 年 2 月上线以来至 2021 年底，债券通“新债信息通”与境内 26 家发行人及承销商紧密合作，已在网上累计发布超过 4 000 只债券的英文发行信息和发行结果，系统平稳运行，流程规范高效，方便境外投资者直接认购。

五、上线外汇市场相关业务

为进一步便利债券通投资者资金汇兑和外汇风险管理业务开展，“债券通外汇风险管理信息服务系统”（CNYPlus 系统）于 2021 年 9 月 13 日正式上线，香港外汇结算行可通过该系统向交易中心提交对客人民币外汇交易报送数据，并查询经其客户授权的债券通项下债券及相关人民币外汇交易信息数据，协助做好人民币外汇交易合规管理。未来，债券通将进一步丰富 CNYPlus 系统功能，助力境外市场机构灵活有序参与人民币外汇交易。

与此同时，为不断完善债券通机制的外汇业务安排，经交易中心授权，债券通正式开展债券通投资者指定香港外汇结算行（也称第三方外汇）备案工作。同时，为给投资者提供一站式体验、提升运营效率及优化第三方外汇登记流程，债券通于 2021 年 10 月 26 日完成 E-Filing 系统升级改造，实现投资者指定香港外汇结算行备案的电子化流程。

债券通机制的运行与发展始终见证并伴随着中国债券市场对外开放的步伐。债券通“北向通”自 2017 年 7 月上线以来运行平稳高效，既注意采取多级托管等国际通行做法，切实便利境外机构“一点接入”，又充分考虑我国国情，以穿透式信息收集等一系列安排有效支持监管和风险防范。“北向通”各环节日趋完善，已成为境外机构入市的重要渠道，助力全球三大债券旗舰指数全部纳入中国债券。在“北向通”运行四年多后，2021 年 9 月开通的债券通“南向通”进一步提升了内地与香港金融市场的联通效率和一体化程度，拓展了内地投资者在国际金融市场配置资产的空间。债券通机制“双向通车”的实现，有利于完善我国债券市场双向开放的制度安排，促进跨境资金流动平衡，优化中国资本市场结构，助力人民币国际化，也彰显了我国债券市场对外开放进入更高层次阶段。

### 3. 股票市场

股票市场主板、科创板创新能力持续增强。一是主板行业结构不断优化，公司创新能力持续提升。一批具有自主创新能力的龙头企业脱颖而出。信息技术、生物、新能源等领域一批企业的竞争力进入国际市场第一方阵，高铁、通信、航天装备、核电设备等关键领域实现突破。主板企业研发投入持续加码，沪市主板公司 2021 年研发支出合计 7 006 亿元，同比增长 26%。其中，107 家公司研发投入超过 10 亿元，中国建筑、上汽集团、中国移动等 13 家公司研发投入超过 100 亿元。86 家公司研发强度超过 10%，推动国产替代不断提速，传统产业工艺革新数字化智能化水平稳步推进。一方面，科技创新带动产业向高端化、智能化方向升级，例如仓储物流行业，天津港智慧港口建设实现全球首次集装箱传统码头无人自动化改造全流程实船作业；另一方面，绿色发展引领产业向节能减排、低碳环保方向转型，煤炭、钢铁、石油等传统重工业企业利用新技术、新工艺降低能耗，家电、汽车等消费品制造业积极开发绿色低碳产品。二是坚守科创板定位，优化科创板机制，科创板支持“硬科技”的产业集聚和示范引领效应不断增强。截至2021年底，科创板共有377家公司上市，IPO融资额达5 080亿元，其中2021年有162家公司上市，IPO融资2 029亿元，占同期A股IPO数量的33%、首发募集资金的38%。专精特新“小巨人”企业占比超三成，包括纳米微球材料龙头纳微科技、户用储能龙头派能科技等多个细分行业头部企业。受益于多元化的发行上市条件，科创板对科技创新的包容性持续提升，截至2021年底，共有26家未盈利企业、4家特殊股权结构企业、5家红筹企业等多家按原有上市标准无法在A股上市的企业成功登陆科创板，有效引导了市场资源向重点攻坚的“硬科技”领域集聚。2021年，科创板股票被纳入富时全球、MSCI全球、标普道琼斯全球三大主流国际指数。

基金产品创新及机制优化持续推出。产品创新方面，一是首批指数增强型ETF顺利发行上市。2021年12月，我国首批指数增强型ETF获批上市，沪市新发3只产品，募集资金总规模达45亿元。二是推出跨沪深港ETF。截至2021年底，沪市共有24只跨沪港深ETF，总规模达到72亿元。三是持续丰富科创类ETF产品。7只科创创业50指数ETF在上交所发行上市，整体运行平稳，交投活跃，市值总规模突破260亿元，成为投资者参与科创板和创业板投资的重要工具。四是MSCI中国互联互通A50指数ETF发行上市。2021年11月，易方达和汇添富首批MSCI中国互联互通A50指数ETF在上交所上市交易，首募规模160亿元，认购账户超过20万个。机制优化方面，一是顺利完成ETF集合申购业务试点。2021年，华夏上证50ETF、富国上证综指ETF、华泰柏瑞沪深300ETF、南方中证500ETF开展集合申购业务试点，总集合申购规模近2亿元。二是推动RTGS模式上线。自2021年7月26日起，上交所市场的跨境ETF、全现金申赎类债券ETF的申购结算模式全部调整为RTGS，即实时逐笔全额交收模式，大幅提升了ETF申购效率。

股票市场对外开放方面，上交所优化拓展互联互通模式。一是持续优化股票互联互通机制，推动符合条件的科创板股票纳入沪港通标的。经中国证监会批准，自2021年2月起，属于上证180指数、上证380指数成分股及A+H股公司的A股的科创板股票正式纳入沪股通股票范围。截至12月31日，共有42只科创板股票纳入沪股通标的。上交所推动科创板股票先后被纳入三大主流国际指数。3月22日，首批11只科创板证券纳入富时全球指数；5月28日，首批5只科创板证券纳入MSCI全球指数；9月20日，首批23只科创板证券纳入标普道琼斯全球指数。二是拓展沪伦通业务。截至2021年底，共有4家沪市上市公司在伦交所发行GDR，累计募集资金58.4亿美元。2021年，上交所就沪伦通存托凭证业务进一步拓展公开征求市场意见，东西向业务拟分别扩展至包括深交所在内的境内交易所和德国、瑞士等英国以外的其他境外成熟市场。同时，拟增加融资型中国存托凭证类型，允许境外上市公司在我国发行中国存托凭证募集资金。三是务实深化ETF互通产品建设。2021年1月，上交所与日本交易所集团更新签署ETF互通合作协议，进一步扩大范围，4月，日本市场首只上证科创板50ETF（iFree ETF China STAR50 Fund）挂牌上市，标志着中日ETF互通第二批产品落地。5月，上交所与韩国交易所签署更紧密合作谅解备忘录，加强 ETF、指数和债券领域合作。6 月，首对沪港 ETF 互通产品于上交所与港交所同步上市，华泰柏瑞南方东英恒生科技 ETF 在上交所挂牌上市，南方东英华泰柏瑞中证光伏产业 ETF 在港交所挂牌上市。

有序推动资本市场高水平对外开放。一是主动参与国际组织活动，提升国际影响力。2021 年 4 月，上交所参加博鳌亚洲论坛年会金融开放与金融合作分论坛，介绍中国与亚洲及全球金融市场互联互通经验。9 月，上交所作为世界交易所联合会（WFE）的董事单位联合境内其他会员共同举办“提升投资者财经素养”鸣锣仪式，响应国际证监会组织（IOSCO）和 WFE 联合倡议。2021 年，上交所积极参与 FIX 标准相关建设工作，启动 LFIXT 国家标准申请工作，LFIXT 标准作为 FIX 系列标准的一部分被正式纳入 ISO 3531 国际标准。二是加强绿色金融国际交流合作。上交所作为联合国可持续交易所倡议（UN SSE）气候信息披露咨询顾问组成员，积极参与绿色金融国际标准制定工作，在 6 月 UN SSE 正式发布的文件中，5 个上交所绿色案例全部入选。切实履行好 WFE 可持续发展工作组副主席职责，发表资本市场助力碳中和的英文署名文章，为《联合国气候变化框架公约》缔约方相关会议录制支持视频，组织上交所“敲响性别平等之钟”系列活动。积极推动国际投资者加大沪市 ESG 投资，举办“对话国际投资者：ESG 赋能上市公司”等活动，累计覆盖超百家沪市上市公司。三是多渠道吸引境外中长期资金入市。成功举办 2021 年上交所国际投资者大会，共计近 2 000 位国际投资者参加。成功推动境外首只上证科创板 50ETF 在纽交所上市，全年实现上证科创板 50ETF 在全球 7 个市场挂牌交易。相较 2020 年，外资在科创板持股市值和交易金额显著提升。四是持续推动共建“一带一路”高质量发展，上交所境外股权合作稳步推进。中欧国际交易所稳健运行，市场交投稳中有进；阿斯塔纳国际交易所成为世界交易所联合会正式会员，推出首只哈萨克斯坦相关指数产品；巴基斯坦证券交易所挂牌首只成长企业板公司；达卡证券交易所维持孟加拉国国内领先地位，各项财务指标持续提升。上交所不断加强与“一带一路”相关交易所交流，4 月举办了阿斯塔纳国际金融中心线上推介活动，来自中金公司、中国建设银行及哈萨克斯坦企业等方面的近 70 人参会，进一步推动了阿斯塔纳国际交易所的市场建设。五是探索指数国际合作。12 月上交所与韩国交易所合作开发的三条中韩股票市场指数正式发布，具体包括中韩 50、中韩半导体和中韩新能源车等。

### 专栏 7　建设中国版 REITs 市场，更好服务实体经济和国家战略

2021 年 6 月 21 日，首批 5 只基础设施公募 REITs 上市仪式在上交所交易大厅成功举行。上市首日，5 只基础设施公募 REITs 产品交易平稳，开盘价较发行价均有上涨，平均涨幅为 1.89%。首批 5 只基础设施公募 REITs 产品的底层项目涵盖收费公路、产业园、仓储物流和污水处理四大主流基础设施类型，覆盖京津冀、长江经济带、粤港澳大湾区、长江三角洲等重点区域，优先支持基础设施补短板行业和高科技、特色产业园区

等，聚焦优质资产、创新规范并举，具有良好的示范效果。

上交所基础设施公募 REITs 试点工作实现了“四稳”——平稳上市、平稳交易、平稳运行、平稳预期。试点成效主要体现在三个方面：一是集聚效应初步显现。首批试点项目共融资 170 亿元，包括五大主流基础资产类型，分布在三大重点区域，原始权益人涵盖央企、地方国企以及外资企业，具有较强的示范性和代表性。二是市场运行平稳有序。首批发行交易情况符合预期，投资者参与积极理性，发行市盈率整体超过 15 倍，二级市场流动性维持在较为合理的区间，日均换手率在 0.8% 左右，整体高于境外成熟市场。价格发现功能较为有效，引导资源合理配置的作用正逐步发挥。三是政策环境逐步优化。随着发展基础设施 REITs 被写入“十四五”规划，社会各界对基础设施 REITs 的认识逐渐统一。在中央层面，有关部门正积极研究制定税收、投资者等支持政策；在地方层面，上海、北京等多地政府出台了专项支持政策。

首批项目上市是一个重要的里程碑，也是一个新起点。REITs 市场刚刚拉开帷幕，仍需在探索中逐步完善，补齐短板。第一，我国基础设施 REITs 市场具有广阔的发展前景。在成熟市场中，基础设施 REITs 已经形成规模化的大类资产，涵盖了仓储物流、通信设施、电力配送网络、高速公路及其他能产生长期稳定现金流的基础设施资产。我国基础设施体系规模庞大且具备大量优质资产，存量已达 130 万亿元。其中，适合作为 REITs 投资标的的资产规模超过 30 万亿元，尤其在长三角等经济发达地区，基础设施资产类别全、规模大、收益好，具备区域一体化的联动和集聚优势，有望在全国率先形成 REITs 产业要素聚集地和发展高地。

第二，REITs 市场建设有利于提升权益融资比重，助力化解地方政府债务。从融资结构看，我国权益类融资占比仍然较低，相对倚重债务融资的现状不利于经济高质量发展。REITs 是企业资产的公开发行上市，属于权益型金融工具，在制度设计上充分借鉴了股票市场经验，其基础资产现金流的产生具备独立性，不依赖外部增信，不附带隐性债务，不仅不会增加企业和政府债务负担，还有效拓宽了长期权益型融资渠道，有利于引导政府和企业投融资从传统的聚焦负债端管理延伸到资产端管理，为化解地方政府债务开辟了新路径。

第三，基础设施 REITs 有利于企业降低融资成本。优质资产的份额化交易有利于提升资产流动性，促进合理定价。同时，企业可以比照股票上市的做法，依托“PE+REITs”机制和扩募收购机制，利用企业专业管理优势，培育优质资产；后续还可通过持续注入或置换，形成“开发 + 运营 + 金融”的全链条经营模式，打造企业的“资产上市平台”，实现资产整合和战略调整，提升企业投资价值。

第四，基础设施 REITs 有利于国有资产保值增值。相较于股权融资，REITs 基于现金流收益法估值，可提供更加合理的整体估值水平，其定价主要“锚”定于资产价值。从首批试点项目来看，二级市场“市净率”整体可观。同时，企业可以通过并表方式继续保有对国有资产的控制。上市后，相关规则明确了权益变动的“爬坡”信息披露机制和要约收购机制，能够有效防止恶意收购 REITs 的控制权。通过发行 REITs，将基础设施资产导入资本市场，将会为做优做强国有资产提供一条重要路径。

4. 外汇市场

完善银企外汇交易平台功能，加强服务实体经济。交易中心完善银企外汇交易平台功能，支持企业电子化多银行询价、交易和全流程管理，便利企业外汇交易和风险管理；减免中小微企业衍生品交易相关的银行间外汇市场交易手续费，降低中小微企业汇率避险成本，引导企业树立风险中性理念，支持银行加强实体经济服务能力。

创新优化数据业务，丰富信息服务体系。推进外币拆借情绪指数优化。交易中心与上海国际货币经纪公司自 2021 年 7 月 26 日起优化银行间美元拆借资金面情绪指数，在原有早盘指数的基础上，综合境内外市场供求情况及日间资金面变化情况，新增发布日间指数，进一步丰富境内美元基准参考体系，满足市场交易定价参考需求。推出外汇参考数据接口（Reference Data Interface）服务，提供外汇市场机构基础信息、外汇产品基础信息、节假日、起息日等基础数据的自动化下载，提升市场运行效率和自动化水平。完善互联网信息服务。实现 iDeal 对 iTrader 相关功能的整合，在此基础上进一步优化行情信息体系，重新设计并推出外汇期权成交及报价行情，引入本币货币、债券、衍生品行情，完成本外币行情互通，推出订单数据查询业务。

探索交易科技赋能，推进系统功能完善。交易中心自 2021 年 1 月 18 日起在外汇市场推出回测及仿真交易平台服务，回测平台提供历史数据分析、交易策略编辑与管理、回测算法灵活定制及策略评价分析等全流程服务，仿真交易平台提供模拟交易服务。参与机构可通过报价和交易接口接入仿真交易平台，模拟开展做市报价、交易等。推进 iDeal 外汇生态开放。推出 iDeal 事前审批接口，并嵌入机构交易管理系统的审批功能，推出 iDeal 交易日历等功能，推出智能盯盘和应急服务等交易辅助功能，落地 iDeal 交易机器人业务，在外币利率市场上实现自动接单、回价、发单。

增加违约处置措施，加强市场风险防范与化解。交易中心推出外汇净额清算违约处置合作业务。与上海清算所合作将违约处置渠道从客盘拓展至银行间外汇市场，增加风险对冲及头寸拍卖等违约处置手段，实现违约处置的全流程线上化和直通式处理，切实落实重大金融风险防范化解工作，保障金融市场平稳运行。

人民币对印度尼西亚卢比区域交易上线。在中国与印度尼西亚双边本币结算（LCS）框架合作机制下，2021 年 9 月 6 日，人民币对印度尼西亚卢比在银行间区域市场正式挂牌交易，交易品种包括即期、远期、掉期和货币掉期。人民币对印度尼西亚卢比是首个支持衍生品交易的区域货币。此业务有助于降低企业汇兑成本，提升双边本币结算便利化程度，充分发挥金融服务对“一带一路”建设的支持作用。

5. 黄金市场

2021 年，上金所进一步深化市场创新。一是构建完成“两地三中心”的灾备中心布局。2021 年，上金所成功启用了南外滩生产运行大楼和深圳运营中心大楼，初步构建起分布在上海、深圳两地，涵盖同城灾备中心、同城备份中心、异地灾备中心的“两地三中心”布局，为黄金市场长远发展奠定硬件基础。二是建设上线新一代技术系统。2021 年成功完成上金所第四代技术系统一期研发和上线工作，确保系统安全高效运行。以“卓越、安全、创新、服务”为目标建设新一代技术系统，组织参加常态化安全攻防演习，全力提升网络安全保障能力，为黄金市场发展提供技术保障。三是进一步推动基础设施建设创新。推动国际板 FT 账户在上海以外部分自贸区复制推广及落地，目前已将国际板 FT 账户开立范围延伸至深圳地区并实现落地交易，扩大了国际板的平台辐射力和影响力。推进研究人民币 NRA 账户纳入国际板结算体系可行性并形成业务方案，不断拓展现有结算体系的内涵和外延。

2021 年，上金所进一步拓展“黄金之路”内涵，推动黄金市场对外开放。2021 年，完成首笔海外原料金原料加工复出口业务、标准金锭加工复出口业务，拓宽海外中资矿山销售渠道，实现境内精炼企业产能输出，进一步发挥国际板的转口贸易功能。同时，推进与重点国家和区域市场的联系与合作，积极拓展新市场、新伙伴。开展与日本交易所、巴西证券期货交易所、莫斯科交易所等国际同业的沟通交流，并向印度国际金融服务中心管理局（IFSCA）、吉尔吉斯斯坦央行等机构进行市场推介。

6. 期货市场

稳步推进品种创新，风险管理工具日渐丰富。2021 年，上海期货交易所（含子公司上海国际能源交易中心）新上市国际化品种原油期权，完成氧化铝期货、航运指数期货上市准备。截至 2021 年底，上海商品期货市场上市交易的品种分别为铜、铝、锌、铅、锡、镍、黄金、白银、燃料油、天然橡胶、螺纹钢、线材、热轧卷板、不锈钢、石油沥青、纸浆、原油、20 号胶、低硫燃料油、国际铜期货 20 个品种的期货合约，及铜、天然橡胶、黄金、锌、铝、原油 6 个品种的期权合约。

完善交易、结算、交割机制，运行质量不断提升。持续着力培育有竞争力的本土做市商队伍，提高做市商精细化管理水平；新增国债在上期能源充抵保证金业务，合理降低结算成本；推出交割仓库分类评估考核办法，引入非银行指定交割金库，试点特殊单位客户参与实物交割，丰富交割端管理手段和参与交割主体类型，提升交割环节便利性。

拓展场外业务，满足实体企业多元化风险管理需求。上期标准仓单平台（2022 年 7 月更名为“上期综合业务平台”）新增沥青、纸浆品种，基本实现上期所品种全覆盖。功能不断拓展，上线期现联动客户端、期转现报价专区、保税仓单报价专区。上线欧冶云商和浙油中心交易互通业务，推进期现市场深度结合。拓展仓单质押业务，新增签约 9 家仓单线上质押银行，全年发放 16.45 亿元质押贷款，平均利率为 4% 左右，有效降低了企业融资成本。

深化天然橡胶“保险 + 期货”试点，服务范围不断扩大。2021 年，中央一号文件连续第六年提出“扩大‘保险 + 期货’试点”。为贯彻落实中央文件精神，积极响应党中央、国务院及证监会号召，探索利用金融衍生品工具保障农民收入，切实服务“三农”，上期所在总结过去四年试点经验的基础上，于 2021 年继续开展天然橡胶“保险 + 期货”试点，积极落实资本市场服务乡村振兴战略，巩固拓展脱贫攻坚成果同乡村振兴有效衔接。2021 年，上期所 62 个天然橡胶“保险 + 期货”试点项目覆盖云南省、海南省 17 个原国家级贫困县，累计挂钩天然橡胶现货产量 13 万吨，受益胶农约 13.3 万户，其中脱贫户（原建档立卡贫困户）约 5.5 万户，理赔总额约为 9 041.08 万元，平均赔付率为 81.82%，为近三年最高。其中，海南地区项目赔付金额共计 5 700.87 万元，云南地区项目赔付金额共计 3 340.21 万元。

试点“期货稳价订单”，服务国家保供

稳价大局。上期所落实党中央、国务院关于“保供稳价”要求和证监会相关工作部署，积极探索构建期现良性互动生态体系，与中国宝武钢铁集团（简称宝武集团）下属的欧冶云商股份有限公司（简称欧冶云商）合作，共同启动2021年工业品“期货稳价订单”试点工作。试点业务以“保供稳价”为抓手，通过宝武集团为实体企业提供现货供应保障、上期所为实体企业提供降低价格波动风险的工具，达到“宝武保供、期货稳价”的效果。截至2021年底，有4家企业参加“期货稳价订单”项目交易，均为热轧卷板生产加工型企业，共保障热轧卷板现货订单量3.34万吨，期权权利金697.53万元。

加大规则与制度供给，不断完善市场法治环境。配合推进期货立法工作，完成3项期货立法研究课题，配合全国人大宪法和法律委员会、法工委立法调研组调研，提供市场实践支撑。优化业务规则体系，构建交易所“业务通则”和“合约细则”总分的规则体系，形成交易所10项业务规则优化方案。深化交割仓库治理改革，全面施行交割仓库“自律监管+商业化合作”管理模式，商业化合作协议已覆盖62家仓库。

商品期货市场对外开放方面，2021年，上期所继续扩容对外开放品种，做精、做优、做强已有对外开放品种，稳步推进跨境合作，持续开展境外推广，国际影响力稳步提升。

一是上市原油期权，推动我国原油期货市场更高水平对外开放。2021年6月21日，以原油期货为标的的原油期权在上期能源成功上市，成为我国首批以人民币计价对外开放的期权品种。上市后，原油期权市场运行平稳，成交持仓快速增长，境内外投资者参与积极，期权定价合理，市场影响初步显现。

二是不断完善已有的对外开放品种，提升国际化水平。原油期货方面，根据市场情况即时调整了巴士拉原油的品质标准；新增的交割油种穆尔班原油自2021年6月1日起可入库生成标准仓单；持续扩大原油期货交割仓库库容，拓展交割仓库辐射范围，多元化交割仓库主体，新增首个跨国企业背景仓储企业青岛海业摩科瑞仓储有限公司以及境内民营企业大鼎油储有限公司作为指定交割仓库，新增库容共计369.2万桶，截至2021年末，原油期货共有16个存放点。20号胶期货方面，上期价格首度成为长协跨境贸易定价基准，期现贸易定价合作头部企业从6家扩充至15家；首笔保税交割通过中欧班列复运出境，实现价格与交割货物向欧洲市场辐射。低硫燃料油期货方面，成功实施“境内交割+境外提货”跨境交收业务，实现中国期货市场由交易端“引进来”到交割端“走出去”的跨越；发布“中国舟山低硫燃料油保税船供报价”，为船燃行业提供了人民币计价的权威参考；发布低硫燃料油期货的月均结算价，旨在将人民币定价模式延伸至保税船燃行业的长约贸易。国际铜期货方面，交易、交割、仓单质押融资等主要业务流程落地；多家境内外企业签署合作协议书，约定在电解铜和铜精矿跨境贸易中，使用国际铜期货价格作为合同计价和结算的基准；市场自发形成保税区内现货人民币报价，打破我国铜资源进口只用美元报价的长期禁锢，进一步巩固上海自贸区临港新片区在东亚铜国际贸易中心的市场地位。境外参与者不断攀升，截至2021年末，已完成委托代理业务备案的境外中介机构有75家，来自10个国家（地区），共吸纳来自中国香港地区和新加坡的3家境外特殊经济参与者。

三是稳步推进跨境合作，持续开展境外推广，国际认可度不断提升。跨境合作方面，与泰国期货交易所（TFEX）签署了谅解合作备忘录，为后续合作奠定了框架基础；与新加坡亚太交易所探索创新合作模式，以亚太交易所旗下子公司亚太期货公司申请上期能源境外特殊经纪参与者资格的方式，将境外客户引入我国期货市场；继续拓展与境外交易所结算价授权等多种模式的合作。境外推广方面，开展业务宣讲推广活动，覆盖地区包括新加坡、中国香港、日本、英国、韩国、德国等；参加第二届中日资本市场论坛、Fastmarkets 铜业研讨会、第 37 届亚太石油峰会等国际重要会议并发言；推出第二期“直通车”英语系列投教课程，为境外投资者及经纪机构提供了解上期能源各项业务的“一站式”直达窗口。国际奖项方面，参加《期货期权世界》杂志（FOW）主办的“2021 年度亚洲资本市场”奖项参评工作，上期所荣获“最佳衍生品交易所”“最佳大宗商品交易所”“最佳新衍生品合约”“最佳中国交易所”“最佳首席执行官”奖项。

### 专栏 8　拓展期现联动朋友圈，天胶国际影响力再提升

“上海价格”在国际金融市场广泛使用，“上海胶”的价格影响力不断提升。2021 年 12 月 7 日，由上期所主办的“期货市场服务天然橡胶产业高质量发展研讨会暨 20 号胶贸易定价期现合作活动”在山东青岛成功举行。20 号胶贸易定价期现合作“朋友圈”进一步扩大，从 2020 年的 6 家扩充至 15 家，包含联润橡胶、诗董橡胶、合盛农业集团、广垦橡胶世界前四大天然橡胶生产企业，以及赛轮轮胎、青岛双星轮胎、风神轮胎、森麒麟轮胎四家国内前十大轮胎企业。通过持续拓展期现联动“朋友圈”，上海天然橡胶期货市场的国际影响力跨越式提升。

长协贸易方面，2021 年 8 月，广垦橡胶的泰国工厂与境内某贸易企业签订以上海 20 号胶期货作为定价基准的长协跨境贸易合同。这是 20 号胶期货价格首次用于跨境贸易长协合同定价，标志着“上海胶”在国际影响力提升方面再上一个台阶。现货贸易方面，据产业反馈，20 号胶期货已成为境内企业开展现货贸易的点价基准；据不完全统计，2020—2021 年采用 20 号胶期货价格的现货结算量累计超过 5 万吨。

同时，“保税交割 + 中欧班列”打通国际大宗商品贸易新通道，开辟了“东南亚—中国青岛—欧洲”的天然橡胶国际贸易新流向。企业通过保税交割获得产自印度尼西亚、泰国和马来西亚的 20 号胶货源，复出口至波兰、德国等国家，20 号胶期货经保税交割后成功将我国期货市场资源配置功能与价格影响力的辐射范围拓展至东南亚和欧洲，不仅为稳定全球橡胶产业链作出贡献，也为“一带一路”沿线国家抗击疫情、保障民生、恢复经济注入新动力，更将上海 20 号胶价格推向全球，提升了我国天然橡胶市场的国际影响力。

#### 7. 金融衍生品市场

金融期货市场业务创新方面，首批保险机构参与国债期货交易全面落地。保险资金是重要的中长期资金，在资本市场具有“稳定器”和“压舱石”的作用。保险机构参与国债期货市场，对于提升金融机构风险管理

能力、促进国债期现货市场高质量发展、健全国债收益率曲线具有重要意义。2021 年，中国金融期货交易所（以下简称中金所）在“高标准、稳起步、控风险”原则的指导下，遵循“成熟一家，发展一家”的理念，扎实推进保险机构入市工作，确保机构平稳参与。2021 年，首批七家保险机构参与国债期货交易全面落地。入市以来，保险机构整体参与有序，交易审慎稳健，国债期货投资者结构进一步完善。

金融期货市场对外开放方面，一是持续深化业务准备，进一步夯实对外开放制度体系。2021 年，中金所按照党中央、国务院关于全面扩大金融对外开放、提升国际竞争力的重要战略部署，持续深化金融期货市场扩大对外开放相关业务准备，进一步夯实对外开放制度体系。首先，持续研究论证国债期货扩大对外开放的方案，进一步深化股指期货扩大对外开放业务准备；其次，推进完善合格境外投资者参与股指期权套期保值交易相关业务准备，服务于境外投资者对我国股票、债券市场日益增长的投资和风险管理需求。二是深入推进“一带一路”国际化项目发展。2021 年，中金所立足我国资本市场对外开放整体布局，克服新冠肺炎疫情不利影响，夯实巴基斯坦证券交易所（以下简称巴交所）及中欧国际交易所（以下简称中欧所）“一带一路”国际化项目发展基础，确保境外投资项目平稳有序发展。协助巴交所克服疫情影响，进一步夯实巴基斯坦资本市场运行基础，多项基础性运行指标显著改善，全年财务业绩大幅提升。持续支持中欧所现有业务发展和产品创新，加快推进中德资本市场互联互通合作路径研究论证，深入挖掘两地市场跨境合作潜能。截至 2021 年 12 月底，中欧所共有 40 只现货产品挂牌交易，包括 1 只股票、13 只 ETF，其余为债券类产品。

信用衍生品创新不断推进。上交所于 2019 年启动了信用保护工具试点工作。截至 2021 年底，上交所市场已实现 41 只凭证创设，涉及名义本金 26.46 亿元，累计支持债券发行 156.85 亿元，其中包括民营企业债券 52.15 亿元；已实现 134 只合约创设，涉及名义本金 70.58 亿元，累计支持债券发行 245.6 亿元，其中包括民营企业债券 127.5 亿元；已有 21 家机构成为上交所市场凭证创设机构。2021 年 7 月，上交所发布施行新修订的《上海证券交易所信用保护工具交易业务指南》，允许相关机构基于存量债券创设信用保护凭证，同时允许投资者在买入信用保护工具时无须持有基础债券，有助于进一步激发信用保护工具市场活力，为实体企业融资提供更为丰富的信用工具支持。

丰富利率期权交易品种。为拓展基准利率运用，健全基准利率和市场化利率体系，进一步提高利率传导效率，为市场机构提供多元化利率风险管理工具，交易中心于 2021 年 3 月新增以 FDR001、FDR007 等基准利率为参考利率的利率期权产品（包括利率互换期权和利率上下限期权），进一步丰富利率衍生品序列。同时提供报价成交、行权交割、定价估值、风险管理等配套交易服务，并组织活跃机构对利率期权进行报价，为市场提供流动性和定价基准，交易中心据此编制相应波动率曲面用于估值参考。截至 12 月末，共 35 家金融机构达成利率期权交易，名义本金共计 756.2 亿元。

发布多主题、多类型 CDS 指数并提供 CDS 交易服务。为进一步发挥 CDS 指数在信用风险管理方面的积极作用，推动信用衍生品市场高质量发展，交易中心进一步探索多主题、多类型 CDS 指数。继高等级 CDS 指数之后，交易中心于2021年4月与上海清算所共同推出“CFETS–SHCH民企CDS指数”，于9月与上海清算所、中债资信共同推出“CFETS–SHCH–CBR长三角区域CDS指数”，并同步发布相应的CDS指数曲线。多主题、多类型指数及指数曲线将为市场提供多维度信用风险水平度量指标，并为不同类型信用标的提供更精准的风险对冲工具。同时，交易中心于2021年4月推出CDS指数交易业务，提供CDS指数报价交易、挂牌上市、存续期管理等全周期服务。CDS指数交易是单名CDS交易的重要补充，为市场提供了更丰富的信用风险管理工具。CDS指数标准化、分散化等特征将有利于提升市场流动性，进一步推动信用衍生品市场健康发展。

创新推出国泰君安FICC金融云服务。2021年1月22日，交易中心和国泰君安证券共同推出“中国外汇交易中心—国泰君安FICC金融云”业务，为私募基金、企业客户等参与者提供更为便捷的衍生品交易服务。国泰君安证券在交易中心成熟技术框架下，自主研发“FICC金融云”，将客户询价、做市报价、交易执行、成交单生成等步骤线上化、系统化、自动化，直通式交易后管理，给予客户便捷高效的全流程线上交易体验。

8. 清算业务

坚持质量至上，建设完整、规范、有效的风险管理体系，成功打造银行间市场高标准风险防控屏障。坚持标准引领，主导起草、推动发布首个国际清算行业标准——“上海清算标准”，助力其纳入首批“上海标准”，实现国内外规则标准高效对接。

有效支持实体经济发展。解决实体企业大宗商品现货交收环节风险高、效率低问题，创新推出“大宗商品清算通”，将资金流、信息流、货物流有效整合，提供安全、便捷、高效的资金清算结算服务，累计清算近2 400亿元，覆盖30个省份超2 100家实体企业。助力缓解融资难融资贵问题。2021年，支持创设信用风险缓释凭证295亿元，为94家企业606亿元债券发行提供信用保护，发行“乡村振兴”“高成长型企业”专项债务融资工具157只、1 168亿元。满足实体企业多样化金融需求，发布民企信用违约互换（CDS）指数、长三角CDS指数，搭建实体企业信用风险价格风向标，推出CDS指数逐笔清算服务，推出人民币纯苯等3项化工品掉期中央对手清算业务，丰富企业价格风险管理工具，填补国内相关衍生品市场空白。

全力服务实现碳达峰、碳中和目标和经济绿色转型。上海清算所支持绿色融资，发行全国首单碳中和专题绿色金融债、首批碳中和非金融企业债务融资工具、首批可持续发展挂钩非金融企业债务融资工具等创新产品。2021年，共支持发行碳中和主题债券147只、1 969亿元。支持发行首只碳中和指数挂钩结构性存款产品。促进碳市场公允定价，率先发布我国首只碳中和债券指数、首批全国碳排放权交易市场价格指数，为市场提供公允的价格参考。助力完善碳市场顶层设计，在人民银行指导下积极探索对接服务全国碳市场，主动就碳市场运行机制及相关热点议题建言献策。服务碳市场国际化，与工商银行、广州碳排放权交易中心深度合作并签署跨境合作备忘录，积极研发粤港澳大湾区碳配额跨境人民币清算服务，探索服务境外投资者以跨境人民币参与广东碳配额交易。

切实防范化解金融风险。上海清算所强化风控服务支撑，首创推出面向境内金融机构、符合国际标准的跨境衍生品双边清算保证金管理服务，助力形成对集中清算和双边清算风险管理的全面覆盖；推出集中清算保证金风险试算平台。提升风险监测预警和处置效率，完善债券风险监测体系，创新构建信用债市场发行主体财务数据预警系统，自主研发可视化债券发行主体信用分析系统。持续完善债券违约及风险处置机制，为市场机构提供标准化多元处置工具箱，发布综合性处置操作指引，实现到期违约债券转让自动结算，落地债券置换和现金要约收购等发行人主动债务管理工具。

助力深化金融改革。上海清算所服务外汇和利率衍生品市场高质量发展，推出 LPR 利率互换集中清算服务；发挥双设施联动优势，上线标准债券远期实物交割业务；推出 1 年期、3 年期以存款类金融机构回购利率 DR 为基准的浮息债券，丰富浮息债券品种；推出外汇交易双边清算服务；稳妥推出外币同业存单发行登记业务，推出以外币同业存单和债券为抵押品的外币回购业务；支持中国进出口银行成功发行境内美元债券。促进多层次债券市场发展，推出首单非金融企业债务融资工具续发行业务及直接面向境内外各类投资者的招标发行业务，支持中国银行和浦发银行债券柜台业务创新，成功服务首单商业银行金融债顺利发行。

成功上线运行新一代综合业务系统。该系统定位于适应公司中长期发展的高性能综合业务处理平台，通过平台化、易扩展、松耦合等架构设计，稳定支持可预测的新增需求及未来新业务开展；采用“微服务 + 同城双活”架构部署，达到人民银行信息系统业务连续性四级标准，提高交易处理和应急处置效率，全面提升上海清算所市场服务能力、产品创新能力和风险管理能力。

2021 年，上海清算所多渠道开展国际交往和合作，持续深化跨境基础设施互联互通，积极拓展双边与多边国际交流，切实服务金融开放大局。一是服务金融基础设施跨境互联互通，助力金融市场双向开放。2021 年 2 月，上海清算所与欧洲清算银行合作推出的“玉兰债”业务正式通航，先后支持中国银行、国泰君安证券等发行人顺利完成“玉兰债”发行。同时，依托国际资本市场协会季报、汇丰银行亚洲信贷研讨会、中诚信国际“中资美元债市场及信用解析”境外固收论坛等，积极向国际市场宣传推广“玉兰债”。9 月，“南向通”正式上线运行，上海清算所实现为内地投资者投资在境外发行并在香港交易流通的债券提供托管结算服务。二是积极参与国际对话机制，为资本市场高质量发展建言献策。上海清算所响应国际金融对外开放战略，就相关政府间经济财金对话等议题建言献策，服务高水平双向开放。2021 年 4 月，上海清算所参加中英资本市场工作小组第三次闭门会议，就绿色分类系统与标准、信息披露要求、碳交易市场等议题，与参会嘉宾开展交流。10 月，上海清算所参加第三届外滩金融峰会“金融基础设施服务绿色金融的发展与展望”云会场，与国际嘉宾就金融基础设施服务绿色金融的实践与经验、国际合作、服务效能提升等主题深入对话交流。三是持续推动双边国际合作，积极探索新兴行业协会等多边合作。上海清算所与法国驻华大使馆、香港交易所集团、国际资本市场协会、卢森堡证券交易所等积极开展交流，探讨金融市场开放创新，探索金融市场基础设施互联互通新机会，共谋金融市场高质量开放发展。上海清算所认真履行全球中央对手方协会（CCP12）执行委员会成员职责，积极推动“上海清算标准”的优化与完善，该标准已被全球 31 家占市场份额 95% 以上的清算机构采用。2021 年 3 月，上海清算所代表成功当选亚洲证券业与金融市场协会（ASIFMA）

轮值董事，积极参加ASIFMA会议及交流活动，参与国际行业协会事务，全力拓宽国际沟通渠道。

## 专栏9 上海清算所持续打造“玉兰债”发行样本案例

2020年12月8日，上海清算所与国际中央证券存管机构欧洲清算银行（以下简称欧清银行）合作推出“玉兰债”，通过金融基础设施跨境互联互通服务境内发行人面向国际市场发债。上海清算所作为境内总登记机构，直接服务发行人，提供债券无纸化登记、信息披露等服务。欧清银行作为次级托管机构，利用其丰富的市场资源优势为全球投资人提供“玉兰债”托管结算服务。“玉兰债”业务获评新华社2020年“中国债券市场关键事件”，被纳入《上海国际金融中心建设“十四五”规划》主要任务措施，并荣获中国金融年度品牌案例大赛“品牌传播年度案例奖（创意表现方向）”。

业务推出以来，上海清算所先后在银行业、证券业有序落地“玉兰债”产品，计价币种涵盖美元、欧元，在提高发行登记操作效率、降低发行人融资成本、拓展国际投资者覆盖范围等多方面均取得理想效果，探索出了一条中资机构境外发债的新路径。2021年2月，中国银行发行3年期美元“玉兰债”，发行规模5亿美元，发行利率0.859%，与可比债券二级市场水平基本一致；2021年11月，国泰君安证券发行3年期美元“玉兰债”，发行规模3亿美元，发行利率1.619%，较初始指导价大幅收窄40个基点；2022年5月，东方证券发行3年期欧元“玉兰债”，发行规模1亿欧元，发行利率1.76%，最终定价较初始指导价收窄27个基点，在欧元市场大幅波动的背景下顺利发行并合理控制成本，市场反响热烈。从投资者类型和地域分布看，已发行的“玉兰债”投资者类型丰富，涵盖央行、商业银行、基金产品等各类投资者，投资者地域分布广泛，覆盖亚洲、北美、欧洲、南美、中东、非洲等全球市场；从托管渠道看，包括直接通过欧清银行投资，通过纽约梅隆银行、道富银行等全球托管行以及通过香港金管局CMU、韩国中央证券存管机构（KSD）等境外中央证券存管机构（CSD）间接投资等多种托管渠道。上述样本案例的打造，使“玉兰债”树立的中资离岸债品牌得到广泛宣传。

下一步，上海清算所将继续在人民银行的领导下，切实履行金融基础设施职责，深刻理解、充分响应政策导向及市场需求，积极稳妥提升“玉兰债”产品覆盖面、创新度、影响力，努力为中国债券市场高水平对外开放和上海国际金融中心建设作出新贡献。

## 专栏10 上海清算所大宗商品集中清算业务助力实体经济高质量发展、服务经济绿色转型

“大宗商品清算通”，是指上海清算所通过对接合规、优质大宗商品现货平台，会同现货清算成员为实体企业的大宗商品现货交易提供大额实时、跨行跨境、规范高效的

资金清算结算服务。

一、破解实体企业“急难愁盼”问题

为服务区域经济发展、“双碳”目标实现等，上海清算所精准聚焦中小微等实体经济“急难愁盼”问题，充分发挥金融基础设施的重要作用，于2021年3月推出“大宗商品清算通”。

针对大宗商品现货交易链条长、环节多的特点，上海清算所整合现货平台、交收仓库、银行等优势资源，突破传统的结算银行模式，打造专属集中清算机制，创新构建基于企业实体账户的安全便捷、实时同步、规范高效的现货交割与货款支付环境，显著提高业务效率，破解中小微等实体企业长期面临的交收效率低、跨行结算难度大等痛点。

自推出以来，“大宗商品清算通”受到各地政府和市场机构的高度认可和支持，已对接江苏张家港、上海临港新片区、山东青岛自贸片区等地现货平台，在化工行业形成实践范例并拓展至有色金属、橡胶行业，同时引入工商银行、建设银行、交通银行、浦发银行、华夏银行、中信银行等国有及大型股份制商业银行和上海银行、江苏银行、南京银行、宁波银行等城商行为实体企业提供服务。截至2021年末，“大宗商品清算通”月均清算金额增速接近50%，业务发展进入快车道。后续，还将积极对接位于粤港澳大湾区的广州碳排放权交易中心等现货平台，服务促进“双碳”目标的达成，同时着力引入更多银行参与业务。

二、赋能碳市场，创新服务实体经济绿色发展

2017年1月，上海清算所联合上海环境能源交易所推出了我国首个也是唯一采取中央对手清算模式、符合国际金融市场惯例的标准化碳金融衍生品——上海碳配额远期中央对手清算业务。2021年以来，为完整、准确、全面贯彻新发展理念，有序推进“双碳”目标的实现，落实人民银行关于完善绿色金融政策框架和激励机制、全力支持碳市场建设发展等相关工作安排，上海清算所基于前期业务基础，坚持创新驱动，进一步深化碳金融工作布局，强化金融赋能实体经济绿色发展。上海清算所主动与全国碳排放权交易注册登记系统运营机构（中碳登）等基础设施对接，于2021年7月推出首只全国碳排放权交易市场价格指数——中国碳排放权配额现货挂牌协议价格指数，并探索深化对全国碳市场的服务；在粤港澳大湾区政策支持下联合广州碳排放权交易中心研发碳配额跨境人民币清算服务，助推粤港澳大湾区碳市场建设，以碳金融创新为我国碳市场国际化发展铺桥筑路；有序开展以中国核证自愿减排量（CCER）等其他重要碳资产为标的的碳金融产品研究，适时推广碳金融衍生品中央对手清算业务模式，并逐步探索覆盖更多绿色资产类型，助力碳市场构建多层次市场格局，完善价格发现与资源配置功能。

未来，上海清算所将继续发挥金融基础设施职能，携手各方共同加强碳金融产品创新，探索构建由金融基础设施支撑的多层次、综合化绿色金融服务体系，服务国家“双碳”目标实现。

## 专栏 11 LPR 利率互换集中清算

为丰富集中清算利率风险管理工具，满足市场机构对加强风险管理及提高清算效率的需求，2021 年 11 月 8 日，上海清算所进一步拓展利率互换集中清算品种，正式将期限在 3 年及以内的 LPR1Y 利率互换交易纳入集中清算，成为全球首家为贷款市场报价利率（LPR）利率互换提供集中清算服务的清算机构。截至 2021 年末，共清算 LPR1Y 利率互换 164 笔，名义本金 132.8 亿元，参与机构 29 家。

LPR 具有按月公布等特点，常规估值方法会产生估值偏差，市场上没有统一公允的估值方法可供参考。因此，LPR 利率互换的估值定价及风险管理一直是市场参与者面临的主要难点，也成为制约交易规模进一步扩大的重要因素。2019 年人民银行改革完善 LPR 形成机制后，上海清算所及时开展了 LPR 利率互换集中清算业务的研发工作，形成曲线构造、公允估值与风控方案。

LPR 利率互换成功纳入集中清算业务，有助于提高利率衍生品市场的透明度，加强衍生品交易风险监控，同时有效降低参与者成本，提高保证金使用效率。该业务的推出将进一步活跃 LPR 相关资产交易，进而发挥衍生品价格发现作用，提高货币政策传导效率，更好地促进 LPR 在市场资源配置中的引导作用。

## 专栏 12 上海清算所新一代综合业务系统顺利上线运行

2021 年 10 月 8 日，上海清算所新一代综合业务系统正式上线运行，首日处理各类业务 15 424 笔、15 118.9 亿元，系统运行平稳，业务处理正常顺利。

新一代综合业务系统业务处理范围包括债券的登记托管、清算结算、债券净额清算、外汇清算等，在现有生产业务系统的基础上进行了全面升级。该系统定位于适应公司中长期发展的高性能综合业务处理平台，通过平台化、易扩展、松耦合等架构设计，达到前瞻、稳定地支持可预测的新增需求及未来新业务开展的目标；通过系统技术平台和业务模型重构，显著提高系统可靠性、可扩展性及处理性能；采用“微服务 + 同城双活”架构部署，使交易处理效率更高、系统应急处理能力更强、用户体验更优。

新一代综合业务系统凭借多项技术创新，实现了系统架构质的飞跃。第一，实现核心系统同城应用双活，提升业务处理能力和系统使用效率，并达到人民银行业务连续性四级标准以及等保三级安全测评。第二，实现分布式微服务架构下业务应用集群，有效提升系统吞吐量和可靠性。第三，通过分布式组件大幅提升系统处理性能，DVP 结算吞吐能力提升 25 倍，单笔延迟下降 70% 以上；热点账户记账性能提升 30 倍；批量提款、大额来账等处理性能提升 5 ~ 10 倍。第四，通过分布式调度设计大幅提高系统自动化程度，实现 18 个业务平台 588 个任务的自动化处理，大幅减少手工操作，降低操作风险。

新一代综合业务系统的投产运行，有效助力上海清算所提升市场服务能力、产品创新能力和风险管理能力，更好地服务上海国际金融中心建设，为国家金融基础设施高质量建设添砖加瓦。

9. 银行卡

持续完善云闪付 App 功能体验，积极引领上海数字化生活。2021 年，银联重点以云闪付 App 为移动支付便民工程和银行业移动支付转型的重要抓手，持续完善功能体验，日益丰富内容服务，同时发挥银联作为清算机构的枢纽协调作用，打造“云闪付网络支付平台”，提供更加顺畅、一致的支付体验。云闪付 App 正式发布 9.0 版，注册用户量突破 4.5 亿。功能体验方面，云闪付 App 完成五个频道及小程序、票券、卡管理、支付等重点功能改造升级，积极响应国家适老化号召，上线云闪付关爱版小程序及云闪付 App 关爱版；为落实党中央和人民银行党委“一人多卡”治理工作部署，联合商业银行开通云闪付 App“一键查卡”服务，支持社会公众查询在多家银行名下银行卡开立及使用状况等信息。

在以上海为核心的长三角地区，银联顺应产业数字化发展趋势，一是积极推进云闪付 App 与上海市政府“随申办”政务服务平台、财税平台等对接，打造银联长三角一体化政务服务专区，提供税款缴纳、公共事业缴费等多种在线服务；二是推进Ⅱ类、Ⅲ类账户互联互通发展，交通银行、浦发银行等近 50 家长三角地区商业银行实现跨行互通合作，在交通、医疗、零售等场景接入全国 200 余个Ⅱ类、Ⅲ类账户行业应用。通过多方位便民利企服务，银联成为连接政府、金融机构、用户、商户的重要桥梁，积极引领上海数字化生活服务发展，助力发挥上海在长三角一体化发展中的龙头带动作用。

积极响应绿色金融发展，发布银联绿色低碳主题银行卡。2021 年，为全面落实中央及人民银行的工作要求，中国银联联合商业银行等产业各方，积极创新绿色金融产品与服务，并于 8 月联合上海环境能源交易所共同发布银联绿色低碳主题卡，进一步推动国内低碳生活观念普及以及碳普惠体系的落地。绿色低碳主题银行卡包含企业版及个人版两套卡产品体系，配套构建银联绿色低碳积分体系，一方面助力企业碳中和转型；另一方面根据用户绿色消费行为贡献，构建银联绿色低碳卡动态权益体系，向企业和社会大众传播碳中和概念。截至 2021 年底，银联已联合农业银行、中国银行、建设银行、交通银行、浦发银行、兴业银行等 10 家商业银行发行 14 款绿色低碳主题卡，权益覆盖公交、地铁、骑行、高铁、新能源车充电、在线缴费等绿色场景。

对外开放方面，一是推动境外发卡与受理网络不断延伸。2021 年，银联加快推动境外本地化发卡，截至年末，在境外累计发卡 1.8 亿张。在阿联酋、俄罗斯、肯尼亚、菲律宾等地，银联卡不仅提供支付功能，还成为当地居民的工资卡、学生卡、市民卡，为境外本地居民提供多样化综合支付服务。在中亚等“一带一路”沿线地区，银联卡发卡业务快速发展，其中哈萨克斯坦 2021 年的银联卡发卡量超过 300 万张，交易规模增长超过 25%；乌兹别克斯坦有 20 多家本地银行发行银联卡，合计发行超过 80 万张。同时，银联持续扩大境外银行卡受理网络规模，2021 年受理网络已延伸至全球 180 个国家和地区，累计开通商户超过 6 700 万户。亚太、非洲、北美、欧洲地区的银联卡受理覆盖率均已超过 70%，其中“一带一路”沿线 123 个国家和地区开通银联卡受理。疫情期间，银联在中亚、非洲、东南亚等市场进一步强化与政府部门合作，协助当地政府发行疫情补助卡、军人社保卡、劳工卡等产品，助推金融普惠。此外，银联积极加强境外“非接触”及线上支付场景建设，针对疫情不断优化受理网络。

二是完善面向境外的产品建设，加快拓展创新移动支付产品在境外的应用。2021 年云闪付在境外市场及跨境支付中的应用稳步发展，不仅实现中国香港乘车码、云闪付 App 支持境外人士证件实名绑卡支付、云闪付境外一键推卡、云闪付反洗钱系统、境外拉新工具等功能上线，持续加强跨境内容接入与运营，而且持续推动斐济、土耳其、阿联酋、英国、法国、德国、意大利等 13 个境外地区的云闪付 App 全新内容上线及丰富商户信息，并持续更新境外优惠信息和活动。同时，银联持续将多样化的移动支付服务向全球推广。截至 2021 年末，全球受理银联卡的 180 个国家和地区中，已有超过半数支持二维码、手机 NFC 等银联移动支付服务。以银行卡受理网络建设为基础，中国香港和澳门、南太平洋、东南亚等地区落地了 100 多个银联标准电子钱包，涵盖云闪付 App、二维码钱包及手机 Pay 等多种产品，为境外居民提供便捷的移动支付服务，境外银联标准钱包在 2021 年上半年的交易规模同比翻倍。

三是持续助力境外国家和地区金融基础设施建设，积极参与国际金融基础设施相关标准制定。在前期参与成立泰国本地转接网络 TPN，建设老挝国家银行卡支付系统等项目的基础上，银联自 2021 年以来继续推进与塞舌尔政府沟通本地转接网络建设需求，加快推进与保加利亚国家转接网络 Borica 的受理合作。此外，在前期协助老挝国家银行卡支付系统的基础上，积极推动其移动支付系统项目的建设，以银联技术和标准进行数字化赋能，支持其实现转账、二维码移动支付等功能。同时，银联在 ISO、EMVCo、PCI 等国际标准组织中积极参与标准制定工作，持续推进相关国际金融基础设施的搭建，为银联产品进入相关境外市场及在当地的业务发展做好技术铺垫，为数字支付相关前沿技术的国际接轨及推广做好标准方面的储备，实现中国支付产品、品牌和标准共同“走出去”。

### 10. 人民币跨境支付业务

2021 年，CIPS 共处理支付业务 334.2 万笔，金额 79.6 万亿元，同比分别增长 51.6% 和 75.8%（见表 2-9）。其中，涉及债券通“北向通”资金结算 7.2 万笔，金额 6.5 万亿元，同比分别增长 24.9% 和 35.6%；涉及债券通“南向通”（2021 年 9 月开通）人民币资金结算 345 笔，金额 170.7 亿元，港元资金结算 38 笔，金额 32.4 亿港元。

2021 年，CIPS 新增直接参与者（直参）33 家，包括 2 家境内银行、1 家境内金融基础设施（中国银联）、1 家境外金融基础设施（香港债务工具中央结算系统），以及 29 家中资银行境外分支机构；新增间接参与者（间参）134 家。截至 2021 年底，CIPS 已连接境内外 1 259 家银行和金融基础设施，包括 75 家直接参与者（其中，境内中资银行 20 家、外资银行 13 家、境外银行 35 家、金融基础设施 7 家）和 1 184 家间接参与者，覆盖全球 103 个国家和地区，系统实际业务可触达全球 178 个国家和地区的 3 600 多家法人银行机构

（包括“一带一路”沿线 61 个国家和地区的 1 200 多家银行机构），服务的境内外终端用户（企业）超过 110 万家。

表 2–9　CIPS 历年业务情况

| 年份 | 工作日（天） | 笔数（万笔） | 同比增速（%） | 金额（万亿元） | 同比增速（%） |
|---|---|---|---|---|---|
| 2015 | 62 | 8.7 | — | 0.5 | — |
| 2016 | 250 | 63.6 | — | 4.4 | — |
| 2017 | 249 | 125.9 | 97.9 | 14.6 | 233.7 |
| 2018 | 252 | 144.2 | 14.6 | 26.5 | 81.8 |
| 2019 | 250 | 188.4 | 30.6 | 33.9 | 28.3 |
| 2020 | 249 | 220.5 | 17.0 | 45.3 | 33.4 |
| 2021 | 250 | 334.2 | 51.6 | 79.6 | 75.8 |
| 累计 | 1 562 | 1 085.5 | — | 204.6 | — |

数据来源：CIPS。

为服务好国家金融双向开放和上海国际金融中心建设，跨境清算公司积极推进 CIPS 与在沪金融基础设施互联互通，打通交易、托管、结算环节，便利全球投资者进入上海开展金融市场交易。2021 年 9 月，CIPS 增加港元业务，为债券通“南向通”提供债券交易的人民币和港元资金清算服务。经与中国外汇交易中心、上海清算所、香港债务工具中央结算系统（CMU）等多方协作，从境外投资者更为便利地配置人民币金融资产、更为便捷地进入上海金融市场角度进行业务设计，为境内外投资者通过在沪的 3 家金融基础设施买卖香港与内地债券提供交易、托管、结算直通式服务，助力提升上海人民币金融资产配置中心能级。

## 专栏 13　与在沪机构合作开展产品和技术创新，提升上海金融科技和标准建设“软实力”

标准化是驱动跨境支付清算业务发展的重要力量。跨境清算公司坚持以标准为抓手，以产品为载体，加强标准建设和应用实施“共建”，通过科技赋能，研发标准落地的自动化工具和载体。

在标准建设方面，一方面，积极参与国际标准治理，推动国际标准的国内应用，探索将 ISO 20022 和全球法人识别码（LEI）等国际标准融入跨境业务场景，提升跨境支付效率。另一方面，立足人民币实际业务需要，发布第一项企业标准《跨境支付清算识别符》（CIPS ID）（Q/CIPS 0001—2021），为中国跨境支付市场提供实务规范，健全金融基础设施标准。在此基础上，还制定了《规则标准工作制定指南》《人民币跨境支付系统业务实施指南》《人民币跨境支付系统技术接入指南》等技术业务标准，不断完善企业标准层次和体系，助力丰富“上海标准”。

在标准应用和落地载体方面，经与交通银行通力合作，跨境清算公司创新推出标准收发器，为市场机构提供接入 CIPS 的业务处理平台，赋能银行提升跨境支付效率，并获得“2020 年度上海金融创新成果奖一等奖”。标准收发器基于 ISO 20022 标准和 LEI 体系研发，是符合二十国集团（G20）促进跨境支付路线图规划的典型基础构件，通过复用直参、间参、企业客户现有网络资源，建立点到点安全连接，实现跨境支付一体化处理。以标准收发器为载体，未来还可向银行和企业用户提供支付透镜、汇路优选、风险筛查辅助等一系列增值服务。

在人民银行开展跨境人民币支付领域金融数据交换标准应用试点工作中，跨境清算公司积极推动上海跨境业务市场主体部署标准收发器，将 LEI、人民币跨境支付清算标准广泛应用于各类跨境支付场景，解决跨境支付过程中银企因业务标准不一致而产生的处理差错、效率低下、成本较高等问题，便利银行类机构和进出口企业实时跨境收付。截至 2021 年底，已有 200 多家在沪机构申请使用标准收发器，交通银行、上汽财务、海通证券等均已部署使用标准收发器。

下一步，跨境清算公司将加大标准收发器在沪推广宣传，进一步打通在沪金融机构、企业同境内外企业端到端支付链路，基于统一接口、统一标准实现跨境人民币业务一体化处理，推动 CIPS 业务、标准“走出去”，增强 CIPS 服务在全球范围内的可获得性，在此过程中助力提升上海金融科技和标准建设“软实力”。

## 五、政策支持与金融监管

### （一）政策支持

【支持一体化示范区建设】以“同城化”为重点，支持长三角生态绿色一体化发展示范区（以下简称示范区）创新金融服务方式。上海银保监局与示范区执委会及苏、浙相关金融管理部门先后联合印发《长三角生态绿色一体化发展示范区绿色金融改革实施方案》《长三角生态绿色一体化发展示范区绿色保险实施方案》，为示范区绿色金融协同创新提供政策支持。

【深化自贸区及临港新片区金融改革】持续深化上海自贸区简政放权改革。在现有自贸区内银行保险机构和高管准入已完成“审批改报告”的基础上，取消事后报告的证明材料要求，代之以填表承诺，将材料要求降至最简。拓展自贸区银行业务创新改革试验范围。为更好对接构建新发展格局需要，扩大“上海自贸区银行业务创新监管互动机制”试点领域，由跨境金融拓展至科技和产业金融。落地科技企业员工持股专项贷款试点，支持金融租赁公司拓展项目公司（SPV）租赁物范围。

【支持全球资管中心建设】持续推进银行保险资管机构集聚。2021 年以来，广银理财、浦银理财、上银理财相继获批开业。农业银行、广发银行、恒丰银行、浙商银行、招商银行等总行级资金营运中心先后获批开业。截至年末，全国四家外资控股理财公司均落地上海。

【推动金融支持制造业发展】上海银保监局切实贯彻落实银保监会关于制造业金融

服务工作部署，发布《上海银保监局办公室关于进一步推动上海银行业保险业提升制造业金融服务质效的通知》，推动在“五大领域、七项核心内容、十三个方面”做好金融支持制造业工作并形成任务分解表。压实机构主体责任，持续监测和督促机构落实“提高制造业贷款比重”目标。构建先进制造业贷款统计口径、服务实体经济质效监测评价指标体系，推动机构深入贯彻国家宏观政策和上海市产业战略部署。

【积极贯彻落实房地产宏观调控政策】上海银保监局以“三稳”为目标，形成资金端、需求端、供给端“三端共治”房地产金融监管工作框架，严查重罚抓牢资金端，有扶有控抓实供给端，多措并举抓好需求端。2021年1月，上海银保监局印发《关于进一步加强个人住房信贷管理工作的通知》，要求辖内银行严格落实差别化住房信贷政策，进一步强调加大首付款资金真实性和偿债能力审查、严格信贷资金发放以及用途管控、将违规借款人与违规中介列入“黑名单”等具体监管要求，形成对需求端的警示降温效应。

【严防信贷资金违规流入房市】上海银保监局积极落实《中国银保监会办公厅　住房和城乡建设部办公厅　中国人民银行办公厅关于防止经营用途贷款违规流入房地产领域的通知》要求，牵头市住建委、人民银行上海总部建立联合工作机制，共同开展经营贷违规流入房地产领域专项排查，对贷款违规挪用于购房、外部助贷机构协助走账等问题严厉打击，并主动加强金融监管政策宣导，指导行业探索建立自律惩戒机制。通过打好检查、处罚、整改“组合拳”，整治经营贷违规入房市乱象取得积极成效。

【引导金融支持保障及民生工程建设】上海银保监局以金融供给侧结构性改革为主线，加强房地产集中度管控，引导资金流向保障及民生工程建设领域。通过推动建立“总银团 + 子项目银团”筹组机制，引导银行机构加大旧区改造信贷投放。与上海市房管局建立信贷支持保障房项目名单管理机制，向辖内银行下发需信贷重点支持的保障性住房项目名单。联合上海市住建委等部门出台《关于进一步整顿规范本市住房租赁市场秩序的实施意见》，推动完善住房租赁制度建设。

【持续开展债权人委员会（以下简称债委会）协调工作】根据银保监会工作部署，上海银保监局指导上海市银行同业公会对辖内已成立的19家债委会进行逐户排查，掌握运行情况和风险底数，对协调2年以上未取得实质性进展的债委会开展清理工作。强化债委会“市场化、法治化”定位，继续加强与上海市地方政府的沟通联动，保障债务企业和金融机构等市场主体依法享有的自主决策权。

【抓紧抓实信用风险防范化解】上海银保监局一方面探索有效利用行业力量，组织辖内银行信用风险专家召开专题座谈会，针对辖内存量大、增量大、具有苗头趋势性、创新业务、多领域共振五个方面的信用风险情况进行重点研究，为风险防范化解指明方向；另一方面针对高风险企业在辖内银行的融资情况开展监测，前瞻性做好信用风险防控。

【《关于推进上海国际再保险中心建设的指导意见》印发】2021年8月，银保监会和上海市人民政府联合印发《关于推进上海国际再保险中心建设的指导意见》，从提供高水平制度供给、提高再保险产品供给与创新能力、推进高水平制度性开放、加快建设再保险人才高地四个方面共推出13项重点任务。意见的印发是对7月发布的《中共中央国务院关于支持浦东新区高水平改革开放打造社会主义现代化建设引领区的意见》有关任务要求的落实落细和持续深化，为上海打造国际一流再保险中心提供了制度保障、方向指引和实现路径。

【中国集成电路共保体在临港新片区正式成立】集共体于2021年10月在临港新片区正式成立。集共体的成立是保险业首次集合行业力量破解集成电路保险困局、服务集成电路产业高质量发展的重要举措，有利于探索保险服务集成电路产业新模式。截至2022年5月，集共体已为11家集成电路重点客户提供保险保障服务，累计提供保障金额约5 900亿元。同时，集共体在临港成立了创新实验室，汇聚来自集成电路龙头企业、高校及科研院所、保险机构、再保险机构、中介机构的多行业专家力量，研究提升全产业链风险管控水平。

## （二）金融监管

2021年，上海证监局根据证监会党委、上海市委市政府的决策部署，认真履行维护上海资本市场稳定、推动市场改革创新的职责，牢牢守住不发生系统性风险的底线，把贯彻落实全面深化资本市场改革举措与支持浦东高水平改革开放、上海国际金融中心及人民城市建设等重要任务紧密结合，较好地促进资本市场发挥服务经济高质量发展效能。

持续健全风险防控体系，稳妥推进重点领域及重大个案风险处置。上海证监局更新年度风险防控工作方案，进一步提高风险监测覆盖面和精准度。充分利用金融委办公室地方协调机制、市经济领域防范化解重大风险工作协调机制以及市金融安全工作协调机制，强化关键风险信息的及时互通。与上海国资委、人民银行上海总部共同建立地方国有企业债券风险防控工作协调机制。推动上海市建立央地协作、市区联动的私募风险防控机制，深化与市金融局、公安局、金融法院、市场监管局及人民银行上海总部、上海银保监局等单位的沟通协作，加强私募基金相关风险情报共享，整合比对数据。上海资本市场风险整体可控，重点领域风险总体处于收敛状态，*ST富控已平稳退市，安信信托、国盛期货等个案风险正在稳步推进化解，未发生个体风险向局部、区域转移的情况。

严厉打击违法违规行为，强化“零容忍”执法震慑。上海证监局依法全面从严监管，加大对财务造假、侵占上市公司资金、违规担保、内幕交易、操纵市场、中介机构未勤勉尽责等违法违规行为的打击力度，首次适用新《证券法》严惩上市公司信息披露违法行为。全年查办案件72件，其中立案稽查27件。作出处罚决定19件，共计对37名当事人作出处罚决定，行政罚没款约3 200万元，是2020年的3倍。向公安机关移交涉嫌犯罪案件4件。率先对上海电气进行立案调查。集中查处北特科技、天海防务、*ST鹏起、鹏欣资源等一批上市公司。严肃处理海通证券、申万宏源证券、德邦证券、海通期货、海通资管等证券期货经营机构的违规行为。飞乐音响虚假披露案成为最高院出台代表人诉讼司法解释后，全国首例适用普通代表人诉讼程序的案件。

强化投资者宣传教育，着力营造资本市场良好法治环境。上海证监局加强新《证券法》、《刑法修正案》等法律法规学习宣传，推动上海证券期货金融国际仲裁中心挂牌设立，在全国率先探索证券期货行业仲裁试点。推动将《上海市推进国际金融中心建设条例》修订列入市人大2022年立法工作计划。推动将组建上海投资者保护联盟、建立常态化协作机制等写入市委市政府《上海优化营商环境行动方案4.0版》。联合上海证券交易所、中证中小投资者服务中心、上海市地方金融监管局、上海市公安局5家“上海投保联盟”成员单位召开“3·15”专题新闻发布会，向社会通报上海资本市场投资者保护工作情况，并发布“十大典型案例”。突出“投保+红色党建”“投保+为民服务”“投保+金融科技”3个“投保+”特色，创新开展“5·15”投保宣传系列活动，推动形成全社会关注参与投资者保护的良好氛围和强大合力。全年组织举办各类投资者教育活动1万余场，520.7万人次参与活动，电子投教产品点击量达1.1亿次。

强化资本市场功能发挥，推动上海国际金融中心打造升级版。上海证监局参与制定《上海国际金融中心建设“十四五”规划》。配合市人民政府办公厅出台《关于加快推进上海全球资产管理中心建设的若干意见》。与市发展改革委、市金融局、市财政局、市国资委、市税务局等单位联合印发《关于上海加快打造具有国际竞争力的不动产投资信托基金（REITs）发展新高地的实施意见》，助力上海地方盘活存量资产带动增量投资、提升基础设施运营管理水平，推动基础设施高质量发展。推动上海成功获得资本市场金融科技创新试点及私募股权和创业投资份额转让试点资格。

## 六、国际金融中心建设推进情况

2021年，上海金融业认真贯彻中央支持浦东新区高水平改革开放文件精神，不断强化全球资源配置功能，更好服务全国经济高质量发展，实现“十四五”时期上海国际金融中心建设开好局、起好步。2021年，上海实现金融业增加值7 973.25亿元，同比增长7.5%，占全市生产总值的18.5%，拉动全市经济增长1.4个百分点，占全国金融业增加值的8.7%。上海金融市场直接融资额达18.25万亿元，同比增长3.4%。上海金融市场成交总额达2 511.07万亿元，同比增长10.4%。

### （一）深化金融改革创新

2021年7月，《中共中央　国务院关于支持浦东新区高水平改革开放打造社会主义现代化建设引领区的意见》发布，支持浦东新区打造上海国际金融中心核心区，为上海国际金融中心迈向更高能级提供了重大机遇。国家和上海市层面分别建立协调推进机制，推动有关金融举措细化落地。同月，《上海国际金融中心建设“十四五”规划》发布，为“十四五”时期上海国际金融中心建设明确了发展方向和任务措施，推动上海国际金融中心在基本建成基础上迈向更高能级，更好服务全国经济社会发展。2021年，上海金融市场推出更多面向国际、具有重要影响力的金融产品和业务，持续提升服务实体经济能级，推出原油期权、债券通“南向通”、“大宗商品清算通”、公募基础设施REITs、MSCI中国A50ETF、石油沥青标准仓单等金融创新产品和业务，数字化再保险登记清结算平台全面试点，供应链票据平台正式上线。科创板支持科技创新作用不断发挥，“浦江之光”行动能级进一步提升，科创板基础制度改革不断深化，有力地促进了金融资本和创新资源有机结合。结合城市数字化转型，上海金融领域加快数字化转型步伐，继数字人民币、金融科技创新监管等试点后，资本市场金融科技创新试点（上海）正式启动，人民银行数字货币研究所等在沪设立上海金融科技公司，上海国际金融科技创新中心成立。

## （二）支持实体经济高质量发展

“抗疫惠企28条”“上海金融18条”“金融支持中小微企业26条”等政策持续发挥效力，引导金融机构延续实施灵活的信贷政策。加强银政企对接，推动金融机构优化金融服务。大数据普惠金融应用2.0启动，参与机构类型进一步拓展、数量进一步增加，实现涉农管理、民政管理等公共数据首次向金融机构开放，不断提升普惠金融服务质效，服务企业超过14万户，为超过1 100亿元中小微企业贷款提供数据支撑。绿色金融服务体系持续完善。《上海加快打造国际绿色金融枢纽服务碳达峰碳中和目标的实施意见》发布，是国家提出“碳达峰、碳中和”目标以来省级政府出台的第一个绿色金融文件，支持创新绿色金融产品，推出碳中和债等融资工具，服务绿色投融资需求。保险行业进一步创新发展。银保监会和上海市人民政府联合印发《关于推进上海国际再保险中心建设的指导意见》，上海城市定制型商业补充医疗保险“沪惠保”上线。金融机构创新产品服务，扩大中长期贷款、信用贷款规模，为电子信息、生命健康、汽车、高端装备、新材料等重点产业提供高质量金融支持；支持产业发展和社会民生，为“3+6”新型产业提供全生命周期综合金融服务，加大对智慧城市建设和文化、养老等领域的金融支持力度。

## （三）推动金融高水平制度型开放

深化自贸试验区及临港新片区金融开放创新，推进落实“金融30条”，研究临港新片区更大程度压力测试等有关举措，研究开展跨境贸易投资高水平开放试点，2021年拓展4批自由贸易账户，累计近7 800家企业。国内外知名金融机构加快在沪布局，“首家”“首批”示范效应明显。全国首家外商独资公募基金管理公司——贝莱德基金管理有限公司、第三家新设外资控股券商——星展证券（中国）有限公司、第二家外资控股合资理财公司——贝莱德建信理财有限责任公司正式开业，摩根大通证券（中国）有限公司成为全国首家外商独资证券公司，高盛工银理财有限公司、施罗德交银理财有限公司、富达基金管理（中国）有限公司、路博迈基金管理（中国）有限公司等机构获批筹建，中德安联人寿、汇丰人寿成为全国前两家合资转外商独资寿险公司，广银理财获批开业。《关于加快推进上海全球资产管理中心建设的若干意见》发布，是我国首个由省级政府层面出台的支持银行理财、信托、证券、基金、保险、私募、期货等大资管行业发展的综合性文件。上海正在逐步成为资产管理领域要素集聚度高、国际化水平强、生态体系较为完备的综合性、开放型资产管理中心。

## （四）防范化解金融风险

地方金融监管制度体系不断完善，《上海市小额贷款公司监督管理办法》《上海市融资担保公司监督管理办法》《上海市融资租赁公司、商业保理公司涉个人客户相关业务规范指引》《上海市融资租赁公司监督管理暂行办法》等行业监管细则相继出台。扎实有效开展地方金融监管，开展地方金融组织行业非现场监管、现场检查、年审、监管评级等，引导地方金融组织依法合规经营。上海市地方金融监督管理信息平台上线。营造良好政策环境，吸引优质企业集聚发展。发挥行业协会作用，加强行业自律。按照依法稳妥、统筹兼顾、精准拆弹、综合施策的工作方针，积极配合中央金融管理部门稳妥处置重大个案风险，协调推动“一事一案一专班”属地工作机制高效运行。互联网金融存量风险显著压降。贯彻落实《防范和处置非法集资条例》，发布《上海市〈防范和处置非法集资条例〉实施意见》，全市新发非法集资案件涉案金额、参与人数大幅下降，风险继续呈现下降趋势，总体不断收敛。

### （五）优化金融营商环境

境内外金融合作交流与宣传推介不断深化。“第十三届陆家嘴论坛（2021）”召开，上海国际金融中心专家咨询委员会议（SIFAC）外方委员会议、金融法治国际研讨会等论坛配套活动成功举办，论坛作为国内最具影响力的金融领域高端对话平台和国家金融管理部门释放重要信号、对外发声平台的定位进一步强化。金融法治建设持续加强。积极探索推动浦东新区绿色金融立法，在绿色金融发展等领域，研究推动浦东新区法规出台。金融机构和人才服务进一步优化，支持金融机构在沪展业发展，上海金融创新奖品牌影响力持续扩大。

## 七、金融消费权益保护工作情况

### （一）投诉受理

持续做好金融消费者投诉管理工作，确保疫情防控常态化条件下金融消费者诉求表达、利益协调、权益保障渠道畅通。压紧压实金融机构投诉处理主体责任，督促金融机构及时依法有效处置投诉，切实保护金融消费者合法权益。不断提升12363金融消费权益保护投诉咨询电话接听服务水平，密切关注投诉咨询热点问题，及时回应群众关切，妥善解决消费者“急难愁盼”问题。强化科技赋能投诉数据分析，对投诉热点业务进行风险提示，及早识别、预警共性问题和风险，督促、指导金融机构做好溯源整改。积极推进上海金融纠纷多元化解机制建设，大力推广金融纠纷在线调解新模式，完善中国金融消费纠纷调解网与人民法院调解平台“总对总”全流程在线诉调对接模式，落实长三角地区金融消费纠纷非诉解决合作机制。指导上海市金融消费纠纷调解中心通过设置区域调解工作站、推广在线调解模式等方式简化工作流程，扩大调解服务覆盖范围，提升纠纷化解质效。2021年全年，上海市金融消费纠纷调解中心累计完成纠纷调解5 516件，同比增长64.76%，助力金融纠纷高效便捷化解。

### （二）监督检查

持续严格依法合规开展金融消费权益保护监督检查工作。按照年度消保执法检查计划，严格执法程序，加大执法力度，依法合规开展消保执法检查，特别是加大对消费者金融信息保护、金融营销宣传、信息披露与知情权保障等“关系群众切身利益”重点领域的执法力度，严厉打击侵害金融消费者合法权益的违法违规行为。联合有关部门持续加大对有关金融广告和营销宣传行为监管文件的宣传解读力度，督促金融机构守法合规开展金融营销宣传活动。2021年监测处理疑似违法违规金融营销宣传线索429条次，并依托上海市整治虚假违法广告专项行动联席会议机制推进线索处置工作。发挥柔性监管作用，积极开展消保评估，指导督促金融机构提升消保工作的自觉性、主动性、创造性。

### （三）金融消费者教育

统筹资源，联合开展金融宣传教育活动。组织和引导金融机构通过线上线下相结合的方式，妥善开展2021年“3·15”金融消费者权益日、6月“普及金融知识 守住‘钱袋子’”、9月“金融知识普及月 金融知识进万家 争做理性投资者 争做金融好网民”活动，增强公众的金融风险意识和自我保护能力，促进居民金融素养的提升。组织开展上海市消费者金融素养问卷调查，结果显示，上海市消费者金融素养水平总体较高，金融素养指数为70.8,比全国金融素养指数高3.99。按照《中国人民银行办公厅关于开展金融教育示范基地建设试点工作的指导意见》（银办发〔2020〕126号）的要求，探索培育金融教育示范基地。指导相关金融机构结合实际持续推动金融知识纳入国民教育体系，为中小学生送去金融课堂，实现金融教育抓早抓小，培养具有高水平金融素养的未来公民。

## 八、法制建设情况

2021年是“十四五”规划开局之年，也是上海国际金融中心在2020年基本建成后向更高目标发展的起步之年。虽然受到新冠肺炎疫情冲击、世界经济衰退影响、地域政治等变局困扰，但我国金融业发展稳中有进，市场持续保持活力，上海作为中国金融市场的“领头雁”，金融改革与创新走在前列，不断拓展金融国际化路径。同时，继续完善金融立法与执法，持续优化上海国际金融中心的法治环境。

### （一）国家金融法制持续完善，夯实金融中心环境基础

2021年，我国金融改革开放持续深化。9月，银保监会办公厅印发《中国银保监会办公厅关于资产支持计划和保险私募基金登记有关事项的通知》，将资产支持计划和保险私募基金由注册制改为登记制，深化保险资金运用市场化改革，提高服务实体经济质效。11月，银保监会印发《中国银保监会关于银行业保险业支持高水平科技自立自强的指导意见》，深入贯彻党中央、国务院关于完善金融支持创新体系的决策部署，推动银行业保险业优化科技金融服务，支持高水平科技自立自强，提出要完善科技金融服务体系，创新科技金融产品和服务等。

银保监会出台《中国银保监会关于修改〈中华人民共和国外资保险公司管理条例实施细则〉的决定》《中国银保监会办公厅关于境内保险公司在香港市场发行巨灾债券有关事项的通知》《中国银保监会办公厅关于明确保险中介市场对外开放有关措施的通知》，进一步扩大保险业对外开放。人民银行发布《关于开展内地与香港债券市场互联互通南向合作的通知》，规范开展内地与香港债券市场互联互通南向合作，便利境内债券市场机构投资者有序配置全球债券，推动我国债券市场稳步实现高水平双向开放。另外，中国国债正式纳入富时世界国债指数（WGBI），纳入过程将分步骤在36个月内完成，届时中国国债占WGBI的权重将达5.25%。至此，我国国债已被全球三大主流债券指数纳入。

乡村振兴战略是党的十九大提出的一项重大战略，是关系全面建设社会主义现代化国家的全局性、历史性任务。2021年2月21日，《中共中央 国务院关于全面推进乡村振兴加快农业农村现代化的意见》发布，指出要坚持把解决好“三农”问题作为全党工作重中之重，把全面推进乡村振兴作为实现中华民族伟大复兴的一项重大任务。6月1日《中华人民共和国乡村振兴促进法》正式实施，为金融资本助力乡村振兴提供法律保障。在乡村振兴战略指导下，2021年我国出台多项金融政策支持乡村振兴。4月2日，中国银保监会办公厅发布《关于2021年银行业保险业高质量服务乡村振兴的通知》（银保监办发

〔2021〕44号），提出银行业保险业服务乡村振兴应当优化“三农”金融服务体系和机制、强化关键领域金融供给、创新涉农金融产品和服务方式等八项具体要求，助力乡村实体经济建设。5月18日，为切实做好新型农业经营主体金融服务工作，人民银行、中央农办、农业农村部、财政部、银保监会、证监会联合发布《关于金融支持新型农业经营主体发展的意见》（银发〔2021〕133号），提出增强新型农业经营主体金融承载力、创新新型农业经营主体专属金融产品和服务等十二项意见。人民银行、银保监会制定了《金融机构服务乡村振兴考核评估办法》（公告〔2021〕第7号），引导更多金融资源配置到农村经济社会发展的重点领域和薄弱环节，更好地满足乡村振兴多样化金融需求。

小微企业、个体工商户是“十四五”时期经济社会发展开好局、起好步的关键一环。按照中央经济工作会议关于继续做好“六稳”“六保”工作、强化普惠金融服务、增加小微企业和个体工商户活力的决策部署，中国银保监会办公厅2021年4月发布《关于2021年进一步推动小微企业金融服务高质量发展的通知》，提出以信贷投放为抓手，确保稳定高效的增量金融供给；以支持创新为出发点，全面优化金融供给结构；做优机制体制和专业能力，实现敢贷愿贷、能贷会贷；多措并举盘活存量信贷资源，提高金融供给效率等要求。6月24日，人民银行、银保监会、发展改革委、市场监管总局联合发布《关于降低小微企业和个体工商户支付手续费的通知》，进一步引导支付行业向实体经济让利，降低市场主体经营成本，优化实体经济发展环境。人民银行发布《中国人民银行关于深入开展中小微企业金融服务能力提升工程的通知》，要求加大对中小微企业的信贷投放，优化对个体工商户的信贷产品服务，扩大普惠金融服务覆盖面，同时强调，各银行业金融机构要将贷款市场报价利率内嵌到内部定价和传导相关环节，提升贷款差异化、精细化定价水平，强化负债成本管控能力等。随后，人民银行新增3 000亿元支小再贷款额度，加大对中小微企业纾困帮扶力度，有效地调动了地方法人银行的积极性，撬动小微企业贷款较快增长。《国务院办公厅关于印发加强信用信息共享应用促进中小微企业融资实施方案的通知》发布，小微企业融资呈现“量增、面扩、价降”的态势，企业融资便利性得到较大幅度提升。

2021年我国绿色金融发展迅猛，一系列政策法规陆续出台。4月，人民银行、发展改革委、证监会出台《关于印发〈绿色债券支持项目目录（2021年版）〉的通知》（银发〔2021〕96号），更新绿色债券支持项目，统一绿色债券支持标准。7月，人民银行再次发布绿色金融标准，包括《金融机构环境信息披露指南》和《环境权益融资工具》两项行业标准，填补了相关领域绿色金融行业标准的空白，助推完善绿色金融体系。5月，为提升金融支持绿色低碳高质量发展的能力，优化绿色金融激励约束机制，人民银行发布了《关于印发〈银行业金融机构绿色金融评价方案〉的通知》，要求人民银行分支机构结合实际制定辖区内银行业金融机构（法人）绿色金融评价实施细则并做好评价工作，积极探索拓展评价结果应用，着力提升银行业金融机构绿色金融绩效。

证券方面，2021年1月，证监会发布《公开募集证券投资基金运作指引第3号——指数基金指引》，强化管理人专业胜任能力和指数质量要求，聚焦投资者保护与风险防控，强化产品规范运作。《证券市场资信评级业务管理办法》将原证券评级业务行政许可改为备案管理，鼓励优质机构开展证券评级业务，不断提升评级质量和执业能力，促进市场高质量发展。5 月，证监会发布《关于完善全国中小企业股份转让系统终止挂牌制度的指导意见》，建立常态化、市场化的退出机制，形成“有进有出”的市场生态，明确新三板终止挂牌制度建设基本原则，健全主动终止挂牌制度等。7 月，证监会发布《关于注册制下督促证券公司从事投行业务归位尽责的指导意见》，要求建立健全监管工作机制，完善制度规则，全面强化立体追责，强化机构内部控制和激励约束机制等。10 月 30 日，证监会发布《北京证券交易所向不特定合格投资者公开发行股票注册管理办法（试行）》，11 月 15 日北京证券交易所正式开市，81 家中小企业成为首批上市公司，这是我国资本市场改革发展的又一标志性事件，为创新型中小企业提供了进入资本市场的新通道，有力地支撑了国家创新引领战略。11 月，国务院发布《证券期货行政执法当事人承诺制度实施办法》，确立了以当事人承诺制度为核心的“行政和解”。

商业银行方面，银保监会办公厅、人民银行办公厅 2021 年 1 月 13 日联合发布《关于规范商业银行通过互联网开展个人存款业务有关事项的通知》，强调商业银行应当强化互联网渠道存款销售管理、采取有效技术手段维护金融安全等。1 月 28 日，银保监会办公厅、人民银行办公厅印发《关于简化提取已故存款人小额存款相关事宜的通知》，规定了符合条件的已故存款人的继承人申请提取小额存款的手续。3 月 12 日，人民银行发布《中国人民银行公告〔2021〕第 3 号》，规定所有贷款产品均应明示贷款年化利率，以实现维护贷款市场竞争秩序、保护金融消费者合法权益等。9 月，人民银行、网信办、最高人民法院、最高人民检察院、工信部、公安部、市场监管总局、银保监会、证监会、外汇局联合发布《关于进一步防范和处置虚拟货币交易炒作风险的通知》，明确虚拟货币和相关业务活动本质属性，建立健全应对虚拟货币交易炒作风险的工作机制，加强虚拟货币交易炒作风险监测预警等，维护经济金融秩序，打击赌博、非法集资、诈骗、传销、洗钱等违法犯罪活动，保障人民群众财产安全。

外汇方面，2021 年 1 月 2 日，国家外汇管理局发布《国家外汇管理局关于修订〈银行间外汇市场做市商指引〉的通知》，进一步优化银行间外汇市场做市商管理。1 月 11 日，发布《国家外汇管理局行政许可实施办法》，落实国务院深化“放管服”改革要求，规范外汇管理行政许可行为。11 月，印发《国家外汇管理局关于印发〈外汇市场交易行为规范指引〉的通知》（汇发〔2021〕34 号），规范外汇市场发展，促进外汇市场诚信、公平、有序、高效运行，维护外汇市场参与者合法权益。

为促进企业跨境融资，控制跨境融资风险，2021 年 1 月 7 日，中国人民银行、国家外汇管理局发布《关于调整企业跨境融资宏观审慎调节参数的通知》，下调企业的跨境融资宏观审慎调节参数。1 月 20 日，中国人民银行、国家外汇管理局制定了《银行跨境业务反洗钱和反恐怖融资工作指引（试行）》，规定对境内外机构、个人发生的跨境本外币收支活动和境内外汇经营活动，银行负有客户尽职调查义务、业务风险识别与尽职审查义务，并明确银行的报告制度和资料留存要求，以及银行内部控制要求等。

## （二）上海持续优化营商环境，保障金融中心深化建设

2021 年 7 月，《中共中央　国务院关于支持浦东新区高水平改革开放打造社会主义现代化建设引领区的意见》印发，提出“深入推进高水平制度型开放，增创国际合作和竞争新优势”“增强全球资源配置能力，服务构建新发展格局”等任务要求，以及“到 2035 年，浦东现代化经济体系全面构建，现代化城区全面建成，现代化治理全面实现，城市发展能级和国际竞争力跃居世界前列。到 2050 年，浦东建设成为在全球具有强大吸引力、创造力、竞争力、影响力的城市重要承载区，城市治理能力和治理成效的全球典范，社会主义现代化强国的璀璨明珠”的发展目标。上海市人民代表大会常务委员会出台《关于加强浦东新区高水平改革开放法治保障制定浦东新区法规的决定》，上海市人民政府发布《关于加强浦东新区高水平改革开放法治保障的决定》等，落实国家对浦东新区高水平改革开放的战略部署。此后，陆续推出《上海市浦东新区深化“一业一证”改革规定》《上海市浦东新区市场主体退出若干规定》《上海市浦东新区建立高水平知识产权保护制度若干规定》等规范，为浦东新区打造社会主义现代化建设引领区提供法治保障。

2021 年，《上海市加强改革系统集成持续深化国际一流营商环境建设行动方案》《上海市人民政府关于印发〈上海市营商环境创新试点实施方案〉的通知》《上海市人民政府办公厅关于进一步落实优化营商环境重点任务举措的通知》接连出台，着力打造市场化、法治化、国际化一流营商环境，并发布《市场监管领域轻微违法违规经营行为免罚清单（二）》等一系列配套文件。新修订的《上海市优化营商环境条例》实施生效，持续优化营商环境，激发市场主体活力，着力打造全球化经济中心城市。

2021 年，上海市人民政府印发《上海市人民政府关于我市促进综合保税区高质量发展的实施意见》，陆续推出《上海市人民政府关于印发〈中国（上海）自由贸易试验区临港新片区发展“十四五”规划〉的通知》《上海市人民政府关于印发〈上海国际金融中心建设“十四五”规划〉的通知》《上海市人民政府关于印发〈虹桥国际开放枢纽中央商务区“十四五”规划〉的通知》，结合“十四五”规划，全面推动上海深化改革开放，为上海国际金融中心高水平建设奠定基础。

上海精准实施金融监管，为金融安全保驾护航。2021 年 5 月，上海银保监局发布《上海银保监局关于印发〈上海保险专业中介机构合规管理暂行办法〉的通知》，明确规定了董事会 / 执行董事和总经理的合规职责，合规部门、岗位分类设置要求，强调合规管理的三道防线与外部监督，加强上海辖内保险专业中介机构合规管理。10 月底，《上海银保监局关于印发〈中国（上海）自由贸易试验区及临港新片区银行业机构和高管准入管理实施细则（2021 年）〉的通知》发布，简化区内机构准入方式，简化区内高管准入方式，深化简政放权，激发市场主体活力，深化行政审批制度改革，加快银行业监管职能转变，积极探索监管模式创新。随后，上海银保监局发布《上海银保监局关于印发〈上海银行保险机构从业人员监管信息管理办法〉的通知》，明确上海银行保险机构从业人员监管信息报送、信息管理及信息使用等工作要求，强化从业人员行为管理。上海市人民政府办公厅发布《上海市人民政府办公厅关

于印发〈上海市市场监管现代化“十四五”规划〉的通知》，强调大监管协同体系，推进长三角一体化监管，服务上海重大战略实施。

2021 年，上海新增持牌金融机构 58 家，金融市场交易总额突破 2 500 万亿元，同比增长 10.4%。国际贸易中心能级大幅提升，口岸贸易总额保持世界城市首位，亚太示范电子口岸网络拓展至 24 个成员口岸，千亿级大宗商品交易平台达到 7 家。

## （三）规范结合规划明确新目标，国际金融中心建设再出发

### 1. 国际金融中心建设再出发

2020 年后，上海国际金融中心建设向提升能级发展。2022 年 3 月 24 日，“第 31 期全球金融中心指数报告（GFCI 31）”发布，从营商环境、人力资本、基础设施、金融业发展水平、声誉等方面对全球主要金融中心进行了评价和排名，上海位居第四，顶级金融中心格局相对稳定。

2021 年 7 月 28 日，上海市人民政府发布《上海市人民政府关于印发〈上海国际金融中心建设“十四五”规划〉的通知》，提出“到 2025 年，上海国际金融中心能级显著提升，服务全国经济高质量发展作用进一步凸显，人民币金融资产配置和风险管理中心地位更加巩固，全球资源配置功能明显增强，为到 2035 年建成具有全球重要影响力的国际金融中心奠定坚实基础”的总体目标。具体要完善金融服务体系，增强对科技创新和实体经济的服务能力，深化金融改革创新，完善金融市场体系、产品体系、机构体系、基础设施体系，扩大金融高水平开放，强化全球资源配置功能，等等。

上海市人民政府办公厅印发《关于加快推进上海全球资产管理中心建设的若干意见》，强调发挥金融市场基础作用、增强全球资源配置能力、扩大行业对外开放、提升资产管理国际化水平等多项重点任务，加大开放力度，对标国际，提高资金供给效率，支持经济高质量发展。众多知名金融机构在沪布局，发挥集聚效应，提升金融市场国际化水平。

银保监会和上海市人民政府联合发布《关于推进上海国际再保险中心建设的指导意见》，明确推进上海再保险市场发展的战略部署，坚持服务实体经济，坚持高水平对外开放，加强改革系统集成。2021 年 10 月 26 日，上海保险交易所数字化再保险登记清结算平台向全球发布，填补了全球再保险基础设施空白。

上海市人民政府办公厅发布《关于印发〈上海加快打造国际绿色金融枢纽服务碳达峰碳中和目标的实施意见〉的通知》，提出要加强绿色金融市场体系建设，创新绿色金融产品业务，健全绿色金融组织机构体系，营造良好绿色金融发展环境等，助力实现“双碳”目标。

### 2. 自贸区临港新片区金融再创新

中国（上海）自由贸易试验区建设是国家战略，是深化改革、扩大开放、顺应全球经贸发展新趋势的重大举措，重在提升软实力。

2021 年 12 月，国家外汇管理局印发了《关于在上海自由贸易试验区临港新片区等部分区域开展跨境贸易投资高水平开放试点的通知》（汇发〔2021〕35 号）。国家外汇管理局上海市分局于 2022 年 1 月 29 日发布了试点实施细则，推动试点落地生效。2021 年，上海银保监局发布《中国（上海）自由贸易试验区及临港新片区银行业机构和高管准入

管理实施细则（2021年）》《中国（上海）自由贸易试验区及临港新片区保险分支机构设立、迁址、撤销事后报告管理办法》等，进一步简化行政许可审批流程，持续激发市场主体活力，优化市场准入服务，着力打造“透明、便捷、高效”的市场准入环境。

2021年，中国（上海）自由贸易试验区临港新片区管理委员会发布《中国（上海）自由贸易试验区临港新片区企业研发创新机构认定管理办法》和《中国（上海）自由贸易试验区临港新片区企业研发创新机构专项奖励实施细则》，分别明确临港新片区企业研发创新机构认定、调整、撤销等一系列制度，落实创新驱动发展战略；明确企业研发创新机构专项奖励的对象、资金来源及使用原则、奖励额度及程序等，鼓励企业加强自主创新能力建设，加大研发投入、增强创新活力，加快建设具有全球影响力的科技创新中心。

2021年7月27日，上海市发展和改革委员会发布《关于印发〈中国（上海）自由贸易试验区临港新片区企业投资项目承诺制改革试点实施方案〉的通知》，强化市场主体责任，持续优化政务服务，深入推进投融资体制改革，在临港新片区试点企业投资项目承诺制，探索构建政府定标准、企业做承诺、过程强监管、失信严惩戒的管理模式，切实落实企业投资主体地位，优化政务服务，创新和加强事中事后监管，形成可复制、可推广的改革经验，不断完善市场化法治化国际化营商环境，推动经济高质量发展。

### 3. 金融科技中心建设与科创金融再升级

上海致力于培育一批创新性强、应用性广、示范性好的金融科技创新项目，助力上海打造金融科技创新应用和产业集聚高地，探索“金融新基建”上海模式。2021年12月，证监会发布《关于开展资本市场金融科技创新试点（上海）工作的通知》，探索建立统筹协调、科学有效的资本市场金融科技监管体制机制，综合运用专家评估、信息披露、社会监督、行业监管等手段，开展资本市场金融科技创新试点，打造包容审慎的金融科技监管环境，促进形成金融科技健康发展的良好生态。11月，上海市黄浦区出台《关于落实〈外滩金融集聚带关于加快推进金融科技发展的实施意见〉的实施细则（试行）》，推动金融科技产业聚集、金融科技产业创新与应用，完善金融科技产业发展环境。

上海抓住科技发展机遇，2021年出台一系列政策文件，加快国际科创中心建设和金融服务科创中心。上海市委、市政府2020年底发布了《关于全面推进上海城市数字化转型的意见》，要求科学有序全面推进城市数字化转型等，巩固提升城市能级和核心竞争力，构筑上海未来新的战略优势。2021年11月25日，上海市十五届人大常委会第三十七次会议通过《上海市数据条例》。7月，为加快建设人工智能“上海高地”，上海市经济信息化委、市场监管局发布《关于印发〈关于推进本市新一代人工智能标准体系建设的指导意见〉的通知》，提出统筹人工智能标准化体系、加快重点领域标准研制等任务。9月，上海市科学技术委员会、上海市地方金融监督管理局、上海银保监局联合发布《关于试点科创助力贷工作的通知》，持续优化科技金融生态，发挥金融在科技创新发展过程中的助推作用。12月，上海银保监局、上海市科学技术委员会发布《关于进一步做好科技型中小微企业贷款履约保证保险工作的意见》，提出保险公司提升保险管理水平、加大对科技型中小微企业保险支持力度、优化保险承保流程、完善考核评价机制、加强沟通配合等要求，缓解中小微企业融资难、融资贵的问题，推动上海市科技型中小微企业贷款履约保证保险高质量发展。

## （四）提升金融司法保障，健全纠纷解决机制

### 1. 金融审判工作成绩斐然

2021 年，上海金融法院共受理各类金融案件 9 146 件，审结 9 149 件，同比分别上升 41.08% 和 40.54%，涉案标的额 2 880.50 亿元人民币，案件结收比 100.03%。其中多起案例入选《最高人民法院公报》、全国法院十大商事、行政执行等典型案例。1 月 11 日，上海金融法院正式发布《关于证券纠纷示范判决机制的规定》2.0 版，对 2019 年 1 月出台的全国首个关于证券纠纷示范判决机制的规定进行全面升级。2021 年 4 月 20 日，上海金融法院与上海证监局签署《关于完善资本市场法治建设的合作意见》，就进一步加强与完善资本市场的法治建设达成合作。4 月 22 日，最高人民法院发布《关于修改〈关于上海金融法院案件管辖的规定〉的决定》（法释〔2021〕9 号），增加了上海金融法院对跨境证券纠纷以及新类型金融纠纷的管辖权，为上海金融法院聚焦建设国际一流金融法院目标，立足金融改革开放前沿的区位优势，不断提升国际金融中心的制度性开放水平和规则竞争力，服务和保障国家金融战略实施提供有力支持。上海金融法院拟定中英文版本《跨境金融交易管辖权和法律适用示范条款》，扩大了我国对国际金融交易规则的解释权和话语权。

2021 年 4 月 17 日，上海市高级人民法院颁布了《上海市高级人民法院关于群体性金融纠纷示范判决机制的规定》，明确法院在处理群体性金融纠纷中，可选取具有共通事实和法律争点的案件先行审理、先行判决，通过发挥示范案件的引领作用，妥善化解平行案件的纠纷解决机制。

2021 年 5 月 31 日，上海市高级人民法院发布中英文版《2020 年度上海法院金融商事审判情况通报》《2020 年度上海法院金融商事审判十大案例》《2016—2020 年上海法院涉地方金融组织纠纷案件审判情况通报》等上海法院金融商事审判白皮书。2020 年上海法院受理的金融商事案件数量有所下降，一年共受理一审金融商事案件 179 258 件，同比下降 6.91%；标的额人民币 1 806.04 亿元，同比下降 18.58%。

2021 年 9 月 26 日，上海市浦东新区人民法院发布《涉自贸试验区金融借款纠纷审判白皮书》，内容包括关于金融审判服务保障引领区建设若干意见，以及通报 2018—2020 年涉自贸试验区金融借款纠纷审判情况。

2021 年 11 月 4 日，上海金融法院与南京中院、杭州中院、合肥中院、苏州中院共同签署了《长三角区域金融司法合作协议》，建立金融司法协作机制、疑难案件共同研商机制、类案问题合作研究机制、金融审判经验交流机制以及金融法官培训交流机制，为长三角一体化高质量发展提供优质的金融司法服务和保障。

### 2. 严厉打击金融犯罪

上海市人民检察院与上海市公安局、上海市高级人民法院、中国人民银行上海总部、上海海关缉私局、上海海警局于 2020 年末签订了《反洗钱专项工作制度合作备忘录》，建立健全预防打击洗钱违法犯罪的 8 项工作合作机制。

2021 年 5 月 13 日，上海市人民检察院发布《2020 年度上海金融检察白皮书》和《2020 年度上海检察机关惩治金融犯罪典型案例》，指出金融犯罪案件呈现以下特点：非法集资

案件多年来首次下降，但总量仍占比较高；证券期货领域频现新型案件，罪名呈多元化态势；洗钱犯罪多发，掩饰、隐瞒资金手段方法不断翻新；非法经营金融业务类案件上升，金融犯罪黑灰产业链分工更趋细化。

2021年7月22日，上海市人民检察院发布《上海市检察机关服务保障浦东新区高水平改革开放打造社会主义现代化建设引领区的实施意见》，涵盖5个方面，共19项举措，以建立和完善与支持浦东先行先试相适应的检察保障体系。依法加大对影响和破坏浦东发展稳定的各类刑事犯罪的打击惩治力度，不断完善与更大力度改革相匹配的检察环节风险防控体系，全面维护国家政治安全、经济安全、金融安全、网络安全、数据安全。

2021年7月30日，上海市人民检察院召开全市反洗钱专项工作推进会，强调强化多方协作联动，依法严惩洗钱犯罪，切实维护金融安全和经济社会秩序，为上海建设国际金融中心保驾护航。10月21日，上海市人民检察院召开洗钱犯罪司法实务疑难问题研讨会，围绕"上游犯罪所得及其收益的范围""上游犯罪共犯和洗钱罪的区分""自洗钱入罪对共同犯罪认定的影响"等反洗钱犯罪工作中的疑难问题进行了研讨。2021年，上海市人民检察院完善对洗钱上游犯罪案件同步审查、"一案双查"机制，对洗钱犯罪批捕18人、起诉40人，并就办理的全国首例利用虚拟货币洗钱犯罪案件，向国际组织介绍中国经验。

**3. 完善金融纠纷多元化解机制**

上海市金融消费纠纷调解中心不断创新多元解纷工作模式，提升金融纠纷调解服务的时效性。2021年，调解中心累计完成调解5 516件，同比增长64.76%；成功调解3 537件，同比增长42.56%，调解成功率为64.12%；调解案件涉及金融机构约80家，涵盖银行、保险、期货、消费金融、融资租赁、第三方支付公司等多种类型金融机构；协议金额超过8.7亿元。2020年以来，调解中心全面推进调解流程线上化，所有案件均通过调解网进行受理、分配和结案，省去了线下纸质流转的时间。同时，对于异地的纠纷调解，能快速地通过视频进行调解，并在线签署调解文书，提升了案件处理效率。

### （五）深入研讨金融法治，学术理论联系实际

2021年6月10日，第十三届陆家嘴论坛在上海举办，主题为"全球大变局下的中国金融改革与开放"。本届论坛聚焦金融支持碳达峰碳中和、科技创新、人民群众"美好生活"、金融业对外开放等重大议题，贯彻金融系统新发展理念，助力加快构建新发展格局，支持经济高质量发展，为促进全球经济复苏和金融稳定、推动中国金融改革开放提出了具有启迪意义的思路和建议。

2021年6月28日，"上海资产管理法治论坛——资管争端的法律实务"成功举办，论坛围绕私募基金典型法律争议焦点、《民法典》时代对资管行业影响、债券市场风险处置和应对以及金融争端解决法律机制四个议题展开讨论，促进了监管部门、仲裁机构与实务界、学术界的交流，为资管行业的法治化发展助力，也为上海打造全球资管中心的目标助力。

2021年7月21日，上海金融法院举行涉外金融司法研讨会，发布《上海金融法院涉外、涉港澳台金融案件审判指南》及典型案例，为金融法官审理涉外、涉港澳台金融案件提供指引，为涉外、涉港澳台金融纠纷解决提供明确预期。会上，上海金融法院还与华东政法大学签署《外国法查明合作协议》，

并通过上海高院合作设立国际金融法律专家名册，聘请15位境内外金融法律专家，为涉外金融审判提供专业支持，有力地提升了金融审判专业化、国际化水平。

2021年7月9日，由上海市人民检察院第四检察部、上海市第一中级人民法院刑事审判庭、华东政法大学金融监管与刑事治理研究中心等联合举办的“第二届防范化解金融风险刑事实务论坛”在市检察院第二分院举行，论坛以“涉虚拟货币相关犯罪法律适用问题”为主题，围绕金融司法统一标准为金融监管建言献策。

2021年10月14日，第十八届长三角法学论坛暨首届长三角G60科创走廊营商环境法治论坛在上海市松江区举行。论坛强调，要以习近平法治思想为指引，为长三角高质量一体化发展提供法治保障。主论坛中，11位专家学者从营商环境优化、科创产业法治保障、长三角法治协同等不同视角，分享了最新的研究成果，视角新颖、阐释深入，为长三角G60科创走廊法治化营商环境的构建和优化提出丰富意见和建议。

2021年12月11日，第六届中国金融法论坛成功线上举办，本次论坛以“新发展格局下的金融法治”为主题，讨论在以国内大循环为主体、国内国际双循环相互促进的新发展格局下，金融法治面向实体经济、数字经济和金融科技，有效防范金融风险的理论与实践。分论坛包含了以“资产管理司法实务问题研讨”为主题的长三角金融庭长论坛，以及以“新时代期货法立法与期货市场高质量发展”为主题的期货与衍生品法律论坛。

2021年12月25日，上海国际金融中心发展论坛在沪召开。与会嘉宾围绕“新发展格局中的上海国际金融中心建设”主题展开思想碰撞，在沟通中凝聚共识。来自监管层、金融机构等专家学者围绕大力发展绿色金融、推进国际板建设、积极争取国际碳定价权、加快上海国际再保险中心建设等话题为上海国际金融中心进一步发展建言献策。论坛上，由中国人民银行上海总部与上海交通大学上海高级金融学院课题组联合编制的白皮书——《国际金融中心发展报告2021》正式面向全球重磅发布。

# 第三章
# 纽约国际金融中心发展情况

2021 年，纽约市金融服务业和金融机构的发展势头良好。其中，银行业盈利能力较上年有所提高，证券业税前利润大幅上涨，保险业稳步增长。金融市场规模持续扩大，其中股票市场市值、成交规模等指标稳居全球首位，债券、期货、外汇及利率衍生品等市场位居全球前列，纽约继续在全球资源配置和资产定价中发挥核心作用。

## 一、经济金融发展概况

根据美国经济分析局（Bureau of Economic Analysis，BEA）最新数据，2020 年纽约大都会区[①]的名义 GDP 为 18 093.23 亿美元，较 2019 年下降 5.2%。GDP 构成中，金融、保险、房地产、租赁，专业与商业服务，信息产业，教育、医护与社会救助，政府与政府企业位居前列（见图 3–1）。

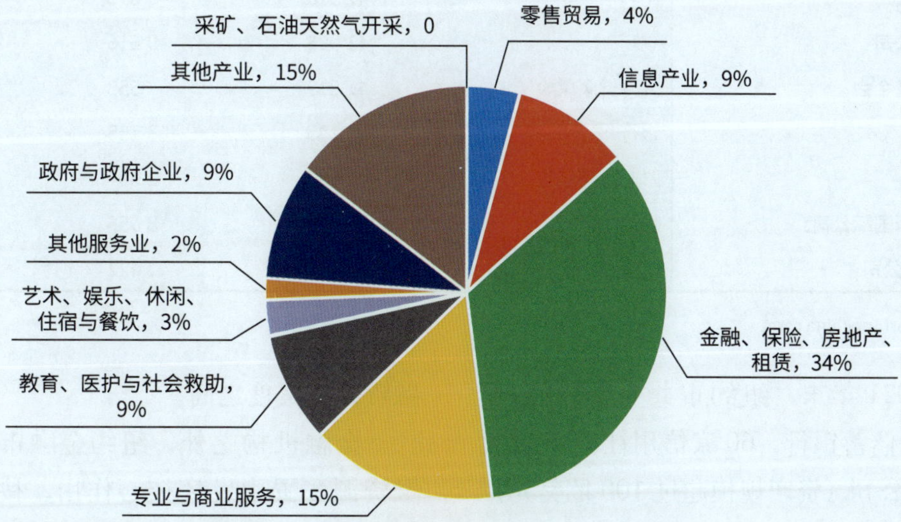


**图 3–1　2020 年纽约大都会区 GDP 结构**

（数据来源：BEA）

作为国际主要经济和金融中心，纽约是全世界最大的跨国公司总部集中之地，在银行、证券、保险等领域为美国乃至全球提供产品和服务，由此奠定其国际支配力和影响

① 从 2000 年起，美国人口统计总署等部门使用大都会区和非大都会区概念取代了传统的城市和乡村概念。纽约大都会区是全美最大的都会区，以纽约市为中心，由纽约州上州的 6 个郡与长岛的 2 个郡、新泽西州的 14 个郡、康涅狄格州的 3 个郡，以及宾夕法尼亚州东北部的 1 个郡所组成。目前，面积约为 3.4 万平方公里，人口约为 1 995 万人（2013 年美国人口普查数据）。

力。2021年末，世界500强企业中有16家总部位于纽约。[①] 从行业分类来看，银行等金融机构有11家，其他类型企业共计5家（见表3-1）。

表3-1　2021年总部位于纽约的全球500强企业名单

单位：百万美元

| 公司名称 | 行业 | 营业额 | 利润 | 500强排名 |
|---|---|---|---|---|
| 摩根大通公司 | 银行 | 129 503 | 29 131 | 43 |
| 威瑞森电信 | 电信 | 128 292 | 17 801 | 45 |
| 花旗集团 | 银行 | 88 839 | 11 047 | 82 |
| 大都会人寿 | 人寿健康保险 | 67 842 | 5 407 | 136 |
| StoneX 集团 | 多元化金融 | 54 140 | 170 | 190 |
| 高盛 | 银行 | 53 498 | 9 459 | 193 |
| 摩根士丹利 | 银行 | 52 047 | 10 996 | 204 |
| 美国纽约人寿保险公司 | 人寿健康保险 | 46 712 | –822 | 242 |
| 美国国际集团 | 财产意外保险 | 43 736 | –5 944 | 263 |
| 百时美施贵宝公司 | 制药 | 42 518 | –9 015 | 278 |
| 辉瑞制药有限公司 | 制药 | 41 908 | 9 616 | 281 |
| 美国教师退休基金会 | 人寿健康保险 | 41 619 | 558 | 285 |
| 美国运通公司 | 银行 | 38 185 | 3 135 | 312 |
| Travelers 公司 | 财产意外保险 | 31 981 | 2 697 | 385 |
| 菲利普—莫里斯国际公司 | 烟草 | 28 694 | 8 056 | 422 |
| 维亚康姆 CBS 公司 | 娱乐 | 26 186 | 2 422 | 465 |

数据来源：www.fortunechina.com。

截至2021年末，纽约市共有59家商业银行、11家储蓄银行、60家信用社、19家大型金融控股公司（资产规模超过100亿美元）等金融总部，另有111家外资银行分支机构和代表处[②]。从资产规模看，美国前50大金融控股公司中有13家位于纽约州，总资产规模达到10.98万亿美元，占全部机构资产的46.92%[③]，从中体现出作为金融中心的纽约金融资源集聚度之高。

金融机构之外，纽约金融市场在全球金融资源配置中发挥核心作用，按交易对象划分，主要包括外汇市场、股票市场、债券市场、商品期货市场等。外汇市场上，以纽约为主要代表的美国外汇交易量2019年全球占比达到16.07%[④]，仅次于伦敦。股票市场上，位于纽约的证券交易所[⑤]股票市值2021年末

① 数据来源：www.fortunechina.com。
② 数据来源：Department of Financial Services；National Information Center；Federal Reserve System。
③ 数据来源：National Information Center；Federal Reserve System。
④ 数据来源：BIS。该数据每三年更新一次。
⑤ 包含纽约—泛欧和纳斯达克等交易所。严格意义而言，纳斯达克是一个基于电子网络的无形市场，物理位置并非位于纽约，但其毋庸置疑是纽约国际金融中心资本市场的重要组成部分。

达 52.24 万亿美元，占全球的比重为 42.2%；股票成交规模 102.38 万亿美元，占全球的比重为 47.45%[①]。此外，纽约市场在石油等能源期货、黄金等金属期货以及其他部分衍生品交易上位居全球前列。

## 二、金融服务业与金融机构

### （一）银行业

联邦存款保险公司（Federal Deposit Insurance Corporation，FDIC）的报告指出[②]，2021 年美国银行业持续扩张，盈利能力较上年大幅上升。具体而言，资产总量方面，2021 年末，银行业总资产达 23.7 万亿美元，同比增长 8.4%。其中，贷款和租赁总额为 11.25 万亿美元，同比增长 3.5%（见表 3–2），各类贷款余额均有所增加。资产质量方面，FDIC“问题银行列表”中“问题银行”数量为 44 家，较上年减少 12 家，是 1984 年以来最低数量，银行业整体质量有所提升。“问题银行”的总资产由上年的 560 亿美元上涨至 1 700 亿美元，“问题银行”的资产规模呈上升趋势。2021 年贷款损失准备金总额为 1 782 亿美元，较上年下降 24.7%；拨备覆盖率达 178.82%，较上年提高 7.42 个百分点。盈利方面，由于经济复苏以及信用环境的改善，2021 年银行业净收入较上年上升 89.5%，达 2 793 亿美元。其中，银行业拨备费用下降 1 633 亿美元（–123.4%），非利息收入增加 203 亿美元（7.2%），净利息收入增加 6.9 亿美元（0.1%）。

表 3–2 美国商业银行和储蓄机构[③]的资产和负债

| 指标 | 2021 年 | 2020 年 | 2019 年 | 2018 年 | 2017 年 | 2016 年 | 2015 年 | 2014 年 |
|---|---|---|---|---|---|---|---|---|
| 机构数量（个） | 4 839 | 5 001 | 5 177 | 5 406 | 5 670 | 5 913 | 6 182 | 6 509 |
| 总雇员（人） | 2 069 049 | 2 065 525 | 2 063 257 | 2 067 086 | 2 076 128 | 2 052 504 | 2 033 758 | 2 047 879 |
| 总资产（百万美元） | 23 719 316 | 21 883 869 | 18 645 348 | 17 943 122 | 17 415 377 | 16 780 224 | 15 967 923 | 15 553 660 |
| 贷款和租赁量（百万美元） | 11 246 874 | 10 863 135 | 10 518 202 | 10 152 303 | 9 721 072 | 9 305 365 | 8 841 647 | 8 309 470 |
| 存款（百万美元） | 18 189 214 | 17 823 558 | 14 535 283 | 13 866 258 | 13 399 154 | 12 894 726 | 12 189 838 | 11 763 885 |
| 总股本（百万美元） | 2 357 373 | 2 225 125 | 2 111 105 | 2 022 559 | 1 958 072 | 1 869 806 | 1 801 379 | 1 742 224 |
| 30~89 天逾期（百万美元） | 56 256 | 63 218 | 67 991 | 65 984 | 67 582 | 65 741 | 64 315 | 69 968 |
| 拨备覆盖率（%） | 178.82 | 171.40 | 129.88 | 124.39 | 106.30 | 92.18 | 85.97 | 75.39 |

数据来源：FDIC，Quarterly Banking Profile。

① 数据来源：WFE。成交量包括 EOB、Negotiated Deals 和 Reported Deals 的数据。

② 纽约市相关银行业统计数据缺乏，本部分采用美国银行业资料数据。由于纽约市银行业在美国具有突出的地位，因此全美银行业情况一定程度上可以反映纽约市情况。本部分数据来源于 FDIC 报告。

③ 纳入 FDIC 保险范畴的机构。

从纽约市来看，截至2021年末，主要银行业机构总资产合计为3.57万亿美元。其中，联邦注册银行总资产合计为5 846亿美元；州注册银行总资产合计为2.99万亿美元（见表3–3）。

**表 3–3　2021 年纽约市银行业基本情况**

单位：家、亿美元

| | 机构数目 | 总资产 |
|---|---|---|
| 纽约市 | 273 | 35 747 |
| 其中：商业银行 | 59 | 10 564 |
| 储蓄银行 | 11 | 392 |
| 储蓄贷款协会 | 1 | 22 |
| 信用社 | 60 | 175 |
| 投资公司 | 2 | 18 |
| 持牌贷款机构 | 6 | 1 |
| 外资银行分支机构 | 101 | 21 815 |
| 外资银行代表处 | 10 | 1 256 |
| 虚拟货币公司 | 23 | 1 504 |
| 其中：州注册银行 | 159 | 29 901 |
| 联邦注册银行 | 114 | 5 846 |

数据来源：*Department of Finance Services 2021 Annual Report*，New York State。

## （二）证券业[①]

新冠肺炎疫情之后的量化宽松政策使纽约证券行业的盈利能力、工资和奖金都达到创纪录或接近最高纪录水平。

### 1. 收入与利润

证券业税前利润在2020年增长81.2%，达到509亿美元，是历史第二高水平（见图3–2）。与早前成本下降带来的盈利增加不同，自2017年起，证券业盈利增长主要来源于收入的增加，2020年纽约证券业收入达到创纪录的1 986亿美元，比2019年增长17.4%。

纽约市证券业2020年的快速发展势头延续至2021年。2021年上半年的税前利润总计310亿美元，同比增长12.5%，已经超越2019年全年的利润总额，是有记录以来第二高的半年利润额。利润的增长源自更低的利息支出和更多的佣金收入。一方面，2021年上半年，利息支出总计43亿美元，创历史最低水平。另一方面，证券行业佣金收入大幅增加。2021年上半年证券承销业务总收入达到创纪录的239亿美元，同比增长38.6%；账户监管和投资咨询费用连续三个季度创下纪录；交易活动收入表现强劲，2021年上半年总计近260亿美元，略低于2020年上半年创纪录的291亿美元。

① 数据来源：Office of the New York State Comptroller，The securities industry in New York City。

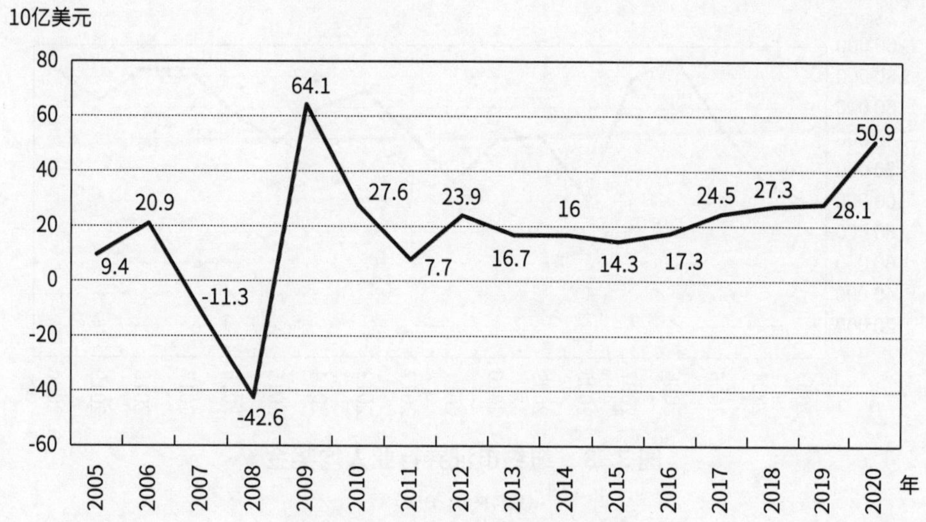


**图 3-2　纽约市证券行业利润**

（数据来源：Office of the New York State Comptroller）

2. 就业

纽约市证券业的就业在 2000 年达到顶峰，工作岗位数达 201 100 个。但随后由于“9 · 11”恐怖袭击和互联网泡沫的破灭，岗位数于 2003 年下降了 35 200 个。在行业充分恢复之前，随后的金融危机使 2007 年到 2010 年又损失 22 600 个工作岗位。之后伴随行业的复苏，2019 年证券业的岗位数为 182 100 个，达 2008 年国际金融危机以来的最高水平。受疫情影响，2020 年纽约市证券业失去 3 600 个工作岗位，下降幅度接近 2%，是 1929 年大萧条以来的最大降幅。2021 年美国经济复苏，在全国证券业增加23 000个工作岗位的背景下，纽约市证券业将继续损失 4 900 个工作岗位。导致该现象的原因是地区就业再平衡。

由于就业向低成本地区转移，纽约市在美国证券业就业岗位中的份额长期下降。数据显示，纽约市的份额从 1990 年的 33% 下降到 2007 年的 21%，并进一步下降到 2021 年 8 月的 18%。

从全国范围来看，纽约州聚集了最多的证券岗位，2020 年全州共有 196 800 个行业职位，是排名第二的加利福尼亚州的两倍多。纽约市证券业就业占全州的 91%，该份额与 2007 年相似。

3. 奖金与工资

证券业的薪酬制度在国际金融危机之前鼓励过度冒险。国际金融危机后新法规和准则改变了薪酬发放方式，主要表现为提高基薪，主要奖金延迟至未来年份发放且与绩效挂钩。尽管如此，2020 年，纽约市证券业奖金支付仍占到私营部门的 55%，工资支付占到私营部门的 20%，而证券业的就业仅占私营部门的 5%。

2021 年 8 月，纽约国家审计局办公室（Office of the New York State Comptroller, OSC）公布的数据表明，2020 年，纽约市证券从业人员的奖金池增长 7% 至 317 亿美元。该金额包括 2020 年应发奖金数额和往年递延数额。

2020 年，纽约市支付给行业雇员的平均奖金为 184 000 美元，较上年增长 10%（见图 3–3）。该增长比例和奖金池金额增长比例相当。

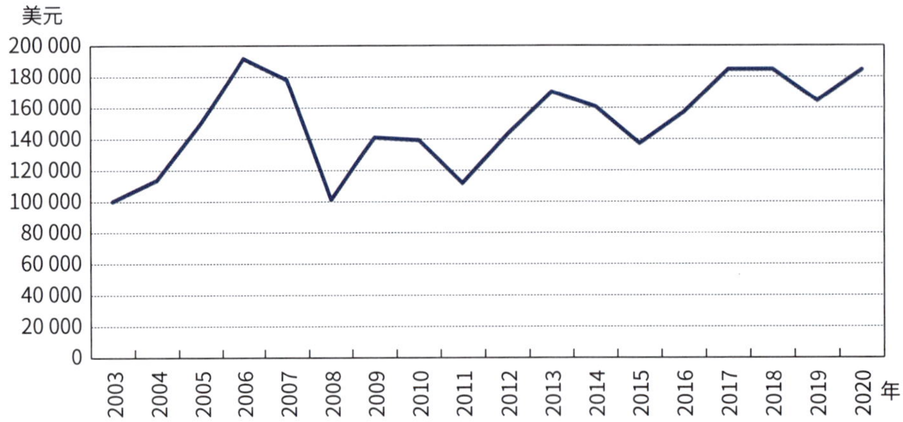


**图 3-3　纽约市证券行业人均奖金**

（资料来源：OSC）

2020 年，纽约市证券业平均工资（包括奖金）增长 7.8% 至 438 450 美元。证券业的工资水平在纽约市所有行业中排名最高，几乎是排名第 2 位的信息服务业（226 920 美元）的 2 倍。排名第 3 位至第 5 位的行业分别是公司管理（215 460 美元）、银行业（214 910 美元）和投资基金（213 290 美元）。2020 年，纽约证券业的平均工资几乎是其余私营部门（92 330 美元）的 5 倍。虽然该差异比 2007 年的 6 倍有所收窄，但远高于 1981 年的 2 倍。

2020 年，纽约州证券业的平均工资为 423 570 美元，比全国其他地区的平均水平（201 340 美元）高出 1 倍。纽约州的行业高平均工资反映了高薪酬员工的集中度，如首席执行官。《多德—弗兰克法案》要求上市公司报告首席执行官与行业中位数工资的比率。根据 2020 年的数据，标普 500 成分股中总部设在纽约州的金融公司的首席执行官工资与行业中位数比率为 230 倍，高于全国的 178 倍。

#### 4. 经济贡献与税收

2020 年纽约州的证券业对全州的经济贡献占比为 6.8%，全国排名第 1 位，大幅高于排名第 2 位的康涅狄格州（5.3%）和第三位的马萨诸塞州（3.6%）。除此之外，所有其他州的金融部门占其经济的比重不到 3%（多数低于 1%）。

在税收贡献上，证券业是纽约市以及纽约州的主要税收来源。就纽约市而言，得益于丰厚的奖金和高额的行业利润，2021 年纽约市证券业税收收入打破连续两年下降的趋势，大幅增长至 47 亿美元，是 1996 年以来最高的一年。其中，个人所得税占证券业全部税收收入的 74%，该占比是 1998 年以来的最高值。由于其他行业受疫情影响严重，证券业税收额占纽约市 2021 财年总税收额的 7%，较上年增长 1 个百分点，为 2015 年以来的最高值。就纽约州而言，由于更依赖个人所得税收入，其对华尔街税收收入的依赖性超过纽约市。因此，证券业税收额占纽约州 2020—2021 财政年度总税收额的 18%，高于纽约市的 7%。OSC 数据显示，2020—2021 财政年度，纽约州证券业的税收收入为 149 亿美元，与上年持平。其中，个人所得税占比高达 85%。

### （三）保险业

根据纽约州金融服务局（Department of Financial Services，DFS）统计，截至 2021 年底，由其监管的保险公司超过 1 700 家，总资产超过 5.5 万亿美元。其中，财产保险公司超过 866 家，总资产 1.7 万亿美元，保费总额 4 870 亿美元；健康保险公司总资产 652 亿美元，保费总额553 亿美元；寿险公司约 640 家，包括 131 家持牌机构，持牌机构总资产规模达到 3.7 万亿美元，保费总额约为 2 790 亿美元[①]。

## 三、金融市场运行

### （一）货币信贷市场

纽约货币市场是纽约短期资金借贷市场，是全球主要货币市场中交易量最大的市场，包括联邦基金市场、定期存单市场、国库券市场、商业票据市场和货币市场互助基金等。由于纽约货币市场的主要交易由供求双方直接或间接通过经纪人进行，不存在固定交易场所，因此缺乏权威交易统计数据，对该市场的规模难以准确估计。

在信贷市场上，根据 FDIC 统计，截至 2021 年末，纽约州银行机构[②]总资产达 16 046 亿美元，资产质量、资产收益及信贷结构分布详见表 3–4。

**表 3–4　纽约州信贷市场及银行机构基本情况**

单位：百万美元、家、%

| 指标 | 2021 年 | 2020 年 | 2019 年 |
| --- | --- | --- | --- |
| 一般信息 | | | |
| 总资产 | 1 604 642 | 1 358 663 | 1 125 967 |
| 新机构数（＜3 年） | 3 | 3 | 3 |
| 机构数 | 126 | 129 | 137 |
| 资产质量 | | | |
| 逾期及非应计贷款 / 总贷款（中位数%） | 0.90 | 0.97 | 0.88 |
| 非流动贷款 / 总贷款（中位数%） | 0.53 | 0.58 | 0.47 |
| 损失准备金 / 总贷款（中位数%） | 1.17 | 1.18 | 0.98 |
| 损失准备金 / 非流动贷款（中位数倍数） | 1.57 | 1.76 | 1.65 |
| 净贷款损失 / 总贷款（中位数%） | 0.03 | 0.04 | 0.05 |
| 资本 / 收益 | | | |
| 一级资本杠杆率（中位数%） | 9.89 | 10.20 | 10.15 |
| 资产回报率（中位数%） | 0.92 | 0.68 | 0.87 |
| 税前资产回报率（中位数%） | 1.14 | 0.83 | 1.09 |
| 平均资产准备金率（中位数%） | 0.20 | 0.20 | 0.06 |
| 流动性 / 敏感性 | | | |
| 净贷款占总资产比重（中位数%） | 64.52 | 68.17 | 72.79 |
| 长期资产占总资产比重（中位数%） | 40.21 | 34.47 | 32.33 |

① 资料来源：DFS。
② 纳入 FDIC 存款保险范围的机构。

续表

| 指标 | 2021 年 | 2020 年 | 2019 年 |
| --- | --- | --- | --- |
| 贷款集中度（中位数，合格总资本百分比） | | | |
| 商业和工业 | 52 | 72 | 51 |
| 商业房地产 | 206 | 217 | 235 |
| 住宅房地产 | 166 | 159 | 167 |
| 消费 | 4 | 4 | 4 |
| 农业 | 0 | 0 | 0 |

资料来源：FDIC。

## （二）外汇及利率衍生品市场

纽约外汇市场是全球最主要的外汇市场之一。参与者以商业银行为主，包括 50 余家美国的银行和 200 多家外资银行在纽约的分支机构、代理行及代表处。纽约各大银行与世界各地外汇市场 24 小时保持联系，国际的套汇和其他交易活动可立即完成。

根据纽联储外汇交易委员会（Foreign Exchange Committee）统计①，2021 年 10 月，北美地区每日场外市场外汇交易量（含即期、远期、外汇掉期、外汇期权）达 9 894.17 亿美元，较上年同期上涨 6.0%（见表 3–5）。从交易工具来看，外汇期权交易量较上年有所下降，即期、远期和掉期交易量较上年呈上涨态势。从交易货币对来看，与 2020 年 10 月相比，交易增幅最大的是美元 / 加拿大元货币对，交易量较上年增加 429 亿美元；降幅最大的是美元 / 欧元货币对，交易量较上年减少 73 亿美元。从交易币种来看，美元在全部交易中占比 90.7%，欧元占比 27.3%，日元占比 15.9%（见表 3–6）②。

在利率衍生品市场（包含远期利率协议、利率掉期、利率期权及其他利率衍生品）上③，根据 2019 年 4 月的统计，纽约市场日均交易量达到 24 440 亿美元，较 2016 年同期上升 83%。

**表 3–5 北美每日外汇交易量**

单位：百万美元、%

| 交易工具 | 2021 年 10 月 | 2020 年 10 月 | 增长率 |
| --- | --- | --- | --- |
| 即期交易 | 399 083 | 372 654 | 7.1 |
| 远期交易 | 186 450 | 183 991 | 1.3 |
| 掉期交易 | 358 030 | 330 676 | 8.3 |
| 外汇期权 | 45 854 | 46 061 | –0.4 |

① 数据来源：Foreign Exchange Committee，FX Volume Survey Results，2021。

② 双向计算，即总和为 200%。

③ Federal Reserve Bank of New York，*The Foreign Exchange and Interest Rate Derivatives Markets：Turnover in the United States*，April 2016。报告数据每三年更新一次。

续表

| 交易工具 | 2021 年 10 月 | 2020 年 10 月 | 增长率 |
|---|---|---|---|
| 合计 | 989 417 | 933 382 | 6.0 |

资料来源：Foreign Exchange Committee，FX Volume Survey Results，2021。

**表 3-6　近年来全球主要外汇交易币种市场占比**

单位：%

| 币种 | 2021 年 | 2020 年 | 2019 年 | 2018 年 | 2017 年 | 2016 年 | 2015 年 | 2014 年 |
|---|---|---|---|---|---|---|---|---|
| 美元 | 90.7 | 90.7 | 89.2 | 87.0 | 87.3 | 87.4 | 88.7 | 87.7 |
| 欧元 | 27.3 | 29.3 | 29.7 | 30.7 | 32.0 | 30.5 | 30.6 | 32.4 |
| 日元 | 15.9 | 17.6 | 18.3 | 19.3 | 19.1 | 20.2 | — | — |
| 其他 | 66.1 | 62.4 | 62.8 | 63.0 | 61.6 | 61.9 | 80.7 | 79.9 |
| 合计 | 200.0 | 200.0 | 200.0 | 200.0 | 200.0 | 200.0 | 200.0 | 200.0 |

数据来源：Foreign Exchange Committee，FX Volume Survey Results，2021。

## （三）股票市场①

纽约主要的股票市场包括纽约—泛欧交易所集团美国交易中心（NYSE Euronext US）②、纳斯达克市场（NASDAQOMX）等。

纽约—泛欧交易所集团美国交易中心：它是美国和世界上最大的证券交易市场。截至 2021 年末，纽约—泛欧交易所集团美国交易中心证券市场市值为 27.69 万亿美元，较上年末增长 23%，除排名第 2 位的纳斯达克与其市值相近外，排名第 3 位至第 5 位的交易所市值均与其存在较大差距（见图 3-4）。

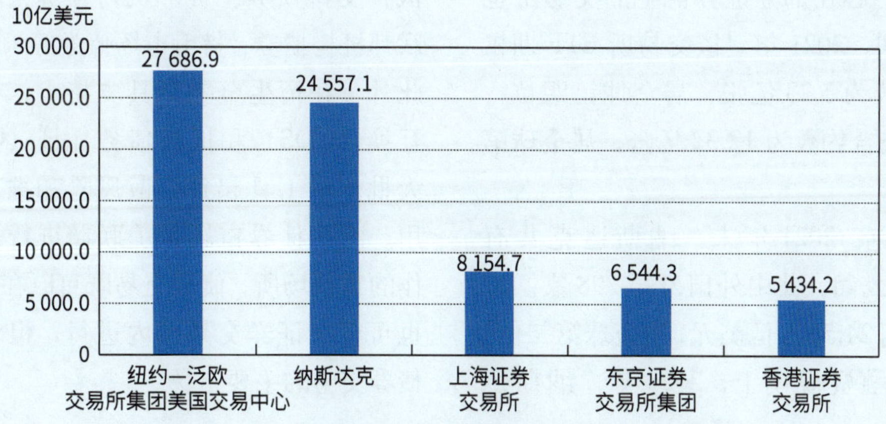


**图 3-4　2021 年末全球主要股票交易所市值情况**

（数据来源：WFE）

① 数据来源：如无其他注明，本节数据均来自 WFE。

② 2013 年，纽约—泛欧交易所集团被洲际交易所集团收购，后者成为涵盖利率、股票及股票衍生品、信贷、债券、外汇、能源、金属及农产品的领先交易市场网络。

同期，纽约—泛欧交易所集团美国交易中心上市公司数目为 2 525 家，较上年末增加 296 家。在上市公司国别上，本国企业 1 925 家，外国企业 600 家。上市的外国企业数量在全球证券交易所中排名第 3 位，较第 1 位的维也纳证券交易所少 204 家，较第 2 位的纳斯达克少 198 家。

在股票市场融资规模上，2021 年，纽约—泛欧交易所集团美国交易中心股票市场 IPO 融资共 288 起，融资规模约为 1 189 亿美元，全球排名第 1 位，融资量远超排名第 2 位至第四位的纳斯达克（882 亿美元）、上海证券交易所（573 亿美元）和香港证券交易所（425 亿美元）。

从股票成交金额的规模来看，2021 年，纽约—泛欧交易所集团美国交易中心居全球第二位，仅次于纳斯达克，股票成交金额为 29.3 万亿美元，成交金额占全球比重为 13.58%。

除基础股票之外，纽约—泛欧交易所集团美国交易中心在部分证券衍生品交易上也位居全球前列。2021 年，该交易所 ETF 期权的成交合约数为 5.23 亿张，居全球第四位；股票期权成交合约数为 12.32 亿张，居全球第五位。

纳斯达克：2021 年末，纳斯达克共有 2 723 家上市公司，其中外国公司 798 家。市值总规模达到 24.56 万亿美元，居全球第二位。在股票市场融资规模上，2021 年，纳斯达克 IPO 上市公司数量为 319 家，融资规模为 881.67 亿美元。在股票成交金额规模上，纳斯达克继续居全球第一位，其 2021 年交易规模为 73.28 万亿美元，全球占比为 33.96%[①]。

另外，纳斯达克市场在部分证券衍生品交易上位居全球前列。2021 年纳斯达克市场股票期权、ETF 期权成交合约数分别为 23.4 亿张和 8.82 亿张，均居全球第二位，分别落后于伊朗法拉交易所（27.6 亿张）和上海证券交易所（10.97 亿张）。

## （四）债券市场[②]

纽约债券市场规模庞大、种类丰富。证券业及金融市场协会（Securities Industry and Financial Markets Association，SIFMA）的数据显示，2021 年末美国债券市场存量约为 49.1 万亿美元，较上年末增长 5.7%。债券市场种类丰富：从信用等级来看，既有国债等信用程度高的债券，也有小型公司发行的“垃圾债券”；从发行主体来看，有国债、市政债券、抵押支持债券、资产支持债券、企业债券、联邦机构债券、货币市场债券等（见图 3–5）。此外，在衍生金融工具支持上，有信用违约互换（CDS）和抵押债务凭证（CBO）等一大批金融工具起到分散风险和推动交易的作用。纽约债券市场是美联储进行公开市场操作的重要场所，债券交易既可以在场外进行，也可以在证券交易所内进行，但场外市场是债券交易的主要市场。

① 数据来源：WFE；NASDAQ 网站。

② 由于美国债券市场主要以场外市场为主，并不存在一个完全地理上在纽约的“市场”，但纽约仍是债券交易的主要中心，因此本部分以全美债券市场数据来说明情况。

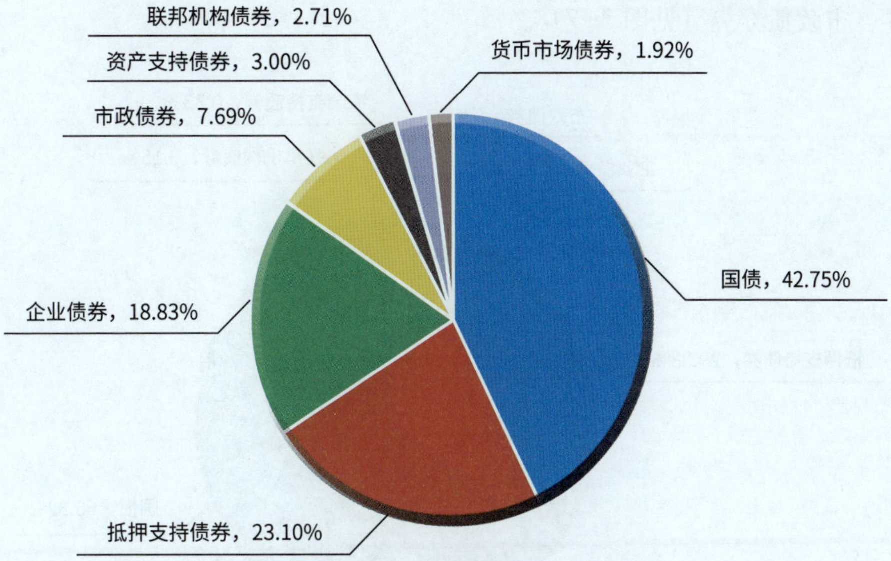


**图 3-5 2021 年美国债券存量结构**

（数据来源：SIFMA）

2021 年，美国债券发行量共为 13.44 万亿美元，较 2020 年上升 7.7%。其中国债、抵押支持债券、企业债券发行量占据前三位（见图 3-6），分别为 5.14 万亿美元、4.58 万亿美元和 1.96 万亿美元。

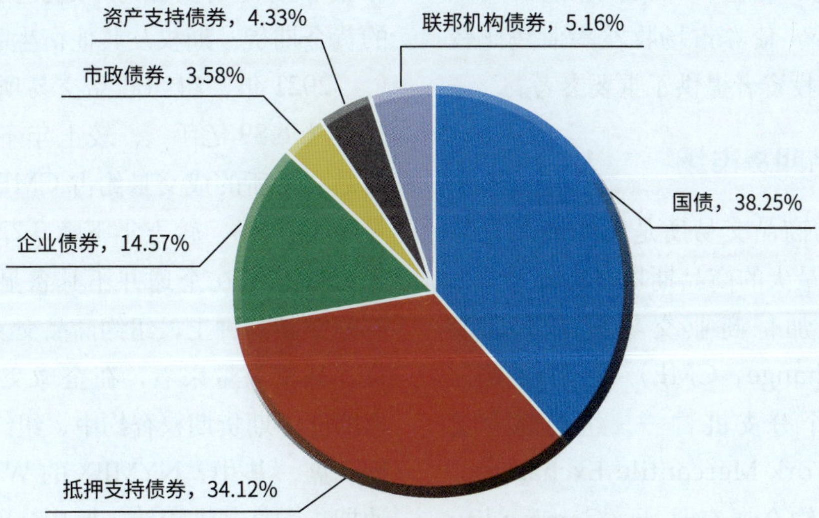


**图 3-6 2021 年美国债券市场发行结构**

（数据来源：SIFMA）

（注：由于四舍五入的原因，百分比加总不等于 100%）

从债券市场交易量来看，美国债券市场交易十分活跃。由于以场外交易为主，加之双边报价商制度和电子交易系统普遍应用、债券做市商制度健全，美国债券市场成为全球流动性最高的市场。2021 年美国债券市场日均交易量为 9 554 亿美元。其中，国债排名第一，占交易总量比重为 65.32%；抵押支持债券（MBS）位居第二，占比为 29.38%；余下为企业债券、市政债券等（见图 3–7）。

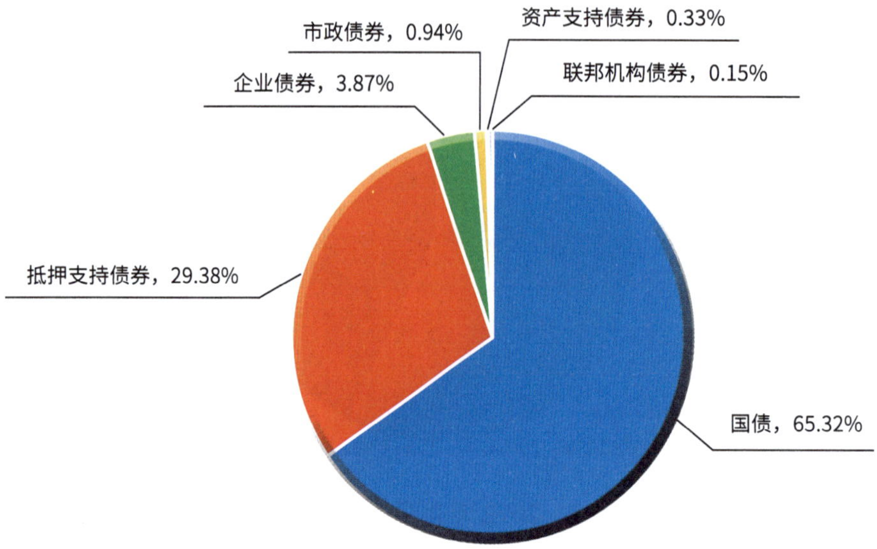


**图 3–7　2021 年美国债券市场交易结构**

（数据来源：SIFMA）
（注：由于四舍五入的原因，百分比加总不等于 100%）

此外，美国债券市场投资者结构较为均衡，主要有银行、基金、个人、保险公司以及国际投资者等。债券市场收益率曲线比较完备，为国内外投资者提供了重要参考。

## （五）商品期货市场

纽约主要的商品交易所是纽约商品交易所，曾为世界上最大的商品期货交易所之一，于 2008 年被芝加哥商业交易所（Chicago Mercantile Exchange，CME）集团收购，目前主要由两个分支机构——纽约商业交易所（New York Mercantile Exchange，NYMEX）和纽约金属交易所（Commodity Exchange，COMEX）组成。其中，NYMEX 主要侧重于交易能源产品、白金和钯等期货期权合约；而 COMEX 主要交易金、银、铜和铝等期货期权合约，是美国乃至全球最大的黄金期货、期权及其他衍生品交易场所。

2021 年，纽约商品交易所衍生品合约成交量为 6.89 亿手[①]，较上年下降 12%。纽约商品交易所的成交量约占 CME 集团总体交易量的 13.95%，较上年下降 0.22 个百分点。尽管交易总量在全球并不具备显著优势，但在部分交易品种上，纽约商品交易所仍居支配地位。从交易量来看，在全球交易量排名前 20 位的能源期货期权合约中，纽约商品交易所占据 5 席，其中，NYMEX 的 WTI 轻质低硫原油期货和亨利港天然气期货分别排名第 3 位和第 6 位。而在全球金属业期货期权交易量排名中，纽约商品交易所占据前 20 位中的 1 席，

① 数据来源：FIA, Exchange Ranking 2021。

黄金期货处于第 13 位（见表 3–7）。[①]

表 3–7　纽约商品交易所主要产品交易量及增速

单位：百万手、%

| 合约名 | 能源排名 | 2021 年 | 2020 年 | 增长率 |
|---|---|---|---|---|
| WTI 轻质低硫原油 (CL) 期货 | 3 | 248.3 | 274.18 | –9.4 |
| 亨利港天然气 (NG) 期货 | 6 | 97.6 | 120.80 | –19.2 |
| RBOB 汽油 (RB) 期货 | 12 | 47.8 | 46.49 | 2.9 |
| 纽约港超低硫柴油 (HO) 期货 | 16 | 38.7 | 44.00 | –12.0 |
| 原油 (LO) 期权 | 19 | 30 | 29.57 | 1.5 |
| 合约名 | 金属排名 | 2021 年 | 2020 年 | 增长率 |
| 黄金期货 | 13 | 58.46 | 78.13 | –25.2 |

数据来源：FIA, 2021 Volume Survey。

## 四、金融监管

### （一）银行业监管

美国有联邦和州政府两级银行业监管机构。联邦政府主要有五个监管机构：美国货币监理署（Office of Comptroller of Currency，OCC）、联邦存款保险公司（Federal Deposit Insurance Corporation，FDIC）、美国联邦储备体系（Federal Reserve System，FED）、储蓄机构监管署（Office of Thrift Supervision，OTS）和国家信用社管理局（National Credit Union Administration，NCUA）。除联邦之外，州政府也设立银行监管机构，行使对银行体系的监管职责。

美国货币监理署（OCC）：OCC 通过两个管理委员会完成其银行监管职责——银行监管委员会（CBS）和国家风险委员会（NRC）。CBS 确保监管活动、政策和计划的协调，使其与 OCC 的战略计划和目标保持一致。NRC 识别和评估行业现有及新兴风险，并协调机构的监管和政策问题。

2021 年，OCC 通过推动一系列措施确保联邦政府银行系统安全、合理、公正地运行。这些措施包括：（1）网络安全审查。OCC 与美联储理事会（Federal Reserve Board）、联邦存款保险公司协调进行了网络安全审查，联合发布加强银行运营灵活性的业务指引、关于计算机安全事件的拟议规则制定建议，以及《金融机构服务系统认证、访问指南》。（2）解决银行业的不平等问题。一是完善《社区再投资法》（CRA）和贷款公平机制。二是继续推行经济准入与变革圆桌会议项目（Project REACh），帮助解决获取金融服务不足人群享受金融公平的四大障碍：缺乏可用的信用分数，房屋拥有率低，少数族裔业主和小型企业难以获得资本，以及对少数族裔储蓄机构（Minority Depository Institutions，MDI）等社区机构投资不足。三是召集代表少数族裔金融机构的国家银行和联邦储蓄协会与三家最大的向中型银行和

① 数据来源：FIA，2021 Volume Survey。

社区银行提供服务的供应商之间的会议，以评估该协会和服务供应商如何更好地为中小银行和社区银行提供服务，同时减少房地产评估中的种族偏见。（3）应对气候相关金融风险。OCC 参与了巴塞尔银行监管委员会气候相关金融风险特别工作组的工作，并且已经着手为大型银行制定高水平、与气候相关的风险管理规则。（4）应对金融体系数字化发展。OCC 联合联邦存款保险公司和联邦储备委员会发起数字资产冲刺倡议，围绕数字资产（包括加密货币）展开协作。该倡议主要包括三个冲刺阶段：第一阶段，专注于开发数字资产的通用分类法，以确保使用通用语言并保持未来讨论的基本术语和概念的一致性；第二阶段，集中于分析与加密货币和数字资产相关的场景、案例和风险；第三阶段，分析监管和监督与现实方面的潜在差距，并优先考虑这些差距。（5）控制新冠肺炎疫情带来的风险。受疫情影响，OCC 和其他联邦银行监管机构认识到金融机构快速的资产增长只是暂时的，并可能会带来额外的管理负担和风险。因此，OCC 在 2020 年 11 月通过一项规则，允许受疫情影响的银行在 2022 年之前缩减规模或采用新的报告和监管标准。

2021 年，OCC 在监管方面的主要工作包括：

（1）确定全年监管重点。2021 财政年度《银行监管运营计划》中公布了其监管优先事项。一是信贷风险管理，包括商业和住宅房地产风险。二是贷款、租赁损失和信贷损失准备金，以及银行对当前预期信贷损失（Current Expected Credit Loss，CECL）会计方法的实施。三是网络安全和运营弹性管理。四是强化银行保密法 / 反洗钱（BSA/AML）合规管理，完善与新冠肺炎疫情相关的银行活动合规风险管理。五是减缓低利率和伦敦银行同业拆借利率（LIBOR）停止的影响。六是监督金融机构与第三方关系。七是强化对金融机构重大经营变化的管理。八是加强对支付体系的监管。

（2）发布监管规则和指导建议。OCC 在 2021 年发布了几项拟议、中期和最终监管规则，其中与银行管理和运营相关的规则有 3 条，与银行资本和流动性相关的规则有 9 条，与市场规制和执照颁布相关的规则有 3 条，与 CRA 相关的规则有 2 条。这些规则与其他联邦金融监管机构共同制定，大多数规则侧重于资本监管，以及支持在新冠肺炎疫情期间稳定经济和恢复投资的行动。此外，OCC 还发布了若干关于运营弹性、反洗钱合规、报告检查等方面的指导。

（3）支持少数族裔储蓄机构（MDI）发展。OCC 于 2021 年 7 月发布《2020 年年度报告：保护和促进少数族裔所有的国家银行和联邦储蓄协会》，阐述了这些机构的状况以及支持计划的行动。

（4）许可授权。OCC 的许可证发放活动确保银行建立和维持符合法律规范要求的公司结构。2021 年 OCC 收到各类许可申请数达 831 项，较 2020 年增加 12 项。审核完成 781 项①，其中 753 项通过，28 项条件通过。

（5）执法行动。2021 年 OCC 共参与 73 项执法行动，判处罚金 10.6 亿美元②。

联邦存款保险公司（FDIC）：截至 2021

① 包括 2020 年未完成审核的项目。
② 该罚金不包括对客户的赔偿。

年12月底，FDIC投保存款余额达到9.7万亿美元，分属于4 839家机构；实际监管3 122家机构，并管理191个活跃的破产接管机构[①]。

2021年，FDIC在金融监管方面专注于以下工作：

（1）持续对被监管机构进行监督检查。一是强化执法检查。2021年，FDIC一共进行了1 268次法定风险管理检查，并专门针对问题机构进行全面的后续跟进检查；还进行了1 100次《社区再投资法》（CRA）和消费者合规性检查，以及2 831项针对信托、证券交易商的专项检查。二是完善问题机构机制。在检查过程中共有9家、资产总额17亿美元的被保险机构被认定为问题机构，同时，有19家、资产总额26亿美元的被保险机构被移除出问题机构名单。截至2021年9月30日，共有46家、资产总额506亿美元的问题机构。三是发起执法行动。2021年，FDIC的风险管理监督部门（RMS）发起了78项正式执法行动和60项非正式执法行动，其中针对反洗钱、反恐怖融资的执法有13项。此外，RMS还对大型金融机构进行了全面审查，重点关注业务门槛、人员配备、知识转移和监管规划。四是提升非现场检查效率。2021年，季度大型存款机构（LIDI）非现场检查计划覆盖113家机构，合计总资产4.2万亿美元。五是制订综合银行监管试点计划。2021年，FDIC制订了一项综合银行监管试点计划，以确保对合规风险较高的机构进行强化监管，该计划涵盖基于机构风险状况的三级渐进监管方法，包括持续监控、风险评估、监管计划、目标审查和专职员工等要素。六是强化信息技术与网络安全检查。2021年，FDIC对其被保险机构进行了1 271次信息技术检查，发起一项执法行动，并对被保险机构的信息技术服务提供商的IT服务进行了检查。2021年8月，FDIC检查委员会（FFIEC）发布了新的《金融机构服务系统认证、访问指南》。

（2）强化消费者保护措施。截至2021年12月31日，FDIC的储户与消费者保护部门（DCP）启动了21项正式执法行动和24项非正式执法行动，用来解决消费者合规检查中存在的问题，如董事会决议和谅解备忘录。这些行动使银行向28 936名消费者赔偿320万美元，并根据《诚信借贷法》（*Trust in Lending Act*）向超过5 510名消费者返还57.5万美元。

（3）聚焦反洗钱与反恐怖融资活动。2021年，FDIC共进行了1 285次银行保密法/反洗钱（BSA/AML）检查；FFIEC在2021年继续更新了《银行保密法/反洗钱审查手册》，其中2月更新了客户识别程序要求、货币交易报告，以及豁免人员的交易等内容，6月更新了货币交易记录、特别措施、外国金融账户报告、货币国际运输报告等内容，11月更新了独立自动柜员机、政治公众人物、慈善与非营利性组织等内容。

（4）改进监管框架。一是明确监管指导(Supervisory Guidance)与规制(Regulation)的区别。2021年3月，FDIC联合OCC、消费者金融保护局（CFPB）等共同发布了关于“指导”的最终界定，认为监管指导与规制不同，监管指导不产生法律约束力和法律义务，监管机构不会就金融机构违反监管指导而发布监管批评。二是成立监管申诉办公室。

① 数据来源：FDIC Annual Report，2021。

该办公室于2021年12月开始全面运作，完全独立于有权发布监管决定的部门，可独立考虑和决定审查官对重大监管决定的申诉，以帮助维护国家金融体系的稳定性和公众信心。三是修改州非成员银行和储蓄协会证券发行通函的规制。2021年2月，FDIC提出一项规则，要求废除或删除证券发行规则，同时还提议废除为州非成员银行和其他机构提供证券发行指导的《关于在银行证券公开发行中使用发行通函的政策声明》。此外，FDIC还提出了一项关于州非成员银行和储蓄协会证券披露的新规定。据此，FDIC构建了一个适用于其被监管机构的证券披露要求的统一监管框架。四是制定可疑交易报告填报额外豁免条款。2021年1月，FDIC在《联邦公报》发布修改可疑交易报告（SAR）的规则，允许FDIC对被监管机构授予基于个案的SAR填报豁免。五是修订房地产贷款标准规则。2021年10月，FDIC修订了《房地产贷款政策跨机构指导方针》，将包含社区银行杠杆率（CBLR）的资本框架纳入计算贷款比率超过监管贷款—房屋价值限额（LTV limits）的方法。六是发布国家反洗钱/反恐怖主义融资（AML/CFT）优先事项的跨机构声明。2021年6月，FDIC、其他联邦银行机构、州银行和信用合作社监管机构发布了国家关于AML/CFT优先事项的跨机构声明。该声明为银行明确了AML/CFT优先事项。七是精简相关规则。2021年，FDIC继续精简联邦存款保险委员会的规定，并消除适用于州储蓄协会的不必要和重复的规定，以提高公众对规则的理解，提高参考的便利性。

（5）完善监管政策。一是2021年2月，FDIC更新了《关于检查政策的风险管理手册》。二是2021年随着新冠肺炎疫情的发展，FDIC继续执行已经开展的计划，以便对涉及受影响行业的金融机构提供更大的帮助，包括但不限于餐饮、零售、娱乐、旅游和商业房地产。三是推动社区和地区银行从LIBOR向其他参考利率过渡的准备工作。四是强化金融机构信用风险、流动性风险和利率风险管理。2021年，FDIC通过对被监管机构进行检查以及其他临时接触方式，与被监管机构管理层定期对话，以确保其信贷风险、流动性风险和利率风险管理的有效性。

美国联邦储备系统（FED）：2021年美国经济从新冠肺炎疫情中逐渐恢复，经济活力大幅增长，但通货膨胀率升至20世纪80年代初以来的最高水平。随着对工人的高需求和供应受限，劳动力市场供给大幅紧缩，失业率达到联邦公开市场委员会（FOMC）预期的中值。2021年下半年，FOMC将其政策利率维持在接近零的水平，以支持经济持续复苏。FOMC从11月开始逐步取消净资产购买，并在12月加快了取消的步伐；净资产购买于2022年3月初结束，FOMC将适当提高联邦基金利率的目标范围。

除货币政策操作之外，美联储单独以及与其他监管机构联合推出了众多监管举措。在监督及监管方面，2021年面对新冠肺炎疫情的冲击，美联储采取了一系列政策行动继续促进银行系统的安全、稳健、透明和高效：

（1）加强对银行体系的检查。2021年美联储在资本规划和压力测试、信息技术、信托活动、转让代理活动、政府及市政证券交易和经纪、网络安全和关键基础设施等领域对被监管的金融机构进行专门检查。针对资本规划和压力测试，2021年6月，美联储进行了年度压力测试。结果显示，接受测试的23家大型银行公司拥有强大的资本水平，可以在严重衰退期间继续向家庭和企业放贷。

针对金融机构信息技术活动，美联储对金融机构的IT活动（包括网络风险管理活动）进行了检查。此外，美联储联合FDIC和OCC为金融机构技术服务提供商提供信息技术统一评级系统。针对信托业务和转让代理业务，2021年，美联储审查员对州成员银行和非存款信托公司进行了68次信托审查，对注册为转账代理的3家州成员银行和1家银行控股公司（BHC）进行了转账代理检查。针对政府及市政证券交易和经纪，2021年，美联储对这些机构的政府证券活动进行了8次检查，审查了4家从事市政证券交易的实体。针对运营弹性和网络安全，2021年，美联储和其他联邦银行机构确定了一项最终规则，要求银行机构在网络安全事件发生时通知其监管机构，并要求某些为银行提供服务的供应商在此类事件发生时通知其客户银行，帮助银行组织和机构对网络威胁作出迅速反应。

（2）加大执法行动力度。2021年，美联储完成了52项正式执法行动。民事罚款共计396 700美元。根据法律规定，所有民事罚款都转交给财政部或联邦紧急事务管理署。各储备银行完成了44项非正式执法行动，其中非正式的执法行动包括谅解备忘录、承诺书、监督函和董事会决议。

（3）推动当前预期信贷损失（CECL）会计标准在社区银行的使用。2021年，美联储发布了一项工具，帮助社区银行实施CECL会计标准，该工具以电子表格为基础，利用公开的监管和行业数据，帮助资产不足10亿美元的社区银行计算其CECL损失准备金。

（4）支持少数族裔存款机构。2021年，美联储开展了紧急资本投资计划（Emergency Capital Investment Program，ECIP），发布联邦储备体系指引（Federal Reserve System Guidance），发布关于少数族裔金融机构和社区发展金融机构的规制指引。与OCC、FDIC联合发布一份临时最终规则，帮助实施紧急资本投资计划（ECIP）。此外，2021年9月，美联储举办少数族裔储蓄机构和社区发展金融机构会议，支持相关机构发展。

（5）加强与各类全球金融监管机构的合作。一是美联储为巴塞尔银行监管委员会（BCBS）发布的监管政策建议、报告和文件作出了贡献，这些建议、报告和文件旨在改善对银行组织的监管，并解决2008年国际金融危机和新冠肺炎疫情中出现的具体问题。二是美联储继续参与FSB的各种活动，促进国际金融稳定，帮助协调各国金融当局和国际标准制定机构的工作，并分享监督和监管实践方面的信息。三是美联储继续积极参与支付和市场基础设施委员会（Committee on Payments and Market Infrastructures，CPMI）的活动，促进支付、清算和结算活动的安全和效率。四是美联储积极参与保险业国际监管标准的制定，如国际保险监管者协会（International Association of Insurance Supervisors，IAIS）的标准制定，与州保险监管机构、全国保险委员协会和联邦保险办公室进行协商与合作。

（6）完善反洗钱监管。《2020年反洗钱法案》修订了《银行保密法》，自2021年1月1日起生效，这是美国自2001年以来对AML/CFT框架进行的最重大修订。该法案的目的是改善协调信息交流；提供现代化的AML/CFT法律；鼓励技术革新和采用新技术；改进以风险为基础的合规方法；建立统一的受益权属信息报告要求，建立安全的、非公开的受益权属信息数据库。

在消费者和社区事务方面，2021年美联储的工作主要包括：

（1）制定并实施监督检查政策，确保金融机构符合消费者保护法律法规和社区再投资法律法规的要求。第一，2021年，美联储继续监督金融机构遵守监管规定的情况，累计完成的检查数量从2020年的311次增加到2021年的391次，其中包括对本国银行的191次消费者合规性检查，对本国银行的187次CRA检查，对外国银行机构的13次检查。第二，2021年美联储完成了对州立银行的187项CRA检查。第三，美联储于2021年完成了两项关于不公平或欺骗性行为（Unfair or Deceptive Act or Practices，UDAP）的公共执法行动。2021年1月，针对一家银行的信用卡欺诈行为，美联储要求该银行向2万多名受影响的消费者支付约500万美元的赔偿，并采取其他纠正措施。2021年6月，针对一家银行在提供某些附加产品方面的不公平和欺诈行为，美联储要求该银行向6万多名客户支付约880万美元的赔偿，并采取其他纠正措施。此外，2021年美联储发布了六份正式的同意令，并对州立银行处以17.1万美元的民事罚款。第四，妥善处理投诉。2021年针对美联储监管实体的投诉共计5 814起，其中93%（5 422件）已被查封，7%仍在接受调查。

（2）编写与消费者保护和社区再投资相关的法规。2021年，美联储继续履行消费者金融服务和《公平借贷法》下的监管职责，包括起草法规、发布行业合规指南。此外，美联储持续更新监管豁免门槛，包括将消费信贷和租赁交易豁免门槛从58 300美元提升至61 000美元，将小额贷款豁免门槛从27 200美元提升至28 500美元，将《再投资法案》规定的小银行的资产规模门槛更新至13.84亿美元。

（3）进行研究、分析和数据收集，以识别和评估新出现的消费者和社区发展问题及风险，为政策决策提供信息，主要包括：研究影响消费者和社区发展的问题；将两年一次的联邦储备系统社区发展研究会议改为系列研讨会，探讨最新研究成果；分析金融服务领域可能对消费者构成风险的新兴问题。

（4）通过参与、召集和告知主要利益相关方，识别问题并推进社区发展。主要工作包括开展《2021年普通民众展望》调查，发布《促进少数族裔储蓄机构》报告等。

纽约联储银行：作为美国联邦储备系统中最重要、最具影响力的储备银行，纽联储承担着执行货币政策的任务。从2020年6月到2021年11月，在扩张性政策的指引下，美联储每月增持800亿美元的美国国债，以及400亿美元的机构抵押贷款支持证券。截至2021年末，分配至纽联储公开市场系统账户（System Open Market Account，SOMA）中的资产份额为4.91万亿美元，较2020年末增加0.95万亿美元，反映出央行系统资产负债表的扩张趋势[①]。2021年底，考虑到通货膨胀压力和劳动力市场的进一步改善，纽联储的货币政策开始转向。2021年12月，货币政策委员会宣布将把每月净资产购买量的削减速度提高一倍。在2022年1月的会议上，联邦公开市场委员会决定继续加快减少净资产购买，使净购买量在2022年3月初结束。自疫情暴发以来，联邦基金利率维持在接近零的水平，2022年3月联邦公开市场委员会将该利率的目标范围提高到0.25%

① Consolidated Statements of Condition，Federal Reserve Bank of New York，2021.

至0.5%，并在5月和6月再次提高了目标范围，以应对持续的通货膨胀压力和紧缩的劳动力市场供给[①]。除货币政策操作执行之外，纽联储也是联储系统中最有力的监督者，其在2021年继续支持美联储促进金融稳定的使命，并提供安全有效的金融服务。

## （二）证券期货业监管

美国各类证券市场及证券业主要由证券交易委员会（Securities and Exchange Commission，SEC）、美国金融业监管局（Financial Industry Regulatory Authority，FINRA）[②]、商品期货交易委员会（Commodity Futures Trading Commission，CFTC）以及市政债券决策委员会（Municipal Securities Rulemaking Board，MSRB）等不同监管机构监管。

证券交易委员会（SEC）：SEC的使命是保护投资者，维护公平、有序、高效的市场，并促进资本形成。（1）完善举报人机制。SEC的"吹哨人计划"至今已实行10多年，SEC向吹哨人提供了累计超过10亿美元的奖金。2021年，SEC进一步提高了吹哨人奖金额度，发放了该项目成立以来最高的两笔奖金。（2）聚焦不法行为监管。2021年特殊目的收购公司（SPAC）市场吸引了公众注意力和投资者资金。SEC采取了几项涉及SPAC的执法行动，在发现不当行为时保护投资者的利益。（3）强化投资者辅导和小企业援助。新冠肺炎疫情期间，通过手机直接投资的散户投资者数量大幅增加。2021年，SEC继续向投资者提供指导。此外，SEC有针对性地向企业提供监管援助和救济，通过小企业资本形成促进办公室（The Office of the Advocate for Small Business Capital Formation，OASB）与小企业展开合作。（4）加强网络安全监督。2021年，SEC采取重大执法行动，以确保上市公司和注册人认真对待网络安全风险和相关披露。此外，随着数字资产领域的不断发展，SEC积极应对数字资产证券产品和服务中的不当行为和新出现的风险。例如，2021年8月，SEC针对使用去中心化金融（Decentralized Finance，DeFi）技术的证券首次采取执法行动。此外，SEC还针对非法促进或兜售加密货币资产交易的交易平台采取执法行动。（5）完善规则制定。2021年，SEC共制定了11项建议规则（Proposed Rules）、9项最终规则（Final Rules）和1项临时最终规则（Interim Final Rule）。（6）提高企业信息披露要求。2021年，SEC公司财务司继续对企业披露框架进行现代化改进。2021年春季的统一议程中含有几项与披露规则相关的规定，包括与人力资本管理、公司董事会多样性、气候风险和网络安全风险治理相关的潜在规则制定。此外，2021年7月，SEC要求企业更突出地披露可变利益实体（Variable Interest Entities，VIE）结构和由此产生的风险。

① 资料来源：https：//www.federalreserve.gov/monetarypolicy/2022-06-mpr-summary.htm。

② 它是美国最大的非政府的证券业自律监管机构，于2007年7月30日由美国证券商协会与纽约证券交易所中有关会员监管、执行和仲裁的部门合并而成。它主要负责监管证券交易商与柜台交易市场的行为，以及投资银行的运作。

美国金融业监管局（FINRA）[①]：2021年，FINRA一直秉持其多年以来保护投资者、维护市场公平的使命，并不断探索创新监管实践。其主要监管措施包括：一是推进监管转型。继续以技术改造监管，通过采用有效技术解决方案支持监督方式转型，保护投资者和维护市场诚信。二是聚焦公司监管检查，进而推进更为全面有效的市场监督体系建设。事实上，FINRA在监管美国经纪自营商方面发挥着至关重要的作用。2021年，FINRA平均每天监测3 426亿次市场活动，以监测市场潜在的欺诈行为。全年监管处罚罚金合计1.03亿美元，返还受害投资者0.47亿美元。另外，1家公司被处以退市，386个经纪人/机构被处以暂停开展业务，269个经纪人/机构被禁止业务准入。三是与SEC等其他联邦、州监管机构密切配合，提升监管综合效率。2021年，FINRA与其他执法机构联合提起758起案件诉讼。四是积极提升市场的公正度和透明度。FINRA投资者教育基金会自成立以来，已支付超过1.24亿美元资金用于财务能力和欺诈预防相关教育培训；另推出老年人证券热线，自2015年4月开通以来至2021年12月，共收到2.48万个电话咨询，为老年投资者追回超过780万美元损失。

商品期货交易委员会（CFTC）[②]：CFTC主要负责监管美国衍生品市场，包括大宗商品期货、期权以及掉期交易等。2021年，CFTC的主要任务集中在以下几个方面。（1）积极应对气候变化给美国金融体系带来的风险。2021年3月，CFTC成立气候风险部门，推动CFTC在全球范围内践行绿色发展理念，并支持行业向零排放有序过渡。（2）防范数字资产风险。数字资产创纪录的增长和涉及数字资产的衍生品的广泛采用，对CFTC的监督提出新的问题。CFTC确保所有参与者都被纳入监管范围，并激励参与者优先考虑合规和风险管理。（3）加强执法。执法部门继续致力于维护市场诚信、保护客户权益、促进个人问责，以及加强与其他监管机构的合作。2021年，CFTC提出55项诉讼，其中有20多起涉及数字资产。此外，尽管疫情严重，举报办公室仍继续处理大量的举报、投诉，总计961起。

市政债券决策委员会（MSRB）：面对近4万亿美元的市政债券市场，作为自我监管型组织的MSRB，一直致力于维护市政债券市场的公正有序。2021年，MSRB主要推出了以下管理举措。第一，更新规则手册应对新冠病毒，向经销商和市政顾问提供有针对性的监管救济；第二，对EMMA[③]和市场透明度系统进行现代化改造；第三，利用云计算和数据分析提高向市场提供数据的质量；第四，保护和维护市场的公共利益和诚信，履行对社会责任及多元化、公平和包容的承诺；第五，制定《市政债券决策委员会战略规划（2022—2025）》，提出发展目标和相应的战略行动。

### （三）保险业监管

纽约保险业监管主要分为三个层面：一是州立法机关制定的保险法规。二是司法监

① 数据来源：FINRA，*Annual Financial Report*，2021。
② 数据来源：CFTC，*Agency Financial Report*，2021。
③ 全称是Electronic Municipal Market Access。网站作为市政市场数据和信息披露的集中来源，已成为满足投资者、发行人和所有市场参与者信息需求的重要工具。

督管理，主要由州立法院在保险合同双方发生纠纷后进行判定实现。三是行政监督管理，目前主要由纽约州金融服务局（Department of Financial Services，DFS）承担。2021 年，纽约市保险业监管基本制度框架变化不大，监管机构主要在一些具体的领域开展工作。

一是加强对网络保险承保公司的监管。2021 年 2 月，DFS 网络安全部门发布首个网络保险风险框架，对承保网络保险的财产 / 意外保险公司提供最佳实践，以便其有效管理网络保险风险。在此框架下，DFS 建议保险公司根据公司规模、资源、地理分布等因素，建立度量网络保险风险的正式策略。二是加大执法力度，加强金融消费保护。例如，DFS 完成对三州消费者保险公司（Tri–state Consumer Insurance Co.）的判决，以惩罚该保险公司将教育水平和职业状况作为保费确定因素这一违背纽约州第 150 号条例的行为；对帝国保险公司（Empire Healthchoice Assurance）处以 90 万美元的罚款，以惩罚其在医疗补充保险上的违规行为。三是积极应对新冠肺炎疫情带来的冲击。（1）免除 COVID–19 监测的费用分担。（2）颁布紧急法规要求保险公司在不分摊费用的情况下覆盖 COVID–19 的免疫接种。（3）通过一项最终法规，将远程医疗拓展至电话通信，以帮助消费者获得相关服务。（4）为方便消费者获得健康险，DFS 将 2021 年的注册期延长至全年。四是确保健康保险领域的公平与公正。2021 年 DFS 发布保险通函 1 号文和 3 号文，确保医疗诊断和治疗的保险可以覆盖至少数群体。

# 第四章 伦敦国际金融中心发展情况

伦敦金融城位于大伦敦中心，云集了全球具有重要影响力的银行、证券、保险机构及辅助金融机构。伦敦金融城金融市场高度成熟，拥有全球最大的外汇交易市场和场外利率衍生品交易市场、全球第二大法律服务业、全球第三大银行部门，国际基金管理行业也在全球名列前茅。伦敦也是欧洲对冲基金、私募股权基金、私人银行、交易所交易衍生品中心。①

## 一、经济金融社会发展概况

伦敦的金融业高度集中于大伦敦33个自治区之一的伦敦金融城。2020年，英国金融业对GDP的贡献率超过10%，为各行业中最高。金融业为政府提供的税收高达756亿英镑，占全国的10.1%，并为英国带来905亿英镑的贸易顺差，占英国GDP的4.2%，居各行业之首。英国金融业顺差总额名列全球第一，相当于排名第二和第三位的美国和新加坡的顺差总和。美国是英国金融服务出口的最大单一目的地，占出口总额的34.2%，欧盟成员国的占比为30.0%。伦敦创造的贸易顺差接近全国的一半。②

发达的金融和先进的相关专业服务为英国创造了大量的就业岗位。英国金融服务业的就业人数达到104.2万人，其中银行业38.2万人，保险业32.4万人，基金管理业6.3万人，其他金融服务业27.3万人。金融相关专业服务的就业人数达120.4万人，其中管理咨询行业46.5万人，财会类42.1万人，法律服务31.8万人。伦敦是金融及相关专业服务从业人员最集中的地区，人数高达75.7万人，占全国的33.7%。③

英国金融服务业是吸引海外直接投资（FDI）的关键领域，据统计，2020年，英国金融服务业吸引了197亿英镑的FDI，占FDI总额的57.6%。2017年至2020年，英国金融服务业FDI累计值达473亿英镑，占所有行业FDI的21.8%。

英国国家统计局（Office of National Statistics）公布的数据显示，2020年英国金融服务部门总产值达1 648亿英镑，占全部经济产出的8.6%，其中伦敦的贡献达一半左右。④

## 二、金融服务业与金融机构

### （一）银行业

伦敦是全球最大的国际银行业务中心。国际银行业务占所有银行业务的半壁江山，英资银行所持有的资产中约一半为海外资产。伦敦也是全球最重要的私人银行与投资银行中心。许多国际知名银行都在伦敦开展私人银行和投资银行业务。伦敦拥有超过200家外资银行，领先于纽约、巴黎、法兰克福等

① 资料来源：TheCityUK，Size and Importance of UK-based Financial and Related Professional Services。

② 数据来源：Key Facts about UK as an International Financial Center 2021。

③ 数据来源：Key Facts about UK-based Financial and Related Professional Services 2022。

④ 数据来源：Financial Services：Contribution to the UK Economy 2021。

国际金融中心。①

英国是全球最大的跨境银行业务中心，截至2020年第四季度，英国跨境银行贷款余额占全球总额的15%，跨境银行借款余额占全球总额的18%。英国拥有8 000多家银行及分支机构，约有38万人直接从事银行业工作。截至2021年第二季度，英国银行业总资产为14.3万亿美元，名列欧洲第一、全球第三，仅次于中国（57.4万亿美元）和美国（21.5万亿美元）。

英国银行业提供广泛的金融产品和服务，不断提高的服务效率促进了银行开户的普及程度，英国的账户拥有率达到99%。近年来，金融服务公司投资了数十亿英镑在互联网和移动银行以及非接触式支付等创新服务上，零售金融正经历一场数字化支付的革命。2020年，现金支付比上年减少35%，网上银行的普及率上升到72%，54%的用户使用移动客户端访问银行账户。2020年，非接触式支付卡的年交易额达到96亿笔，同比增长12%②。

根据英格兰银行统计，截至2021年末，英国本国银行持有金融衍生品资产25 393.08亿英镑、金融衍生品负债24 965.86亿英镑，净头寸427.22亿英镑。其中，外资银行持有的金融衍生品资产达10 653.41亿英镑，占金融衍生品资产总额的41.95%；负债达10 430.83英镑，占金融衍生品负债总额的41.78%（见表4–1）。

**表4–1　英国本地银行持有的金融衍生品头寸**

单位：百万英镑

| 机构类别 | 2021年末 | | 2020年末 | | 2019年末 | |
|---|---|---|---|---|---|---|
| | 资产 | 负债 | 资产 | 负债 | 资产 | 负债 |
| 银行与建筑协会③ | 377 360 | 376 722 | 523 705 | 520 660 | 450 368 | 453 384 |
| 公共部门 | 1 712 | 1 747 | 2 698 | 2 736 | 2 501 | 2 222 |
| 其他金融公司 | 645 733 | 647 904 | 790 922 | 801 557 | 567 442 | 567 741 |
| 其他本国机构 | 29 117 | 16 160 | 28 316 | 15 443 | 25 209 | 15 595 |
| 外资银行 | 1 065 341 | 1 043 083 | 1 342 024 | 1 278 221 | 992 713 | 949 574 |
| 其他国外机构 | 420 045 | 410 970 | 515 149 | 511 317 | 417 899 | 423 261 |
| 合计 | 2 539 308 | 2 496 586 | 3 202 814 | 3 129 934 | 2 456 132 | 2 411 777 |

数据来源：英格兰银行，Bankstats Table F1.1。

## （二）证券期货业

截至2021年12月末，伦敦证券交易所集团共有1 998家上市公司，总市值为3.80万亿美元。伦敦证券交易所集团拥有352家外资上市公司，全球排名第五，仅次于维也纳证券交易所（804家）、纳斯达克（798家）、纽约—泛欧交易所集团（600家）和莫斯科交

① 资料来源：Key Facts about the UK as an International Financial Centre。

② 数据来源：Key Facts about UK–based Financial and Related Professional Services 2022。

③ 建筑协会的英文是Building Society，该协会提供银行及相关金融服务，特别是储蓄和抵押贷款。

易所（509家）①。

2021年，伦敦证券交易所集团电子订单交易达4.25亿笔②，较2020年增长6.5%；交易额为7.71万亿英镑，较2020年增长81.3%。其中，证券交易所LSE的交易量为2.33亿笔，成交金额为1.13万亿英镑，较2020年分别下降14.2%和9.7%。衍生品交易所CurveGlobal的交易量为0.09亿笔，成交金额为6.06万亿英镑，较2020年分别增长142.1%和138.6%。交易平台Turquoise的交易量为1.83亿笔，成交金额为0.53万亿英镑，较2020年分别增长48.0%和13.1%。③

英国是全球衍生品交易中心，多个国际领先的衍生品交易所集聚伦敦，其中包括全球最大的有色金属交易所——伦敦金属交易所（LME），欧洲最大的能源期货交易所——ICE欧洲期货交易所（ICE Futures Europe），主要从事欧洲和全球股权衍生品交易的伦敦绿松石期货交易所（Turquoise Derivatives London），以及建立在伦敦的芝加哥商品交易所集团欧洲分部（它是芝加哥商品交易所集团第一个海外交易所，主要从事利率衍生品交易）。

### （三）保险业

英国保险业规模名列欧洲第一、全球第四，由保险公司、劳埃德（Lloyd's Market）、中介，以及各类专业支持性机构组成。

英国保险业是英国经济的重要组成部分。2020年，保险业向政府提供160亿英镑税收。此外，英国保险业管理着1.7万亿英镑的投资资金。截至2021年10月，在英国开展业务的保险公司达450家，其中232家为英国保险公司、218家为欧洲其他国家保险公司设立的分支机构。保险业从业人员达32.1万余人，其中11.4万人直接服务于保险公司、20.7万人从事相关辅助业务。④

英国保险业国际化程度较高，在全球最大保险公司排名中名列前茅。英国是欧洲最大的保险资金与养老金来源地。2020年，英国保险公司保费收入为3 383亿美元，占全球的5.4%；保费排名位于美国（25 306亿美元）、中国（6 559亿美元）和日本（4 418亿美元）之后，居全球第四位。保险深度和保险密度分别为11.1%和4 523美元，居全球前列。⑤

伦敦也是保险和再保险的国际交易中心，是全球前20大保险与再保险公司集聚地。伦敦市场的主要经营者是保险公司、劳埃德、保赔协会和经纪人。伦敦市场主要包括一般保险和再保险，主要涉及高风险。根据伦敦国际保险业协会的数据（IUA，保险和再保险公司的代表机构），在伦敦运营的非劳埃德、批发保险和再保险公司，2010年至2020年保费年均增长5.7%，达到331亿英镑。⑥

## 三、金融市场运行

英国金融市场主要集中在伦敦，是世界

① 数据来源：WFE。
② 统计口径较上年发生改变，剔除MTS Repo等的统计。LSE电子订单仅包括英国订单。
③ 数据来源：Monthly Market Report – December 2021，伦敦证交所。
④ 数据来源：UK Insurance and Long Term–Savings Key Facts 2022。
⑤ 数据来源：Swiss Re 2021。
⑥ 数据来源：Key Facts about the UK as an International Financial Centre，2021。

上历史最悠久、规模最大、国际化程度最高的金融市场之一。

## （一）货币信贷市场

英国货币市场的主要参与者包括银行、其他金融机构和非金融企业。交易类型分为担保交易和无担保交易。交易工具包括存贷款、商业票据、回购和大额可转让存单等。该市场作为英格兰银行实施利率政策和提供流动性的主要渠道，在传导货币政策和维护金融稳定方面发挥着重要作用。

根据英格兰银行统计，2021 年第四季度，英格兰银行的日均回购交易量为 1 232.45 亿英镑，较前两个季度略有下降；日均回购余额为 4 886.73 亿英镑，较前三个季度有所上升。2021 年第四季度，英格兰银行的日均逆回购交易量为 1 005.00 亿英镑，较第三季度略有下降；日均逆回购余额为 4 869.70 亿英镑，较前三个季度有所下降（见表 4–2）。

**表 4–2　英国回购和逆回购**

单位：亿英镑

| 项目 | 2021 年第四季度 | 2021 年第三季度 | 2021 年第二季度 | 2021 年第一季度 |
|---|---|---|---|---|
| 回购 | | | | |
| 日均回购交易量 | 1 232.45 | 1 257.20 | 1 272.56 | 1 204.78 |
| 日均回购余额 | 4 886.73 | 4 696.33 | 4 384.11 | 4 391.89 |
| 逆回购 | | | | |
| 日均逆回购交易量 | 1 005.00 | 1 016.99 | 987.32 | 1 000.08 |
| 日均逆回购余额 | 4 869.70 | 5 009.10 | 4 912.10 | 4 917.70 |

数据来源：英格兰银行。

2021 年末，英国金融机构向非金融企业贷款余额为 5 262.34 亿英镑，比上年末减少 34.50 亿英镑（见表 4–3）。从贷款投向看，对中小企业的贷款余额为 2 091.88 英镑，占比为 39.8%，对大型企业的贷款余额为 3 170.46 亿英镑，占比为 60.2%。

**表 4–3　英国金融机构向非金融企业贷款余额**

单位：亿英镑

| 时间 | 贷款（不含透支） | 透支 | 总贷款 |
|---|---|---|---|
| 2015 年末 | 3 934.01 | 361.41 | 4 295.42 |
| 2016 年末 | 4 112.73 | 377.87 | 4 490.60 |
| 2017 年末 | 4 195.24 | 459.69 | 4 654.93 |
| 2018 年末 | 4 276.53 | 485.84 | 4 762.37 |
| 2019 年末 | 4 428.62 | 468.51 | 4 897.13 |
| 2020 年末 | 4 873.46 | 423.38 | 5 296.84 |
| 2021 年末 | 4 896.19 | 366.15 | 5 262.34 |

数据来源：英格兰银行，Bankstats Table A8.1。

### （二）金融衍生品市场

英国的金融衍生品市场以种类丰富、交易活跃而闻名，其金融衍生品包括利率衍生品、外汇衍生品、大宗商品与股权衍生品和信用衍生品等，利率衍生品、外汇衍生品工具下又分为掉期、期权、期货和远期等。

2019 年，英国超过美国，再次成为最大的场外利率衍生品交易中心。英国场外利率衍生品的市场份额从 2016 年 4 月的 39% 升至 2019 年 4 月的 50%，而美国的全球市场份额从 2016 年 4 月的 41% 降至 2019 年 4 月的 32%。[①] 2019 年 4 月，英国场外利率衍生品的日均交易量为 3.67 万亿美元，高于 2016 年 4 月的 1.18 万亿美元。

截至 2021 年末，英国本地银行共持有金融衍生品总资产 2.54 万亿英镑，总负债 2.50 万亿英镑，净资产 427 亿英镑。金融衍生品资产方面，按交易对手分，外资银行、其他外资机构、本地银行及建筑协会这三类交易对手的头寸位居前三，分别为 1.07 万亿英镑、6 457 亿英镑和 3 774 亿英镑。从金融衍生品类型看，利率衍生品资产余额最高，达 1.56 万亿英镑，其中，利率掉期 1.42 万亿英镑，利率期权 1 372 亿英镑，利率远期与期货 9 亿英镑，其他利率衍生品 26 亿英镑。外汇衍生品资产总额为 6 496 亿英镑，其中，外汇掉期 2 699 亿英镑，外汇期权 522 亿英镑，外汇远期与期货 3 275 亿英镑，其他外汇衍生品 300 万英镑。大宗商品与股权衍生品资产总额为 2 489 亿英镑，信用衍生品资产总额为 845 亿英镑。

金融衍生品负债方面，按交易对手分，外资银行、其他外资机构、本地银行及建筑协会这三类交易对手的头寸位居前三，分别为 1.04 亿英镑、6 479 亿英镑和 3 767 亿英镑。从金融衍生品类型看，利率衍生品负债余额最高，达 1.48 万亿英镑，其中，利率掉期 1.34 万亿英镑，利率期权 1 420 亿英镑，利率远期与期货 10 亿英镑，其他利率衍生品 22 亿英镑。外汇衍生品负债总额为 6 545 亿英镑，其中，外汇掉期 2 721 亿英镑，外汇期权 533 亿英镑，外汇远期与期货 3 290 亿英镑，其他外汇衍生品 700 万英镑。大宗商品与股权衍生品负债总额为 2 705 亿英镑，信用衍生品负债总额为 874 亿英镑（见表 4–4）。

ICE 欧洲期货交易所提供利率与股权衍生品交易。2021 年，该交易所累计交易利率衍生品 5.27 亿手，其中期货 4.35 亿手，期权 0.92 亿手；交易股权衍生品 0.75 亿手，其中期货 0.53 亿手，期权 0.22 亿手。[②]

① 伦敦证交所：Foreign Exchange and OTC Derivatives Markets Turnover Survey，2019。该报告每三年更新一次。
② 数据来源：ICE Report Center，www.theice.com/marketdata/reports/7。

**表 4-4　英国本地银行持有的金融衍生品头寸**

单位：百万英镑

| 分类 | | 2021 年末 | | 2020 年末 | | 2019 年末 | |
|---|---|---|---|---|---|---|---|
| | | 资产 | 负债 | 资产 | 负债 | 资产 | 负债 |
| 利率 | 掉期 | 1 415 477 | 1 338 994 | 1 930 541 | 1 826 038 | 1 430 776 | 1 072 158 |
| | 期权 | 137 217 | 142 029 | 185 352 | 193 070 | 157 678 | 148 101 |
| | 期货和远期 | 938 | 1 025 | 2 292 | 2 532 | 2 993 | 2 157 |
| | 其他 | 2 642 | 2 237 | 8 045 | 6 787 | 8 700 | 8 583 |
| 外汇 | 掉期 | 269 873 | 272 128 | 316 782 | 314 807 | 304 452 | 357 780 |
| | 期权 | 52 242 | 53 336 | 80 206 | 81 086 | 63 297 | 91 038 |
| | 期货和远期 | 327 529 | 328 996 | 352 973 | 358 387 | 218 113 | 228 702 |
| | 其他 | 3 | 7 | 2 | 3 | 80 | 61 |
| 大宗商品和股票 | | 248 913 | 270 470 | 190 440 | 253 128 | 271 751 | 190 440 |
| 信用衍生产品 | | 84 475 | 87 363 | 79 603 | 73 493 | 75 472 | 79 603 |
| 合计 | | 2 539 308 | 2 496 586 | 2 456 132 | 3 202 813 | 3 129 933 | 2 456 132 |

数据来源：英格兰银行，Bankstats Table F1.1。

## （三）资本市场

### 1. 股票市场

伦敦证交所共分四个市场，分别是主板市场、另类投资市场、专业证券市场以及专业基金市场。伦敦证交所提供的证券交易类别广泛，包括英国股票、国际股票、ETF与证券化衍生品、存托凭证（Depository Receipts）、债务、优先股、普通股认购权证（Equity Warrants）、打包证券单位（Package Units）和可转换证券等。

伦敦拥有欧洲最大的股票市场，截至2021年12月末，伦敦证券交易所集团共有1 998家上市公司，总市值为3.80万亿美元。

主板市场：截至2021年12月末，主板市场上共有上市企业1 127家，其中本国企业924家、外国企业203家。总市值为3.8万亿英镑。其中，本国企业市值为2.7万亿英镑，占比为71.1%；外国企业市值为1.1万亿英镑，占比为28.9%。在主板上市公司分布上，大公司市值占比较高。其中，市值在500亿英镑以上的超大型公司共有15家，尽管数量仅占总上市公司数的1.3%，但股票市值占主板市场总市值的38.4%。市值在20亿英镑以上的公司共有225家，其市值占主板市场总市值的91.0%。

另类投资市场（Alternative Investment Market，AIM）：该市场成立于1995年，是专为高速成长的中小企业提供融资渠道的资本市场。截至2021年12月末，另类投资市场共有上市企业852家，其中本国企业734家、外国企业118家，总市值为1 500亿英镑。

专业证券市场（Professional Securities Market，PSM）：它是一个创新、专业化的市场，旨在满足发行人的特定需求，通过向专业投资者发行专业债务证券或存托凭证（DR）筹集资金。

专业基金市场（Professional Fund Market,

PFM）：它是伦敦证券交易所为机构投资者提供的封闭式投资基金市场，包括私募股权基金、对冲基金、单一和多策略基金、专业地域基金、专业地产基金、基础设施基金、主权财富基金等。

在一级市场上，2021 年，伦敦证交所主板市场共发行 87 只新股，其中本国企业 76 家、外国企业 11 家。总募集资金为 69.72 亿英镑。其中，本国企业募集 66.09 亿英镑，占比为 94.8%；外国企业募集 3.63 亿英镑，占比为 5.2%。861 家上市企业完成再融资 191.02 亿英镑。其中，本国企业 798 家，融资额为 170.17 亿英镑；外国企业 63 家，融资额为 20.85 亿英镑。AIM 新发行 87 只新股，其中本国企业 66 家、外国企业 21 家，总募集资金为 435.53 亿英镑。2 005 家企业完成再融资 68.73 亿英镑，其中本国企业 1 667 家、外国企业 338 家。

在二级市场上，2021 年，伦敦证交所成交额总计 1.31 万亿英镑，同比下降 6%。其中，主板市场成交额为 1.22 万亿英镑，同比下降 7%，AIM 成交额为 799 亿英镑，同比增长 16%。①

**2. 债券市场**

英国债券市场组成如下：

（1）政府债券。政府通过发行政府债券筹集资金。其中，英国市政债券服务局（Municipal Bonds Agency）协助各地政府以较低成本进行融资，所得资金主要用于基础设施和房屋建造等。

（2）其他英国固定利率债券，包括可转换债券、优先股及其他由公司、地方政府和银行发行的债券。

（3）国际债券。伦敦日益成为国际债券发行与交易中心。截至 2021 年第四季度，英国的国际债券规模达 3.4 万亿美元，居世界首位，约占全球总量的 12.2%。②

英国是全球绿色金融领域的积极推动者，伦敦证交所自 2015 年起引入绿色债券专业板块，吸引了中国、印度和中东地区首批经过认证的绿色债券以及亚太地区和美洲地区首批绿色主权债券。该板块于 2019 年 10 月被可持续债券板块替代。2021 年，有 105 只绿色债券在伦敦证交所上市，筹集资金达 520 亿英镑。③

**3. 基金市场**④

伦敦是全球领先的基金管理中心之一，截至 2020 年，英国基金业管理的资产总额达到创纪录的 14 万亿美元（11 万亿英镑）。英国基金业国际化程度较高。首先，在机构层面，英国汇聚了大量本国与外国基金公司；其次，从投资方向上看，股权类投资中，海外投资占比达 70.7%，债权类投资中，海外投资占比为 50.2%；最后，在服务对象上，为海外客户管理的基金总额达到 4.6 万亿美元（3.6 万亿英镑）。

在传统投资领域，英国是欧洲最大的养老基金来源地，2020 年，养老基金管理规模达 3.6 万亿美元，占全球总额的 6.8%。养老金资产与 GDP 比率达 135.1%，在全球名列前茅。此外，英国的保险资金和共同基金规模也居世界前列，规模分别为 2.6 万亿美元和 2.3 万亿美元（见表 4–5）。

① 数据来源：伦敦证券交易所网站。
② 数据来源：Summary of Debt Securities Outstanding，BIS。
③ 数据来源：伦敦证券交易所网站。
④ 本部分主要数据来源为：Key Facts about the UK as an International Financial Centre 2021；Key Facts about UK-based Financial and Related Professional Services。

**表 4–5 传统型投资管理资产**

单位：10 亿美元

| 国家或地区 | 养老基金（2020.12） | 保险资金（2019.12） | 共同基金 （2021.6） |
|---|---|---|---|
| 美国 | 32 567 | 7 398 | 32 485 |
| 日本 | 3 613 | 3 899 | 2 412 |
| 英国 | 3 564 | 2 606 | 2 310 |
| 法国 | 166 | 865 | 2 525 |
| 加拿大 | 3 080 | — | 1 820 |
| 其他 | 9 532 | 21 688 | 26 997 |
| 全球 | 52 522 | 36 456 | 68 549 |

数据来源：Key Facts about the UK as an International Financial Centre，2021。

伦敦是仅次于纽约的全球第二大对冲基金管理中心。2020 年，英国对冲基金规模为 4 480 亿美元（3 500 亿英镑），约占全球的 14%，一直保持欧洲第一的位置。英国还是众多对冲基金管理服务中心，如机构经纪、托管和审计等。

英国拥有发达的私募股权市场。2020 年，英国私募股权基金的总投资额为 378 亿美元（295 亿英镑），居欧洲首位；英国的被投公司获得来自全球 244 亿美元（190 亿英镑）的股权投资。伦敦是欧洲最大的私募股权投资与基金管理中心，2017—2020 年，英国私募股权业为 5 635 家公司提供了 1 168 亿美元（903 亿英镑）的投资。

## （四）外汇市场

英国外汇市场在全球居领先地位。根据 2019 年 4 月数据，英国外汇交易量占全球的 43%，高于 2016 年 4 月的 37%。2019 年 4 月，英国日均外汇交易额为 3.58 亿美元，而 2016 年 4 月的日均交易额为 2.41 亿美元。这一增长逆转了 2013 年至 2016 年调查期间 12% 的降幅。①

英国外汇市场主要是场外市场，由即期交易、无本金交割远期、直接远期、外汇掉期、货币互换、外汇期权等市场构成。其主要参与者包括报告交易商、银行、其他金融机构和非金融机构等。

根据外汇交易联合常设委员会（The Foreign Exchange Joint Standing Committee）统计数据②（见表 4–6），2022 年 4 月，英国外汇日均交易量达 3.3 万亿美元，较 2021 年 10 月增长 19%，较 2021 年 4 月增长 11%。各类外汇交易工具交易量涨跌不一。与 2021 年 10 月相比，外汇互换交易量为 1.69 万亿美元，上涨 18%；即期交易量上涨 21%；直接远期外汇合约交易量和无本金交割远期（NDF）分别增长 14% 和 7%；货币互换交易量下降 7%。

从货币对看，2022 年 4 月，美元 / 欧元货币对的交易最为活跃，日均交易额为 9 521 亿美元，较 2021 年 10 月上涨 24%，较 2021

① Foreign Exchange and OTC Derivatives Markets Turnover Survey，2019。该报告每三年更新一次。

② Results of the Semi-Annual FX Turnover Surveys, April 2022.

年 4 月上涨 5%。排名第二的美元 / 英镑货币对日均交易额为 4 320 亿美元，与 2021 年 10 月持平，较 2021 年 4 月上涨 14%。美元 / 日元货币对的交易额从 2021 年 10 月的 2 893 亿美元上涨至 3 813 亿美元，上升幅度为 32%，排名第三。美元 / 人民币货币对的交易额达 1 146 亿美元，较 2021 年 10 月上涨 50%，为历史最高水平。

**表 4–6　英国外汇市场数据**

单位：10 亿美元、%

| | 2022 年 4 月 | 2021 年 10 月 | 2021 年 4 月 | 2020 年 10 月 | 2020 年 4 月 | 2019 年 4 月 |
|---|---|---|---|---|---|---|
| 日均交易量 | | | | | | |
| 交易总量 | 3 271 | 2 758 | 2 948 | 2 582 | 2 412 | 2 821 |
| 即期 | 884 | 730 | 805 | 706 | 677 | 789 |
| 远期 | 505 | 453 | 451 | 391 | 382 | 401 |
| 外汇互换 | 1 686 | 1 428 | 1 527 | 1 333 | 1 202 | 1 447 |
| 货币互换 | 26 | 28 | 37 | 25 | 27 | 26 |
| 期权 | 170 | 119 | 128 | 127 | 124 | 158 |
| 交易币种占比 | | | | | | |
| 美元 | 90 | 89 | 90 | 88 | 90 | 89 |
| 欧元 | 37 | 36 | 39 | 39 | 38 | 39 |
| 日元 | 14 | 13 | 14 | 14 | 16 | 13 |
| 英镑 | 17 | 20 | 17 | 18 | 15 | 17 |
| 澳大利亚元 | 6 | 6 | 5 | 5 | 5 | 6 |
| 瑞士法郎 | 6 | 5 | 5 | 6 | 6 | 5 |
| 加拿大元 | 6 | 5 | 5 | 5 | 4 | 4 |
| 其他货币 | 24 | 26 | 25 | 25 | 26 | 27 |
| 全部货币 | 200 | 200 | 200 | 200 | 200 | 200 |

数据来源：英格兰银行。

## （五）商品市场

### 1. 商品期货市场

伦敦拥有下述重要大宗商品衍生品交易所：全球领先的有色金属交易所——伦敦金属交易所，欧洲最大的能源期货交易所——ICE 欧洲期货交易所。其中，ICE 经收购交易，将欧洲最大的软商品交易所 NYSE Liffe 纳入旗下。此外，伦敦还有数家全球知名大宗商品组织，包括国际咖啡组织 (International Coffee Organization)、粮食和饲料贸易协会 (The Grain and Feed Trade Association) 和国际糖业组织 (International Sugar Organization) 等。伦敦作为重要的国际金融中心，成为参与大宗商品交易的国际企业、投资银行和其他金融机构的交易首选之地。

伦敦金属交易所是世界工业用金属交易中心。其三个交易平台（LME select 电子交易平台、交易圈和 24 小时电话交易平台）的价格被作为全球基准价，并用于企业和投资机构的风险管理。该交易所提供14种金属的6种不同合约，含有色金属、黑色金属、贵金属和小金属四大类，包括铝、铜、锌、镍、铅、锡、铝合金、北美特种铝合金（NASAAC）、螺纹钢、废钢、黄金、白银、铂金、钯、钼和钴等。提供的交易合约包括期货、期权、交易平均价期权、月均期权、LME小型期货合约和指数产品等。

按金属分，2021年，LME金属交易量为1.450亿手，低于2020年的1.549亿手，下降6.4%。其中，自1978年问世以来，铝一直是该交易所流动性最高的品种，2021年共交易6 088万手，较2020年下降5.6%。铜是该交易所1877年建立时提供的第一个交易品种，2021年合约交易量为3 140万手，较2020年下降8.7%。铅合约交易1 079万手，较2020年下降5.5%。镍于1979年引入交易，作为生产不锈钢和电池的重要组成部分，对能源行业的发展，尤其是代表未来发展的电动汽车业，具有举足轻重的影响。2021年镍合约交易量为1 735万手，较2020年下降4.4%。锡合约交易103万手，比2020年下降17.1%。锌最早于1920年上市，也是流动性最强的交易品种之一，被许多经济学者称为全球经济的“晴雨表”，2021年合约交易2 310万手，较2020年下降5.9%。

按工具分，期货合约交易1.382亿手，较2020年下降7.2%；期权合约交易672万手，较2020年增长12.8%。①

ICE欧洲期货交易所为原油、利率、股权衍生品、天然气、电能、煤炭、二氧化碳排放和软商品等提供期货与期权合约交易。2021年，ICE欧洲期货交易所的合约成交量为12.03亿手，其中，期货合约10.44亿手，期权合约1.59亿手。利率和布伦特原油是交易量前两位的标的。在期货合约中，利率合约和布伦特原油合约交易量分别为4.35亿手和2.44亿手。在期权合约中，利率合约和布伦特原油合约交易量分别是9 162万手和2 902万手。②

**2. 伦敦金银市场**

在伦敦，大量的贵金属交易通过场外市场进行。伦敦金银市场由伦敦金银市场协会（London Bullion Market Association，LBMA）主办。作为全球著名的贵金属批发市场标准制定机构，该协会不是一家交易所，而是一家金银市场的代表性机构。其成员分为做市商和普通会员两类，包括银行、制造商、提炼商、运输商和经纪商等。该组织全球会员企业数超过140家。

2021年，伦敦黄金持有量为3.1亿盎司（约5 542亿美元），较上年增加3 229万盎司；白银持有量为11.6亿盎司（约261亿美元），较上年增加8 092万盎司。③ 在LBMA价格竞拍中，绝大多数的黄金和白银都通过中央清算渠道进行清算。2021年，通过伦敦金银市场协会清算的日均金银交易量分别为1 760万盎司（约317亿美元）和2.47亿盎司（约64亿美元）。④

① 数据来源：Annual Trading Volumes，LME。
② 数据来源：https：//www.theice.com/marketdata/reports/7。
③ 数据来源：Vault Holding Data，LBMA。
④ 数据来源：Clearing Statistics，LBMA。

## 四、金融监管

### （一）金融政策委员会

英国央行金融政策委员会（Financial Policy Committee，FPC）是2008年国际金融危机后为改善金融稳定而引入的新监管体系的一部分，负责识别、监控并采取行动消除或降低系统性风险，以保护和增强英国金融体系的弹性。FPC的次要目标是支持政府的经济政策。FPC有两套权力——指导权力和推荐权力：金融政策委员会有权指示监管机构对一些具体的政策工具采取行动，还可以提出降低金融稳定风险的建议。

FPC通常有13个成员。其中6人是英国央行（Bank of England）员工：行长、4名副行长以及负责金融稳定战略和风险的执行董事。该委员会还包括金融行为监管局（Financial Conduct Authority，FCA）的首席执行官和英国财政部（HM Treasury）的一名无投票权成员。此外，还有5名外部成员是根据他们在金融服务方面的经验和专业知识从央行外部挑选出来的。

FPC通常每年召开4次会议、发布2次《金融稳定报告》，阐述委员会对金融稳定面临的主要风险的看法，并评估金融体系应对这些风险的准备程度。

2022年7月的《金融稳定报告》[①]认为：在通货膨胀压力和货币政策收紧的情况下，英国和全球的经济前景大幅恶化。一方面，俄乌冲突以及由此引发的全球供应链进一步中断导致能源和其他商品价格快速上涨，全球通货膨胀压力急剧攀升，家庭实际收入和企业利润水平因此下降。另一方面，为应对通货膨胀，世界多国货币政策转向收缩，全球金融状况显著收紧，市场利率和公司债券利差大幅上升，反映了政策进一步收紧的预期以及信贷风险的增加。

金融市场方面，高波动率使通常流动性充足的市场（如美国国债、金边债券和利率期货市场）出现流动性状况恶化。虽然英国核心金融市场保持正常运转，然而伴随市场波动率增加，FPC判断金融系统流动性状况可能会进一步恶化。目前，FPC正在参与一项由金融稳定委员会（FSB）协调的重要工作计划，以了解并在必要时修复在2020年3月"现金冲刺"（"Dash for cash"）中暴露的漏洞，该计划将于2022年底报告其主要调查结果和政策建议。

金融机构方面，虽然2022年第一季度英国主要银行资本充足率有所下降，但银行的资本和流动性状况依然保持良好，综合盈利能力增强。生活成本和利率的上升使英国家庭面临的财务压力增加，但FPC认为银行仍有能力在经济状况恶化的情况下向家庭和企业提供贷款支持。

未来，FPC将继续监测英国家庭债务脆弱性，以及影响金融稳定的其他脆弱性，例如企业部门压力引起的脆弱性，以及英国主要银行对这些脆弱性的抵御能力。

### （二）货币政策委员会

货币政策委员会（Monetary Policy Committee，MPC）通过制定英格兰银行的货币政策以保持低通货膨胀和货币稳定。其主要职责包括：维持物价稳定，支持政府经

① Bank of England，*Financial Stability Report*，July 2022.

济政策，实现增长与就业目标。

MPC 由 9 名成员组成：央行行长，3 位分别负责货币政策、金融稳定、市场和银行业的副行长，首席经济学家以及 4 位直接由财政大臣任命的外部成员。他们的职责是确保 MPC 充分了解财政政策发展和政府经济政策的其他方面，并确保财政大臣充分了解货币政策。MPC 每年召开 8 次会议制定货币政策。

MPC 制定货币政策以实现 2% 的通货膨胀目标，并以有助于维持增长和就业的方式实现该目标。在 2022 年 1 月底的货币政策公告中，MPC 表示将进一步适度收紧货币政策。这与 2021 年 9 月以来 MPC 已经采取的以下货币政策保持一致：（1）取消了表明政策利率不变的前瞻性指导；（2）结束资产购买；（3）于 2022 年 1 月开始持续提高银行利率；（4）宣布开始缩减因量化宽松而积累的资产组合。

在 2022 年 8 月 3 日的 MPC 会议上，MPC 以 8 比 1 的多数票通过将银行利率上调 0.5 个百分点至 1.75%[①]。MPC 的加息决定依赖于模型给出的经济路径。一是英国及欧洲其他地区近期面临严重的通货膨胀压力，俄罗斯的禁运导致天然气价格自 5 月以来几乎翻倍，能源价格上涨传导至消费终端并带动 CPI 增长，2022 年 7 月英国的通货膨胀率高达 10.1%，创下自 1982 年 2 月以来的新高。二是高通货膨胀导致经济进一步下滑。天然气价格的上涨导致英国和欧洲其他地区的经济前景再次大幅恶化，预计英国将从 2022 年第四季度开始进入衰退。三是远期通货膨胀将显著下降。经济疲软和失业率的上升减轻工资增长的压力，远期通货膨胀压力随之消散。

除加息之外，MPC 还启动了资产购买工具（Asset Purchase Facility，APF）减持计划。APF 规模削减过程始于 2022 年 2 月，当时委员会投票决定停止金边债券的投资，并卖出投资级非金融公司债券。5 月的 MPC 会议上，委员会央求央行人员制定出售 APF 中英国政府债券（金边债券）的战略，并在 8 月会议上提供最新进展。委员会的资产出售战略应该遵循以下原则：一是委员会倾向于使用利率进行货币政策调节；二是资产出售的行为不会扰乱金融市场的运作；三是为维护市场运行，资产出售将在一段时间内以渐进可预测的方式进行。根据央行的分析，委员会定于 9 月的政策会议后开始金边债券的出售，但最终决定需视经济和市场情况而定。截至 2022 年 8 月 3 日，APF 资产规模为 8 631 亿英镑，其中包括 8 440 亿英镑的英国政府债券和 191 亿英镑的投资级非金融公司债券。

## （三）审慎监管委员会

审慎监管委员会（Prudential Regulation Committee，PRC）根据《1998 年英格兰银行法》成立，同时根据 2000 年《金融服务与市场法》，PRC 有权行使英国央行审慎监管的职能。

PRC 对总计 1 500 余家银行、建筑协会、信用联盟、保险公司和主要投行等机构进行监管。PRC 的总目标是促进被监管公司的安全与稳健；确保公司开展业务的方式能避免对英国金融系统稳定性产生不利影响；为保

① https://www.bankofengland.co.uk/monetary-policy-summary-and-minutes/2022/august-2022.

险投资人提供保护；在合理的可能范围内，促进市场服务的有效竞争。[①]

2021 年，PRC 的主要工作如下。[②]

一是制定健全的审慎监管标准，并要求受监管的公司及其运营者遵循相关标准。具体举措包括：（1）使用议会授予的新权力[③]，发布巴塞尔协议 Ⅲ 关于银行部分的最终政策，加入协议过渡期结束前尚未实施的条款。（2）为小型非系统重要性银行和建筑商协会创建简单却富有弹性的审慎框架。（3）支持制定国际保险监管标准和实施国际保险监督员协会（IAIS）管理系统性风险的整体框架。（4）继续与政府合作审查偿付能力指令 Ⅱ（Solvency Ⅱ）保险监管。（5）参与对 LIBOR 过渡的监督，消除过渡障碍，加强对英镑无风险利率工作组（RFRWG）目标进展情况的监测，以及相关风险管理。（6）为正式“脱欧”后的英国提供可持续和有弹性的金融监管框架。

二是确保公司拥有足够的资本和流动性应对风险。具体举措包括：（1）针对银行商业和零售活动中的关键脆弱部门和资产类别，开展资产质量审查，以评估 COVID-19 的金融风险和影响，包括中小型企业和商业房地产贷款、无抵押个人贷款和购买出租投资组合。（2）与存款接受者及审计机构合作，完善预期信用损失会计披露的一致性及披露标准。（3）审查保险公司对低流动性资产的管理，包括有关偿付能力指令 Ⅱ 配置调整组合（Solvency II Matching Adjustment Portfolios）的内部评级的适当性，以及内部评级验证过程的稳健性。（4）针对新冠肺炎疫情的冲击，就银行是否有足够的资本继续支持英国家庭和企业展开压力测试。测试结果表明，即便新冠肺炎疫情对经济的冲击超出预期，英国主要的银行依旧能保持足够的弹性。

三是开展对公司运营弹性的监督，以降低重要业务服务和关键经济功能提供中断的风险。具体举措包括：（1）与央行以及金融行为监管局（FCA）就公司的运营弹性发表联合声明。要求金融中介机构识别其潜在的业务中断；对业务设置影响容忍度以量化机构能容忍的最大限度的业务中断；识别支持业务的人员、技术、设备等，以便在发生业务中断时采取措施确保容忍度保持在可接受区间。（2）发布对外包及第三方机构的监管框架，以促进网络云和其他新科技的采用。（3）对公司展开基于 CBEST[④] 和 CQUEST 评估框架的网络评估。2021 年，PRC 完成 10 次 CBEST 评估，有关公司完成 191 份基于 CQUEST 评估框架的网络问卷评估。

四是积极适应市场变化，降低潜在风险。具体举措包括：（1）与央行合作，为稳定币的监管奠定基础。（2）在双年度气候探索情景演习中探索主要银行和保险公司对气候相关金融稳定风险的抵御能力。（3）协助巴塞尔银行监管委员会，就数字化和金融去中介化对零售银行的影响展开研究。

## （四）金融基础设施监管

金融市场基础设施（Financial Market Infrastructures，FMI）本质上是允许金融交易发生的网络，通常被称为金融系统的管道。

① Terms of Reference for the Prudential Regulation Committee.

② https：//www.bankofengland.co.uk/-/media/boe/files/annual-report/2022/pra-2022.pdf.

③ New powers under *Financial Services and Markets Act 2000*[FSMA] sections 144G（1）；144H（1）and（2）；192XA；and 192XC.

④ PRC 和 FCA 联合发布的评估框架，用于评估公司重要业务服务的网络弹性，以确定其网络防御能力。

FMI 有助于使消费者、企业和金融服务部门之间的金融交易更安全、更高效、更便宜。由于其对金融系统平稳运行的重要性，英格兰银行对某些 FMI 进行了监管，以确保它们的安全运行。

英格兰银行监管三种主要类型的 FMI：被认可的支付系统、中央证券存管机构，以及中央对手方（CCP）。[①] 在英国，每天受英格兰银行监管的 FMI 的支付额大约有 3 600 亿英镑。

2021 年，英国央行金融市场基础设施监管工作为推进和实现金融稳定目标发挥了重要作用，其主要工作内容如下。

一是对 FMI 进行有效监管，并有针对性地完善监管框架。具体举措包括：（1）联合 FCA、PRA 发布新政策[②]，增强 FMI 的运营弹性。政策要求 FMI 识别其重要业务服务，设置服务中断的影响容忍度，并确保在某些严重但合理的特殊情况下继续提供服务。（2）应对新冠肺炎疫情及随之而来的市场波动对 FMI 在财务和运营方面的影响。为确保 FMI 有足够的财政资源维持各项服务，FMI 董事会在对股东进行任何分配或就可变薪酬作出决定时，需密切关注新冠肺炎疫情带来的额外风险及潜在的财务和运营需求，并提前与央行进行沟通。2021 年 11 月 11 日，FMI 确认央行已考虑恢复在新冠肺炎疫情之前的股息支付方法。

二是增强 CCP 的弹性和恢复能力。具体举措包括：（1）开展 CCP 监管压力测试。英国央行计划将 CCP 监管压力测试作为一种关键机制，通过它对单个 CCP 的弹性和整个清算网络的更广泛的弹性进行评估。为此，央行于 2021 年 6 月发布相关文件，明确其为 CCP 监管压力测试制定公共制度的意图，并于 2021 年启动了首次公开的 CCP 监管压力测试。该测试用于探索英国 CCP 的信用和流动性弹性，测试对象为英国现有的三家获授权的 CCP：伦敦清算所（LCH）、伦敦金属交易所清算所（LME Clear Limited）和洲际交易所欧洲清算所（ICE Clear Europe Limited）。（2）针对基准利率改革带来的市场变化，修订清算义务（clearing obligation）范围。2021 年 5 月英国央行发布咨询文件，提出用隔夜指数掉期（Overnight Index Swap，OIS）替换清算义务合约中被停止使用的基准利率，并于 9 月发布正式文件。（3）与财政部协商拓展 CCP 的处置机制。拓展后的处置机制赋予央行更大的监管权限，对于存在破产风险的 CCP，央行可直接将其接管，以便采取更迅速的行动稳定 CCP。扩大央行的监管权限既有利于风险控制，也能确保破产的最终损失承担者为 CCP 及其清算成员，而非纳税人。（4）参与国际合作，在 CCP 保证金领域开展研究。疫情期间市场的剧烈波动导致保证金大幅上涨，引发市场对保证金比例过度顺周期化的探讨。央行联合巴塞尔银行监管委员会等组织就新冠肺炎疫情早期的保证金安排进行审查，内容包括对已清算和未清算市场的保证金追加通知的分析、追加保证金的驱动因素、保证金安排的透明度和可预测性以及市场参与者的流动性管理。审查结果以报告形式于 2021 年 11 月发布[③]。

三是确保监管跟上技术创新的节奏。英格兰银行处于工作的最前沿，以确保监管框

① https：//www.bankofengland.co.uk/financial-stability/financial-market-infrastructure-supervision.
② 参见 Bank of England Policy on Operational Resilience of FMIs。
③ 参见 Review of Margining Practices，Consultative Report，BIS，2021。

架和风险管理能及时反映支付领域的创新。具体举措包括：（1）持续在稳定币监管领域发挥作用。2021 年 1 月，英国财政部就用于支付的加密资产和稳定币监管方法向公众咨询意见。意见提出建立 FCA 授权制度，捕捉关键活动，以减轻消费者和市场诚信风险；建议央行能够监管具有系统重要性的稳定币支付系统及其他可能具有系统重要性的稳定币服务提供商，如发行人等，对于达到一定规模的稳定币支付系统和服务提供商，应由央行根据现有的 FMI 监管框架进行监管。（2）持续监督新支付架构（New Payment Architecture，NPA）计划的发展。该计划旨在提供更多的基础设施保障，确保银行间支付在快速变化的支付环境下有足够的弹性应对网络风险和市场创新。未来，NPA 计划有望取代当前的快速支付计划（Faster Payments Scheme，FPS），并在适当的时候替换现有的银行自动结算（Bankers Automated Clearing Service，BACS）系统。（3）积极开展前沿研究。央行对现有货币形式和用途进行研究，并开始考虑新型数字货币的广泛应用，如系统稳定币和央行数字货币；详尽分析了存款从银行系统转移到新型数字货币对金融和货币稳定性的影响，包括对银行融资成本和信贷可用性的潜在影响。

## 五、金融消费权益保护工作情况

金融行为监管局（FCA）是 50 000 家金融服务机构和金融市场的行为监管机构，也是 48 000 家机构的审慎监管者，为 18 000 家机构制定具体标准。FCA 的工作主要以 2000 年的《金融服务与市场法》为基础，其战略目标为确保相关市场稳定运营。为实现这一战略目标，FCA 设定以下三个运营目标：（1）确保为消费者提供适当程度的保护；（2）保护和增强英国金融体系的完整性；（3）促进英国金融体系的有效竞争。FCA 对从事金融服务活动的公司和个人进行授权、监督并采取必要的行动，这些受监管的公司必须得到 FCA 授权或注册，除非拥有豁免权。①

### （一）监管改革动态

FCA 的 2021/2022 年度报告②提供了其在过去一年中交付和取得成果的最新信息。它展示了 FCA 如何根据战略和运营目标保护消费者权益，维护公平公正的市场秩序，以及促进有效的市场竞争。以下为其 2021 年采取的几项主要举措。

对消费者的保护：推出消费者投资战略，通过一揽子措施降低消费者投资风险。具体措施包括：（1）探索监管变化，使企业更容易为投资相对简单产品的消费者提供更多帮助。（2）发起耗资 1 100 万英镑的公益活动，提示加密货币投资风险，帮助消费者作出更明智的投资决策。（3）积极参与投资诈骗的检测、阻止与打击活动。2021 年，FCA 就投资骗局向公众发出超过 1 400 次警告，监督中心已阻止至少 400 万英镑的金融骗局，并从未获授权从事金融活动的公司追讨回 500 万英镑偿还给投资人。（4）完善指定代表（Appointed Representatives，AR）制度，提高财务咨询的质量。（5）通过投资风险等级分类识别高风险投资，并进一步隔离高风险投资市场。（6）审查公司的薪酬框架以确保其合理性。

① https://www.fca.org.uk/about/the-fca.
② FCA Annual Report and Accounts 2021/2022.

对市场滥用采取的行动：针对金融咨询服务公司为英国钢铁养老金计划（British Steel Pension Scheme，BSPS）领取者提供错误建议导致领取者转出养老金计划这一事件，FCA 根据《金融服务与市场法》第 S.404 条提出补救计划。因不适当建议而退出英国钢铁养老金计划的消费者可以对他们收到的建议进行审查，并在不适当的建议造成损失的情况下获得补救。而相关公司必须向 FCA 报告它们是否能够支付 BSPS 补救的潜在成本，必须遵守资产限制规则，直到 FCA 确认它们有足够的资金支付其潜在的补救费用。

对决策和执行程序作出修改：2021 年 12 月，FCA 对执法指南（Enforcement Guide，EG）和决策程序及处罚手册（Decisions Procedure and Penalties Manual，DEPP）进行修改，以简化决策和治理程序，从而使 FCA 能够更有效地防止消费者和市场受到侵害。

对市场竞争的保护：一是修改上市规则以支持寻求融资的公司。具体措施包括针对特殊目的收购公司（SPAC）的制度创新、允许有针对性的双重股权结构、降低首次上市所需的公开持有股份水平要求、增加上市公司最低市值要求等。二是完成对零售银行商业模式的战略审查，并提出包括推动消费者数据共享在内的一系列提升市场竞争力的措施。三是发布关于数据访问和使用反馈的声明，提升数据市场竞争水平，避免因数据使用减少而带来投资成本的增加。FCA 宣布对贸易数据市场进行审查，并对基准和信用评级机构数据进行进一步研究。

对可持续发展的推动：2021 年年中，FCA 首位 ESG 总监履职，将环境、社会和治理（ESG）工作嵌入 FCA，以支持金融部门推动这些领域的积极变革。2021 年 11 月，ESG 战略发布，列出 FCA 的目标以及为实现这些目标而采取的行动。目标和行动围绕五大核心主题展开。（1）透明度：提高气候变化的透明度以及价值链的可持续性；（2）信任：增加 ESG 工具、产品和配套生态的可信度；（3）工具：支持公司管理与气候乃至更广泛的可持续发展相关的风险和机遇；（4）转型：支持金融发挥作用，引导经济以市场化的方式向可持续发展转型；（5）团队：利用战略、组织结构、资源和工具支持将 ESG 融入 FCA 的活动中。此外，FCA 正在与政府、其他英国监管机构、行业和其他利益相关者合作，以确保英国金融服务和监管制度在 ESG 领域处于国际前沿。

## （二）消费者投诉处理情况

根据 FCA 数据①，从 2021 年 4 月到 2022 年 3 月，英国金融业共收到新增投诉 16.5 万件。从被投诉产品类别看，按占比高低依次为银行及支付、消费者信用、保险、抵押贷款、投资、养老金及其他，占比分别为 37.9%、22.4%、20.1%、5.4%、5.3%、4.6% 和 4.3%。2021 年共计 21.8 万件投诉得到解决，其中 3.4 万件由英国金融申诉专员（Financial Ombudsman Service，FOS）予以法律裁定。

① 数据来源：https：//www.financial-ombudsman.org.uk/data-insight/annual-complaints-data。

## （三）监督执法情况①

在2021/2022年度，FCA持续对未授权经营的公司和个人进行监督，共发出1 400份警告，较上年增长18%，并针对潜在未授权业务展开842项查询。2021/2022年度，FCA对内幕交易、投资欺诈和洗钱等违法行为提出指控，实施的经济处罚超过3.13亿英镑。其中，FCA对未遵守反洗钱条例的国民西敏寺银行（NatWest）处以2.65亿英镑的罚款，获得自2007年反洗钱条例生效以来首宗刑事案件的诉讼胜利。

2021/2022年度，FCA受理194起新的执法案件，较上年增长55%。截至2022年3月，FCA共有603起未决案件，主要集中在未授权业务（35%）、零售业务（14%）、内幕交易（12%）、养老金建议（10%）、批发业务（9%），以及金融犯罪（8%）。

① 数据来源：FCA Annual Report and Accounts，2021/2022。

# 第五章

# 上海与主要国际金融中心发展比较

近年来，上海金融业发展迅速，上海国际金融中心地位稳步提高，但与纽约、伦敦等主要国际金融中心城市相比还存在一定差距。

从宏观环境看，中国经济从由效率驱动阶段升级为由效率驱动向创新驱动的过渡阶段，与发达经济体的创新驱动阶段差距缩小。

从金融活动看，2021 年，全球场外衍生品市场持仓币种主要为美元和欧元；全球股市活动主要集中在美国和中国，全球期货期权成交主要集中在亚太地区。2021 年，上海证券交易所市值全球排名第 3 位，IPO 融资总额排名第 3 位，成交量排名第 5 位。上海期货交易所成交量全球排名第 8 位，较上年上升 1 位。中国金融期货交易所全球排名第 27 位，与上年持平。

上海交通大学上海高级金融学院的《上海国际金融中心建设评估报告》显示，从金融服务体系的层次与效率及国际化程度看，上海与纽约、伦敦等国际金融中心城市还有一定差距，金融发展环境和条件方面也有一定提升空间。

## 一、宏观环境条件比较

对国际金融中心城市所在国的宏观环境进行比较分析，有助于理解国际金融中心的竞争力及其国际地位的形成与变化。

经济总量上，美国、中国两国分列前两位。人均 GDP 上，传统发达国家和地区的水平明显高于发展中国家。基于经济发展阶段理论，世界经济论坛根据人均 GDP 将各国经济划分为要素驱动、效率驱动和创新驱动三个发展阶段，三个阶段中间又有两个过渡期①。2021 年数据显示，美国、英国、日本、中国香港和新加坡等经济体均处于创新驱动阶段，中国和俄罗斯处于由效率驱动向创新驱动的过渡阶段，南非和巴西处于效率驱动阶段，印度则处于要素驱动阶段（见表 5–1）。经济增长率上，受各国对 COVID–19 的应对政策及 2020 年低基数影响，2021 年大部分国家和地区经济增长率转正。其中，印度和中国的实际 GDP 增长率超过 8%。

表 5–1　2021 年部分经济体的经济基本面

| 经济体 | GDP（10 亿美元） | 人均 GDP（美元） | 实际 GDP 增长率（%） |
|---|---|---|---|
| 新加坡 | 396.99 | 72 794.91 | 7.6 |
| 美国 | 22 997.50 | 69 231.40 | 5.7 |
| 中国香港 | 368.14 | 49 727.40 | 6.4 |

① 具体而言，人均 GDP 小于 2 000 美元的经济称为要素驱动的经济，处于 3 000 ～ 8 999 美元的为效率驱动的经济，处于 2 000 ～ 2 999 美元的为由要素驱动阶段向效率驱动阶段的过渡经济；人均 GDP 大于 17 000 美元的为创新驱动的经济，处于 9 000 ～ 17 000 美元的经济为由效率驱动阶段向创新驱动阶段的过渡经济。

续表

| 经济体 | GDP（10 亿美元） | 人均 GDP（美元） | 实际 GDP 增长率（%） |
|---|---|---|---|
| 日本 | 4 937.42 | 39 339.84 | 1.6 |
| 英国 | 3 187.63 | 47 202.58 | 7.4 |
| 中国 | 17 458.04 | 12 358.80 | 8.1 |
| 南非 | 418.02 | 6 950.43 | 4.9 |
| 巴西 | 1 608.08 | 7 563.56 | 4.6 |
| 印度 | 3 177.92 | 2 282.97 | 8.9 |
| 俄罗斯 | 1 775.55 | 12 198.21 | 4.7 |

数据来源：IMF。

## 二、金融市场规模比较

2021 年，全球场外衍生品市场扩大，持仓币种主要为美元和欧元；全球股市活动主要集中于美国和中国，上交所市值、IPO 融资额和成交量分列全球第 3 位、第 3 位和第 5 位；全球期货期权成交大幅增长。

### （一）场外衍生品市场

据 BIS 统计，2021 年末，全球场外利率衍生品市场名义余额达 598.4 万亿美元，较上年末增加 16.4 万亿美元。其中，外汇、利率和股票合约的名义余额分别为 104.2 万亿美元、475.3 万亿美元和 7.3 万亿美元。从持仓币种来看，主要是美元和欧元（见表 5–2）。

表 5–2　全球场外衍生品持仓名义余额

单位：10 亿美元

| | 2021 年 | 2020 年 | 2019 年 | 2018 年 | 2017 年 |
|---|---|---|---|---|---|
| 所有合约 | 598 416 | 582 055 | 558 505 | 544 386 | 531 912 |
| 外汇合约 | 104 249 | 97 549 | 92 177 | 90 662 | 87 117 |
| 其中：美元 | 89 582 | 85 342 | 80 989 | 80 189 | 74 756 |
| 欧元 | 34 326 | 31 761 | 28 129 | 28 300 | 28 280 |
| 日元 | 15 532 | 15 498 | 14 938 | 15 249 | 14 838 |
| 英镑 | 14 004 | 12 379 | 11 812 | 11 032 | 12 257 |
| 瑞士法郎 | 4 778 | 4 115 | 4 026 | 3 860 | 4 257 |
| 加拿大元 | 5 951 | 5 047 | 4 747 | 4 250 | 4 088 |
| 瑞典克朗 | 2 158 | 1 993 | 1 809 | 2 082 | 2 268 |
| 其他货币 | 42 168 | 38 964 | 37 904 | 36 361 | 33 490 |
| 利率合约 | 475 271 | 466 494 | 448 965 | 436 837 | 426 649 |
| 其中：美元 | 167 283 | 152 117 | 159 804 | 169 162 | 156 507 |
| 欧元 | 128 405 | 132 619 | 117 173 | 114 002 | 121 891 |
| 日元 | 35 681 | 37 131 | 37 843 | 36 166 | 38 772 |
| 英镑 | 51 618 | 54 284 | 44 146 | 39 453 | 37 570 |
| 瑞士法郎 | 5 072 | 3 614 | 3 669 | 3 467 | 4 107 |

续表

| | 2021 年 | 2020 年 | 2019 年 | 2018 年 | 2017 年 |
|---|---|---|---|---|---|
| 加拿大元 | 15 302 | 14 295 | 14 098 | 14 225 | 10 944 |
| 瑞典克朗 | 5 484 | 5 313 | 4 816 | 5 931 | 5 985 |
| 其他货币 | 66 426 | 67 121 | 67 416 | 54 431 | 50 873 |
| 股票合约 | 7 280 | 7 084 | 6 874 | 6 417 | 6 570 |
| 其中：美国股票 | 3 501 | 3 316 | 3 160 | 2 930 | 2 823 |
| 欧洲股票 | 2 021 | 2 078 | 2 153 | 2 020 | 2 227 |
| 日本股票 | 266 | 234 | 278 | 270 | 309 |
| 其他亚洲股票 | 362 | 344 | 295 | 289 | 333 |
| 拉丁美洲股票 | 403 | 441 | 308 | 261 | 244 |
| 其他股票 | 727 | 671 | 680 | 647 | 634 |
| 其他合约 | 11 616 | 10 928 | 10 489 | 10 470 | 11 576 |

数据来源：BIS。

## （二）股票市场

从股票市值、IPO 规模和股票成交规模三个方面来看，全球股市活动集中在美国和中国。

### 1. 美国股市市值占全球的四成

2021 年末，全球市值最大的五家交易所依次为纽约—泛欧证券交易所集团美国交易中心（NYSE）、纳斯达克（NASDAQ）、上海证券交易所、纽约—泛欧交易所集团欧洲交易中心（Euronext）和日本交易所集团（Japan Exchange Group）。上海证券交易所市值全球排名第 3 位。2021 年末，美国股市（含纽约—泛欧交易所集团美国交易中心和纳斯达克）市值占全球市值的 42.0%，中国股市（含上海证券交易所和深圳证券交易所）市值占全球市值的 11.6%（见表 5–3）。

表 5–3　全球市值排名前十大交易所占比

单位：%

| 交易所 | 2021 年末全球占比 | 交易所 | 2020 年末全球占比 |
|---|---|---|---|
| 纽约—泛欧交易所集团美国交易中心 | 22.3 | 纽约—泛欧交易所集团美国交易中心 | 20.4 |
| 纳斯达克 | 19.7 | 纳斯达克 | 18.0 |
| 上海证券交易所 | 6.6 | 上海证券交易所 | 6.6 |
| 纽约—泛欧交易所集团欧洲交易中心 | 5.9 | 日本证券交易所集团 | 6.3 |
| 日本证券交易所集团 | 5.3 | 香港证券交易所 | 5.7 |
| 深圳证券交易所 | 5.0 | 纽约—泛欧交易所集团欧洲交易中心 | 5.1 |
| 香港证券交易所 | 4.4 | 深圳证券交易所 | 4.9 |
| 伦敦证券交易所集团 | 3.1 | 伦敦证券交易所集团 | 3.8 |
| 印度国家证券交易所 | 2.9 | 多伦多证券交易所集团 | 2.4 |
| 多伦多证券交易所集团 | 2.6 | 印度国家证券交易所 | 2.4 |

数据来源：WFE。

### 2. 全球股票市场 IPO 融资规模大幅上升

2021 年，全球新上市公司 5 393 家，较上年增长 69.6%。其中，通过 IPO 上市的公司有 2 678 家，较上年增长 74.2%。2021 年，全球 IPO 融资额为 4 981 亿美元，较上年增长 80.4%。上交所 IPO 融资额为 559.1 亿美元，全球排名第 3 位，仅次于纽约—泛欧交易所集团美国交易中心（1 189.7 亿美元）和纳斯达克（881.7 亿美元）①。

### 3. 全球股票成交规模增加，股市交易集中于美国和中国

2021 年，全球证券交易所股票成交额为 214.4 万亿美元，较 2020 年增长 15.3%。其中，美国股票市场（含纽约—泛欧交易所集团美国交易中心和纳斯达克）成交额占全球的 47.8%。2021 年，深圳证券交易所、上海证券交易所成交额分别居全球第 3 位和第 5 位，中国股票市场成交额占全球的 18.4%（见表 5–4）。

**表 5–4 全球成交金额排名前十大交易所占比**

单位：%

| 交易所 | 2021 年末全球占比 | 交易所 | 2020 年末全球占比 |
|---|---|---|---|
| 纳斯达克 | 34.2 | 纳斯达克 | 34.2 |
| 纽约—泛欧交易所集团美国交易中心 | 13.6 | 纽约—泛欧交易所集团美国交易中心 | 14.2 |
| 深圳证券交易所 | 10.3 | 芝加哥期权交易所全球市场 | 10.2 |
| 芝加哥期权交易所全球市场 | 9.8 | 深圳证券交易所 | 10.1 |
| 上海证券交易所 | 8.1 | 上海证券交易所 | 6.9 |
| 日本证券交易所集团 | 3.5 | 日本证券交易所集团 | 3.9 |
| 韩国证券交易所 | 2.7 | 韩国证券交易所 | 2.8 |
| 香港证券交易所 | 2.0 | 伦敦证券交易所集团 | 2.6 |
| 台湾证券交易所 | 1.5 | 芝加哥期权交易所欧洲公司 | 2.1 |
| 纽约—泛欧交易所集团欧洲交易中心 | 1.4 | 香港证券交易所 | 1.8 |

数据来源：WFE。

## （三）期货期权市场

据美国期货业协会（Futures Industry Association，FIA）统计，2021 年全球在交易所交易的期货和期权产品共成交 625.85 亿手，较 2020 年增加 157.69 亿手，年增幅为 33.7 %。其中，期货成交量增长 14.6 % 至 292.75 亿手，期权成交量增长 56.5 % 至 333.09 亿手。期货的增速低于上年同期的 32.7%，期权的增速高于上年同期的 39.3%。

分地区看，亚太地区成交增长 51.6%，达 305.50 亿手，居地区成交排名榜首位，在全球成交中占比为 48.8%，较 2020 年提升了 5.8 个百分点。其中，中国成交 75.14 亿手，印度成交 190.55 亿手，中印占据亚太地区 87.0%和全球 42.5%的份额。拉美地区成交增

① 数据来源：WFE。

长 37.5%，达 88.94 亿手。其中，巴西成交 87.56 亿手，占拉美地区 98.4%的份额，占全球 14.0%的份额。2021 年，新兴市场的印度、巴西、土耳其和中国分别以 89.9%、38.4%、37.14%和 22.1%的增速成为全球期货和期权成交创历史新纪录的直接推动力。北美地区成交增长 19.7%至 153.82 亿手，占全球成交量的 24.6%，较 2020 年下降了 2.9 个百分点。欧洲地区成交下降 2.8%至 54.52 亿手，占全球成交量的 8.7%，较 2020 年下降了 3.3 个百分点。其他地区增长 32.6%，占全球成交量的 3.7%，与 2020 年持平。

分交易所看，2021 年，郑州商品交易所、上海期货交易所、大连商品交易所和中国金融期货交易所的成交量分别上升了 51.73%、14.90%、7.12% 和 5.86%。上述四个交易所排名分别为第 7、第 8、第 9 和第 27 名（见表 5–5）。

**表 5–5　2020—2021 年全球衍生品交易所成交量排名**

单位：手

| 排名 | 交易所 | 2021 年 | 2020 年 |
|---|---|---|---|
| 1 | 印度国家证券交易所 | 17 255 329 463 | 8 850 473 823 |
| 2 | 巴西交易所（B3） | 8 755 773 393 | 6 342 883 080 |
| 3 | 芝加哥商业交易所集团 | 4 942 738 176 | 4 820 589 858 |
| 4 | 洲际交易所 | 3 317 893 282 | 2 788 944 012 |
| 5 | 纳斯达克 | 3 292 840 477 | 2 660 595 514 |
| 6 | 芝加哥期权交易所 | 3 095 692 862 | 2 614 108 017 |
| 7 | 郑州商品交易所 | 2 582 227 206 | 1 701 847 321 |
| 8 | 上海期货交易所 | 2 445 774 713 | 2 128 613 700 |
| 9 | 大连商品交易所 | 2 364 418 367 | 2 207 327 866 |
| 10 | 韩国交易所 | 2 281 738 234 | 2 184 930 969 |
| 11 | 莫斯科交易所 | 2 101 589 316 | 2 119 939 033 |
| 12 | 伊斯坦布尔交易所 | 2 081 042 040 | 1 517 476 458 |
| 13 | 欧洲期货交易所 | 1 703 293 825 | 1 861 416 584 |
| 14 | 孟买证券交易所 | 1 607 775 410 | 924 427 025 |
| 15 | 迈阿密国际证券交易所 | 1 338 182 359 | 827 454 642 |
| 16 | TMX 集团 | 613 028 878 | 318 018 983 |
| 17 | 香港交易所 | 433 092 595 | 437 073 315 |
| 18 | 台湾期货交易所 | 392 202 371 | 341 393 346 |
| 19 | 日本交易所集团 | 333 638 732 | 454 261 835 |
| 20 | 新加坡交易所 | 232 104 773 | 247 510 317 |
| 27 | 中国金融期货交易所 | 122 033 163 | 115 281 396 |

资料来源：FIA。

## 三、全球金融中心指数比较

近年来，中国金融开放力度持续加大，上海金融业发展迅速，上海国际金融中心地位稳步提升。根据伦敦 Z/Yen 集团公布的第 31 期“全球金融中心指数”（Global Financial Centres Index，GFCI），上海名列国际金融中心城市第 4 位，仅次于纽约、伦敦和香港（见表 5–6）。从 GFCI 问卷调查评分来看，上海金融业在全球排名靠前，其中银行业排名第 7 位、投资管理排名第 5 位、保险排名第 5 位、专业服务排名第 7 位、政府监管排名第 6 位。

**表 5–6 近年来部分国际金融中心城市综合排名**

| 城市 | 31 期 | 30 期 | 29 期 | 28 期 | 27 期 | 26 期 | 25 期 | 24 期 | 23 期 |
|---|---|---|---|---|---|---|---|---|---|
| | 名次 | 名次 | 名次 | 名次 | 名次 | 名次 | 名次 | 名次 | 名次 |
| 纽约 | 1 | 1 | 1 | 1 | 1 | 1 | 1 | 1 | 2 |
| 伦敦 | 2 | 2 | 2 | 2 | 2 | 2 | 2 | 2 | 1 |
| 香港 | 3 | 3 | 4 | 5 | 6 | 3 | 3 | 3 | 3 |
| 上海 | 4 | 6 | 3 | 3 | 4 | 5 | 5 | 5 | 6 |
| 洛杉矶 | 5 | 7 | 13 | 11 | 10 | 13 | 17 | 16 | 17 |
| 新加坡 | 6 | 4 | 5 | 6 | 5 | 4 | 4 | 4 | 4 |
| 旧金山 | 7 | 5 | 12 | 8 | 8 | 12 | 16 | 14 | 8 |
| 北京 | 8 | 8 | 6 | 7 | 7 | 7 | 9 | 8 | 11 |
| 东京 | 9 | 9 | 7 | 4 | 3 | 6 | 6 | 6 | 5 |
| 深圳 | 10 | 16 | 8 | 9 | 11 | 9 | 14 | 12 | 18 |

数据来源：各期 GFCI 排名。

各分项指标排名中，纽约各项指标均排名第 1 位。上海除金融业发展水平有所上升之外，其余指标排名均较往期有所回落，其中营商环境未能进入排名前 15 位，人力资本排名第 13 位，基础设施排名第 13 位，金融业发展水平排名第 3 位，声誉及综合排名第 14 位（见表 5–7）。

**表 5–7 部分国际金融中心城市竞争力分项指标排名**

| 城市 | 营商环境 | 人力资本 | 基础设施 | 金融业发展水平 | 声誉及综合 |
|---|---|---|---|---|---|
| 纽约 | 1 | 1 | 1 | 1 | 1 |
| 伦敦 | 2 | 3 | 2 | 2 | 2 |
| 新加坡 | 3 | 2 | 6 | 13 | 4 |
| 香港 | 4 | 4 | 4 | 11 | 3 |
| 东京 | 10 | 7 | 9 | 14 | 12 |
| 上海 | >15 | 13 | 13 | 3 | 14 |

资料来源：The Global Financial Centres Index 31。

## 四、上海与主要国际金融中心的比较分析

根据上海交通大学上海高级金融学院的《上海国际金融中心建设评估报告》，上海国际金融中心建设取得令人满意的成绩，但从金融服务体系的层次与效率以及国际化程度来看，上海与纽约、伦敦等国际金融中心还有一定差距。

### （一）评估框架

评估框架分为两个部分：一是金融服务体系，二是金融发展环境和条件。其中，金融服务体系又分为金融市场、金融中介与服务机构两方面，评估维度包括规模和层次、功能效率、国际化。金融发展环境和条件包括四个维度：金融制度、金融人才、营商环境和城市生态。整个评估框架包含107个二级指标，表5–8列举出部分指标。

表5–8　评估体系部分指标

| | 一级指标 | 二级指标 |
|---|---|---|
| 1. 金融服务体系 | | |
| 金融市场 | 规模和层次 | 股票市场总市值、国债或政府公共债存量、公司债存量、资产支持证券存量、商品期货交易量、股指期货交易量、股票期权交易量、外汇市场交易量、场外利率衍生品交易量 |
| | 功能效率 | 各规模指标 /GDP、股市波动率、股市中专业机构投资者占比、M&A 交易金额 |
| | 国际化 | 国际直接投资资产 /GDP、国际直接投资负债 /GDP、国际证券投资资产 /GDP、国际证券投资负债 /GDP |
| 金融中介与服务机构 | 规模和层次 | 银行总资产、证券公司总资产、公募基金资产规模、PE/VC 资产规模、保险机构总资产、评级机构数、律师 / 律师事务所数量、会计师 / 会计师事务所数量 |
| | 功能效率 | 银行不良贷款率、银行利润 / 从业人员、证券公司利润 / 从业人员、保险深度 / 密度、每千人律师数 |
| | 国际化 | 商业银行跨国借贷规模（资产）/GDP、商业银行跨国借贷规模（负债）/GDP、外资银行资产占比 |
| 2. 金融发展环境和条件 | 金融制度 | 全球机会指数排名、政府监管负担指数排名、Chinn–Ito index: KAOPEN、政府政策稳定指数 / 排名、破产监管框架指数 / 排名 |
| | 金融人才 | 金融从业人员占总从业人员比例、CFA 持证人占金融从业人员比例 |
| | 营商环境 | 营商便利性排名、新开企业所需时间排名、新开企业所需成本排名、GFCI– 营商环境排名 |
| | 城市生态 | 网络社会城市指数排名、信息技术使用率排名、生活成本指数 |

### （二）国际比较：上海、纽约、伦敦、东京、新加坡

#### 1. 金融服务体系

本部分从规模及层次、功能效率、国际化三个维度，对上海、纽约、伦敦、东京和新加坡五个主要国际金融中心的金融市场、金融中介与服务机构进行比较。结果显示，上海在各维度都有一定提升空间。

（1）金融市场[①]：功能效率与国际化程度有待进一步提高

从金融市场规模看，我国GDP约为美国的76%，但我国股市市值为美国的28%。2021年末，美国股市（含纽约—泛欧交易所集团美国交易中心和纳斯达克）总市值为52.24万亿美元，中国股市（含上海证券交易

① 由于数据的可得性，金融市场的比较多为国家层面的数据比较。纽约、伦敦、东京的份额在本国占据主导地位，如果某一项指标中国严重落后于其他国家，由此可以推断出上海与其他国际金融中心城市也有较大差距。

所和深圳证券交易所）总市值为 14.37 万亿美元。加之上海只占我国股市的一部分（2021 年，上海证券交易所的市值为 8.15 万亿美元，深圳证券交易所的市值为 6.22 万亿美元），而美国股市集中在纽约，上海和纽约的差距进一步凸显。其他板块如证券化资产、金融衍生品和 VC/PE 等的差距更为明显。

表 5–9 显示了美国、英国、日本、新加坡和中国主要金融市场规模占 GDP 的比例。这一指标可衡量直接融资在国民经济中的相对比重和效用。总体来看，我国的直接融资比重相对较低，作为企业长期融资工具的公司债近几年发展迅速，但整体水平仍有一定提升空间。相关的信用评级、违约处置和破产清算等专业服务稍显滞后，制约了该市场的发展。资产证券化市场增长较快，尤其是上海证券交易所主导的企业资产证券化，但与美国差距十分明显。

**表 5–9　主要金融市场规模占 GDP 比例**

单位：%

| 经济体 | 股票市值 | 债券市场存量 | 公司债存量 | 资产支持证券存量 |
|---|---|---|---|---|
| 中国 | 81.1 | 125.0 | 28.9 | 4.5 |
| 美国 | 227.2 | 214.3 | 32.6 | 59.1 |
| 英国 | 119.2 | 225.6 | 18.7 | 12.5 |
| 日本 | 132.5 | 270.8 | 17.7 | 4.6 |
| 新加坡 | 167.1 | 154.4 | 46.6 | — |

注：数据年份为 2021 年。

数据来源：上海交通大学上海高级金融学院，WFE，BIS。

作为现代金融市场的重要组成部分，金融衍生品市场在主要国际金融中心均占据重要地位，既是企业和金融机构提供管控风险的有效工具，也是市场增加价格发现的渠道。表 5–10 显示，我国商品期货交易量居全球首位，但其他金融衍生品交易规模和品种都很有限。以股指期货为例，美国和日本分居前两位，与各自股市规模相匹配。美国股市市值为 52.24 万亿美元，股指期货交易量为 12.53 亿张，两者的比例为 4.17 ：1；日本股市市值为 6.54 万亿美元，股指期货交易量为 2.81 亿张，两者的比例为 2.33 ：1。我国股市市值为 14.37 万亿美元，超过日本，股指期货交易量却不足其 1/4。

**表 5–10　各国衍生品市场比较**

| 经济体 | 商品期货交易量（百万张） | 股指期货交易量（百万张） | 外汇市场交易量（日均，10 亿美元） | 场外利率衍生品交易量（日均，10 亿美元） |
|---|---|---|---|---|
| 中国 | 7 177.02 | 66.70 | 136 | 16 |
| 美国 | 958.24 | 1 253.39 | 1 370 | 2 356 |
| 英国 | 646.15 | 27.62 | 3 576 | 3 670 |
| 日本 | 16.44 | 281.43 | 376 | 135 |
| 新加坡 | 23.48 | 169.11 | 633 | 116 |

注：外汇和利率衍生品交易量为 2019 年数据，其余为 2021 年数据。

数据来源：上海交通大学上海高级金融学院，WFE，BIS。

从金融市场的层次看，我国资本市场的深度和渗透力有待进一步提高，一级市场和场外金融衍生品市场仍有一定的发展空间。以一级市场为例，2021 年，中国在基金业协会登记的私募股权和创业投资基金（PE/VC）的总资产规模为 12.78 万亿元，领先英国、日本和新加坡，但和美国仍有较大差距（见表 5–11）。以场外金融衍生品市场为例，利率掉期合约作为管理利率风险的重要工具，已成为全球最大的场外衍生品交易种类，总名义规模超过 300 万亿元。而我国场外利率衍生品交易量远低于美国和英国（见表 5–10）。此外，我国外汇市场交易量也低于美国、英国、日本和新加坡（见表 5–10）。相对于我国的经济体量，这些市场还有很大的发展空间，其缺位会削弱金融服务实体经济的功能。

**表 5–11　各国 PE/VC 市场比较**

| 指标 | 中国 | 美国 | 英国 | 日本 | 新加坡 |
|---|---|---|---|---|---|
| PE/VC 机构数（家） | 15 012 | 2 286 | 1 282 | <300 | >300 |
| PE/VC 总资产（万亿元人民币） | 12.78 | 74.05 | 3.18 | — | 1.77* |

数据来源：上海交通大学上海高级金融学院整理。

注：* 为 2020 年数据，其余为 2021 年数据。

从金融市场的功能效率看，各市场普遍存在一定形式的壁垒、制约和政府干预，提高了交易成本。加上缺乏足够的高质量机构参与者，难以形成高效的市场机制，在很大程度上阻碍了金融市场在流动性供给、价格发现和风险管理方面的功能发挥。以股票市场为例，本应作为经济发展“晴雨表”的 A 股市场，其收益轨迹并未反映出中国经济高速发展的特征，或给投资者带来应有的回报（见表 5–12）。

**表 5–12　各国股票市场回报率**

单位：%

| 指标 | 上证指数 | 美国道琼斯指数 | 英国富时 100 指数 | 日经 225 指数 | 富时新加坡海峡指数 |
|---|---|---|---|---|---|
| 2010—2021 年累计回报率 | 29.6 | 126.5 | 25.2 | 181.5 | –2.1 |
| 2015—2021 年累计回报率 | 2.8 | 86.7 | 18.3 | 51.3 | 8.4 |

数据来源：Wind。

从金融市场的国际化程度看，由于资本账户未完全可兑换，我国居民资产配置的全球化程度较低，海外投资者在中国的投资占比较低（见表 5–13）。

**表 5–13　2021 年各国金融市场国际化程度比较**

单位：%

| 指标 | 中国 | 美国 | 英国 | 日本 | 新加坡 |
|---|---|---|---|---|---|
| 国际直接投资资产 /GDP | 14.6 | 47.1 | 81.8 | 42.3 | 339.2 |
| 国际直接投资负债 /GDP | 20.4 | 63.5 | 96.7 | 7.5 | 505.6 |
| 国际证券投资资产 /GDP | 5.5 | 70.0 | 133.4 | 106.8 | 421.6 |
| 国际证券投资负债 /GDP | 12.2 | 122.2 | 170.0 | 87.0 | 92.1 |

数据来源：上海交通大学上海高级金融学院整理。

（2）金融中介与服务机构：银行整体水平较高，其他机构发展和开放度不足

从规模来看，上海银行业资产规模超过新加坡，与纽约接近，落后于伦敦和东京；证券公司营业收入与东京持平，大幅低于纽约；保费收入与其他国际金融中心相比差距较大（见表5–14）。就金融服务机构（律师事务所、会计师事务所）而言，上海相关从业人员数量和纽约、伦敦仍有一定差距，有待进一步提高（见表5–14）。

**表5–14　各国际金融中心城市金融中介与服务机构规模比较**

单位：万亿元、万人

| 指标 | 上海 | 纽约 | 伦敦 | 东京 | 新加坡 |
|---|---|---|---|---|---|
| 银行总资产 | 21.3 | 22.67 | 30.79 | 33.0 | 14.45 |
| 证券公司营业收入 | 0.11 | 1.29* | — | 0.09 | — |
| 保费收入 | 0.20 | 0.83 | 0.48 | 0.55 | 0.28 |
| 律师数 | 3.5 | 7.9 | 4.8 | 约2 | 约1 |
| 会计服务人员数 | 3.8 | 5.6 | 14.0 | — | — |

数据来源：上海交通大学上海高级金融学院整理。

注：* 为2020年数据，其余为2021年数据。纽约、伦敦、东京的保费收入根据全国保险密度和城市GDP推算得出，存在一定程度的低估。

从金融中介与服务机构的功能和效率看，上海的银行类机构表现较好，无论是贷款质量还是人均利润均处于领先地位。证券公司表现次之，人均营业收入低于纽约，但和东京较为接近。保险公司较为落后，保险深度不及其他国际金融中心城市。此外，上海的金融服务机构表现居中，每千人律师数与东京和新加坡差距较小，但远低于纽约和伦敦（见表5–15）。

**表5–15　各国际金融中心城市金融中介与服务机构功能比较**

| 指标 | 上海 | 纽约 | 伦敦 | 东京 | 新加坡 |
|---|---|---|---|---|---|
| 银行不良贷款率 (%) | 0.81 | 0.90 | 1.00 | 1.2 | 2.4 |
| 银行人均利润（万元/人） | 126.67 | 257.19 | 91.59 | 104.89 | — |
| 证券公司人均营业收入（万元/人） | 202.99 | 724.72 | — | 244.59 | — |
| 保险深度（%） | 4.6 | 11.7 | 11.1 | 8.4 | 9.3 |
| 每千人律师数（人） | 1.41 | 8.98 | 5.16 | <1 | 约1 |

数据来源：上海交通大学上海高级金融学院，WFE，BIS，Swiss Re。

从国际化程度看，上海银行业开放程度要高于保险业和证券业。但即便是银行业，其国际化程度仍具有一定提升空间。以外资银行资产占比为例，上海为7.53%，大幅低于纽约（65%）和伦敦（50%）。

### 2. 金融发展环境和条件

与其他国际金融中心城市相比，人民币国际化与资本账户可兑换程度制约了上海国际金融中心的国际影响力和辐射力。2021年数据显示，在衡量资本（金融）账户的开放（可

兑换）程度的 Chinn–Ito 指数上，中国要落后于发达国家。中国在该指数的得分小于 1，而美国、英国、日本和新加坡均为 1。

建立国际金融中心极为关键的一个因素是金融人才，尤其是高端人才的聚集。纽约、伦敦、东京和新加坡金融从业人员占比要高于上海。从金融人才的质量指标来看（如持有 CFA 证书的人员占比），上海也低于纽约、伦敦和新加坡，仅高于东京（见表 5–16）。

总体而言，上海在国际金融中心建设相关的环境和条件方面取得了一定成绩，但金融制度仍有待完善。金融人才方面，低于纽约、伦敦和新加坡，与东京较为接近。营商环境排名低于其他国际金融中心，但是城市生态的部分指标领先于其他国际金融中心，说明上海在国际金融中心的外部环境建设中取得了一定成绩。同时，新加坡在国际金融中心的环境和条件方面尤为领先，给上海提供了重要的对照标杆。

**表 5–16　各国际金融中心城市金融发展环境和条件部分指标比较**

| 指标 | 上海 | 纽约 | 伦敦 | 东京 | 新加坡 |
|---|---|---|---|---|---|
| | | | 金融制度 | | |
| 金融保密指数排名 | 11 | 1 | 13 | 6 | 3 |
| Chinn–Ito index: KAOPEN | <1 | 1 | 1 | 1 | 1 |
| 政府效率 * | 76.44 | 88.46 | 86.54 | 90.38 | 100 |
| 监管质量 * | 41.35 | 90.38 | 90.87 | 89.90 | 100 |
| 法制规则 * | 53.85 | 88.94 | 89.42 | 91.35 | 98.56 |
| | | | 金融人才 | | |
| 金融从业人员占总从业人员比例（%） | 4.3 | 6.0 | 5.8 | 5.2 | 6.4 |
| CFA 持证人占金融从业人员比例（%） | 0.7 | 2.5 | 2.7 | 0.3 | 2.1 |
| | | | 营商环境 | | |
| GFCI– 营商环境排名 | >15 | 1 | 2 | 10 | 3 |
| EIU– 营商环境排名 ** | 50 | 6 | 23 | 20 | 1 |
| | | | 城市生态 | | |
| 生活成本指数排名 | 12 | 7 | 15 | 9 | 8 |

数据来源：上海交通大学上海高级金融学院整理。

注：* 政府效率、监管质量、法制规则为 0~100 的百分比排名，分数越高排名越好。

**EIU– 营商环境排名为国家层面的排名。